国家公园
法律制度研究

Research on the Legal System of National Parks

王文革 / 主编

法律出版社 | LAW PRESS
北京

图书在版编目(CIP)数据

国家公园法律制度研究 / 王文革主编. -- 北京：法律出版社,2023

ISBN 978 -7 -5197 -8192 -7

Ⅰ.①国… Ⅱ.①王… Ⅲ.①国家公园-法制-研究-中国 Ⅳ.①D922.682.4

中国国家版本馆 CIP 数据核字(2023)第 151848 号

国家公园法律制度研究
GUOJIA GONGYUAN FALÜ ZHIDU YANJIU

王文革 主编

策划编辑 冯雨春
责任编辑 冯雨春 张 颖
装帧设计 汪奇峰 臧晓飞

出版发行 法律出版社
编辑统筹 法律应用出版分社
责任校对 王晓萍 王语童
责任印制 刘晓伟
经　　销 新华书店

开本 710 毫米×1000 毫米 1/16
印张 15.5 **字数** 262 千
版本 2023 年 9 月第 1 版
印次 2023 年 9 月第 1 次印刷
印刷 北京建宏印刷有限公司

地址:北京市丰台区莲花池西里 7 号(100073)
网址:www.lawpress.com.cn
投稿邮箱:info@lawpress.com.cn
举报盗版邮箱:jbwq@lawpress.com.cn
销售电话:010-83938349
客服电话:010-83938350
咨询电话:010-63939796

书号:ISBN 978-7-5197-8192-7
定价:78.00 元
凡购买本社图书,如有印装错误,我社负责退换。电话:010-83938349

编　委　会

主　　编：王文革

副 主 编：王超怡　王　晨　丁永锋　陈耿钊　杜丽荣
赵　俊　林　欧

撰 稿 人：（按章节排序）

王　晨　第一章
杨　倩　第二章
王艳菊　第三章
郭秋莹　第四章
潘　昊　第五章
朱彦玫　第六章
赵泊越　第七章
韩晴晴　第八章
吴　仪　第九章
韩金烨　第十章
姜继琛　第十一章
张洋洋　第十二章

主编简介

王文革，武汉大学环境资源法博士、华东政法大学经济法博士后、教授、高级工程师、经济师等。现任上海市重点学科环境资源法学科负责人、上海市教委重点学科经济法学科带头人、上海政法学院环境资源与能源法研究中心主任、最高人民法院国土资源司法保护研究基地（上海政法学院）主任。

主要学术兼职：兼任世界自然保护联盟生态系统管理专家组成员、环境法专家组成员，中国环境资源法研究会副会长，全国人大环境资源立法研究基地（上海社会科学院）学术委员会副主任委员，《中国环境法学评论》（中国环境资源法研究会会刊）副主编，中华环保联合会法律专家委员会委员，上海市法院系统环境资源审判专家库专家，湖州市中级人民法院环境资源审判专家库专家等。先后任美国加州大学洛杉矶分校、加拿大英属哥伦比亚大学、澳大利亚邦德大学、日本青山学院大学、复旦大学、上海交通大学、华东政法大学、上海财经大学、上海社会科学院等国内外多所高校访问教授、客座教授或兼职教授。

主要研究领域：环境资源与能源法、房地产法、经济法、行政法等。先后在《中国环境科学》《环境保护》《中国土地科学》《法商研究》《政治与法律》

《中国环境报》《中国国土资源报》《解放日报》《社会科学报》等报刊发表学术论文100多篇，其中多篇论文被人大复印资料或其他媒体全文转载；独著、主编、参编著作（教材）共20多部，其中出版《土地法学》《城市土地节约利用法律制度研究》《中国节能法律制度研究》《城市土地配置利益博弈及其法律调整》《城市土地市场供应法律问题》等个人专著；主持或参加国际合作、国家级、省部级及其他科研项目30多项。

主要获奖：先后荣获全国宝钢优秀教师、上海浦江学者、上海市十大优秀中青年法学家、上海市曙光学者等荣誉称号，第三届全国法学教材和科研成果奖、上海哲学社会科学优秀成果三等奖、上海高校优秀教学成果奖二等奖、上海市精品课程、上海高校优秀教材三等奖、国家环境保护部优秀科技成果奖、湖北省政府依法治理优秀成果奖、湖北省政府科技进步奖二等奖、河南省政府优秀调研成果奖二等奖等奖励。

目录

第一章　概　述 / 001

第一节　国家公园的概念、特点和功能 / 001

一、国家公园的概念 / 001

二、国家公园的特点 / 003

三、国家公园的功能 / 003

第二节　国家公园的理论基础 / 004

一、产权理论 / 004

二、委托代理理论 / 006

三、外部性理论 / 007

四、市场理论 / 008

第三节　国家公园发展历程 / 009

一、国家公园建设历程 / 009

二、国家公园立法历程 / 010

第四节　国家公园的立法指导思想、原则和目标 / 011

一、指导思想 / 011

二、基本原则 / 012

三、主要目标 / 013

第五节　国家公园的制度体系 / 013

一、国家公园法律制度的概念、特征 / 013

二、国家公园法律制度的分类 / 014

三、制度构成 / 015

第二章　国家公园行政管理体制 / 022
第一节　国家公园行政管理体制概述 / 022
一、国家公园行政管理体制 / 022
二、国家公园行政管理体制的理论支撑 / 023
第二节　国家公园行政管理体制现状及问题 / 025
一、我国国家公园行政管理体制现状 / 025
二、我国国家公园行政管理体制存在的问题 / 027
第三节　国外国家公园行政管理体制借鉴 / 033
一、以美国为代表的垂直管理体制 / 033
二、以日本、英国为代表的综合管理体制 / 035
三、以德国为代表的地方自治型管理体制 / 038
四、国外建设对我国的启示 / 040
第四节　完善我国国家公园行政管理体制的对策 / 043
一、制定国家公园法，完善国家公园法律体系 / 043
二、以生态保护为导向，转变国家公园管理机构职能 / 045
三、搭建多方参与渠道，建立综合管理体制 / 046
四、建立外部监督机制，提高行政管理效率 / 049
五、明确国家公园主体地位，完善自然保护地管理体系 / 051

第三章　国家公园规划制度 / 054
第一节　国家公园规划制度的理论概述 / 054
一、国家公园规划制度的概念 / 054
二、国家公园规划制度的功能定位 / 055
三、国家公园规划制度的法律属性 / 056
第二节　国家公园规划制度现状及问题 / 056
一、国家公园规划制度的现状 / 056
二、国家公园规划制度存在的问题 / 057
第三节　国外国家公园规划制度借鉴 / 064
一、将法律体系作为国家公园规划制度的根本 / 064
二、将系统的规划层次作为我国国家公园建设和管理的引领 / 065
三、明确规划制定的主体和程序 / 066

第四节　完善我国国家公园规划制度的对策 / 067
一、完善法律体系 / 067
二、健全规划制度的实施 / 070
三、完善具体的制定程序 / 073
四、完善监督问责机制 / 075
五、建立新型国家公园规划管理制度 / 076
六、健全规划公众参与机制 / 076

第四章　国家公园设立制度 / 079
第一节　国家公园设立制度概述 / 079
一、国家公园设立制度的概念 / 079
二、设立国家公园的理念 / 079
第二节　国家公园设立制度现状及问题 / 081
一、国家公园设立制度现状 / 081
二、国家公园设立制度存在的问题 / 086
第三节　国外国家公园设立制度借鉴 / 090
一、美国国家公园设立制度 / 090
二、日本国家公园设立制度 / 092
第四节　完善我国国家公园设立制度的对策 / 093
一、进一步完善国家公园设立制度的基础性理论 / 093
二、国家公园权属问题的解决路径 / 095
三、进一步明确设立国家公园的设立评价体系 / 096
四、完善设立国家公园的社会参与法律制度 / 096

第五章　国家公园分区管控制度 / 098
第一节　国家公园分区管控制度概述 / 098
一、国家公园分区管控的概念 / 098
二、国家公园分区管控的特征 / 099
三、国家公园分区管控制度的理论基础 / 101
第二节　国家公园分区管控制度现状及问题 / 102
一、国家公园分区管控制度的现状 / 102

二、国家公园分区管控制度存在的问题 / 109
第三节　国外国家公园分区管控制度借鉴 / 113
一、合理规定国家公园的管理区域划分 / 113
二、强化对保护区域的管理 / 115
三、充分实现科教、游憩功能 / 116
四、保障社区及原住居民的可持续发展 / 117
第四节　完善我国国家公园分区管控制度的对策 / 118
一、国家公园法律体系对分区管控的统一规范 / 118
二、完善功能分区的划分制度 / 119
三、严格核心保护区域的管理 / 121
四、规范科教、游憩区域的管理 / 122
五、加强对原住居民生产生活区域的管理 / 123

第六章　国家公园自然资源资产确权登记制度 / 125
第一节　国家公园自然资源资产确权登记制度概述 / 125
一、国家公园自然资源资产确权登记制度的内涵 / 125
二、国家公园自然资源资产确权登记制度的特征 / 126
第二节　国家公园自然资源资产确权登记制度现状及问题 / 127
一、国家公园自然资源资产确权登记制度的现状 / 127
二、国家公园自然资源资产确权登记制度存在的问题 / 128
第三节　国外国家公园自然资源资产确权登记制度借鉴 / 132
一、国外国家公园自然资源产权管理的借鉴 / 132
二、国外国家公园自然资源资产确权登记制度的立法借鉴 / 134
三、国外国家公园自然资源资产确权登记平台建设的借鉴 / 134
第四节　完善我国国家公园自然资源资产确权登记制度的对策 / 135
一、修改《民法典》中自然资源国家所有权的登记规定 / 135
二、落实公众参与等社区发展机制 / 135
三、借助专业技术，实现系统平台功能融合 / 136
四、操作方面——明确自然资源类型定义与质量评价标准 / 136
五、吸收国家公园试点实践中的成功经验及对存在问题的解决思路 / 137

第七章 国家公园自然资源利用制度 / 140
第一节 国家公园自然资源利用制度概述 / 140
一、自然资源利用制度的内容 / 140
二、《国家公园法（草案）》（征求意见稿）有关自然资源利用的条款分析 / 141
三、自然资源利用的价值导向 / 141
第二节 国家公园自然资源利用制度现状及问题 / 142
一、国家公园自然资源利用制度建设中的问题 / 142
二、国家公园自然资源利用制度落实过程中的问题 / 144
第三节 国外国家公园自然资源利用制度借鉴 / 145
一、日本国家公园自然资源利用制度 / 145
二、美国国家公园自然资源利用制度 / 146
三、加拿大国家公园自然资源利用制度 / 147
第四节 完善我国国家公园自然资源利用制度的对策 / 148
一、完善自然资源利用制度的立法原则 / 148
二、实行自然资源有偿使用制度 / 149
三、构建自然资源利用管理体制 / 150
四、建立公众参与机制 / 150
五、衔接环境违法行为惩罚机制 / 151

第八章 国家公园特许经营制度 / 153
第一节 国家公园特许经营制度概述 / 153
一、国家公园特许经营制度的相关概念 / 153
二、国家公园特许经营机制及其运行 / 155
第二节 国家公园特许经营制度现状及问题 / 156
一、国家公园经营性项目特许经营制度的现状 / 156
二、国家公园特许经营制度存在的问题 / 160
第三节 国外国家公园特许经营制度借鉴 / 161
一、美国国家公园经营性项目特许经营制度 / 161
二、新西兰国家公园特许经营制度 / 163

三、加拿大国家公园特许经营制度 / 165
第四节 完善我国国家公园特许经营制度的对策 / 166
一、国家公园特许经营制度旨在生态保护和提供公共服务 / 167
二、明确事权分配，厘清部门职权 / 168
三、以生态保护为核心，兼顾多方利益诉求 / 169
四、明确国家公园“特许经营制度”的规范定义及其范围划定原则 / 170
五、明确特许经营收入用途限于国家公园建设运营和生态保护 / 172

第九章 国家公园全民共享制度 / 173
第一节 国家公园全民共享制度概述 / 173
一、国家公园全民共享制度的内容 / 173
二、坚持国家公园全民共享制度的必要性 / 174
第二节 国家公园全民共享制度现状及问题 / 175
一、国家公园全民共享制度的现状 / 175
二、国家公园全民共享制度存在的问题 / 179
第三节 国外国家公园全民共享制度借鉴 / 181
一、美国国家公园的公众参与机制 / 181
二、澳大利亚国家公园的社区共管机制 / 182
三、加拿大国家公园的科学管理机制 / 183
第四节 完善我国国家公园全民共享制度的对策 / 185
一、政府加强管理 / 185
二、促进公众参与 / 186
三、推动国家公园公益化 / 188

第十章 国家公园综合执法制度 / 189
第一节 国家公园综合执法制度概述 / 189
一、我国国家公园综合执法制度的设立和发展 / 189
二、我国国家公园综合执法制度的主要内容 / 190
第二节 国家公园综合执法制度现状及问题 / 191

一、国家公园综合执法制度的现状 / 191
二、国家公园综合执法制度存在的问题 / 193
第三节　国外国家公园综合执法制度借鉴 / 196
一、美国的垂直管理机制 / 196
二、日本的多方参与执法机制 / 197
三、英国的合作伙伴制 / 198
四、瑞士的严格保护制 / 199
第四节　完善我国国家公园综合执法制度的对策 / 200
一、加快立法步伐，形成有效执法依据 / 200
二、推动合作，促进相关部门协调配合 / 201
三、高效执法，提高执法队伍水平 / 201
四、加强监督，促进执法监管制度的建立 / 202

第十一章　国家公园多元化资金保障制度 / 203
第一节　国家公园多元化资金保障制度概述 / 203
一、国家公园多元化资金保障制度的概念 / 203
二、国家公园多元化资金保障制度的特征 / 203
第二节　国家公园多元化资金保障制度现状及问题 / 204
一、国家公园多元化资金保障制度的现状 / 204
二、国家公园多元化资金保障制度的问题 / 206
第三节　国家公园多元化资金保障制度借鉴 / 211
一、南非国家公园多元化资金保障制度 / 211
二、美国国家公园多元化资金保障制度 / 212
三、国外国家公园多元化资金保障制度对我国的启示 / 214
第四节　完善我国国家公园多元化资金保障制度的对策 / 215
一、明确划分国家公园财政事权和支出责任 / 215
二、建立多元化资金投入机制 / 216
三、提高生态补偿标准 / 218

第十二章　国家公园生态补偿制度 / 220
第一节　国家公园生态补偿制度概述 / 220

一、国家公园生态补偿的概念 / 220
二、国家公园生态补偿的价值 / 221
第二节 国家公园生态补偿制度现状及问题 / 221
一、国家公园生态补偿制度的现状 / 221
二、国家公园生态补偿制度存在的问题 / 223
第三节 国外国家公园生态补偿制度借鉴 / 226
一、美国的国家公园生态补偿制度 / 226
二、加拿大的国家公园生态补偿制度 / 227
三、国外国家公园生态补偿制度对我国的启示 / 229
第四节 完善我国国家公园生态补偿制度的对策 / 230
一、引入市场化机制 / 230
二、明确中央与地方权责划分 / 232
三、构建多元化国家公园生态补偿机制 / 232
四、设置合理的国家公园生态补偿标准 / 233

后 记 / 235

第一章 概 述

第一节 国家公园的概念、特点和功能

一、国家公园的概念

（一）国家公园的概念

国家公园是世界自然保护联盟（IUCN）在 1948 年为推动自然保护区的建立和发展而提出的概念。各国关于国家公园的定义并不相同：美国在《黄石国家公园法》中将国家公园定义为“为了人们利益和欣赏目的的大众公园或休闲地”；日本《自然公园法》明确规定，“自然公园作为保护地，是为国民提供优美环境和教育的场地”；IUCN 将国家公园定义为“具有生态完整性、禁止开发性、科研娱乐教育结合性的以生态系统保护和游憩为主要管理目标的陆地或海洋自然区域”；在我国，《建立国家公园体制总体方案》规定，“国家公园是指由国家批准设立并主导管理，边界清晰，以保护具有国家代表性的大面积自然生态系统为主要目的，实现自然资源科学保护和合理利用的特定陆地或海洋区域”。[1]《国家公园法（草案）》（征求意见稿）

---

〔1〕 参见中共中央办公厅、国务院办公厅《建立国家公园体制总体方案》，2017 年 9 月 26 日发布。

规定，“本法所称国家公园，是指由国家批准设立并主导管理，以保护具有国家代表性的自然生态系统、珍稀濒危物种、自然遗迹、自然景观为主要目的，依法划定的大面积特定陆域或者海域。国家建立以国家公园为主体、自然保护区为基础、各类自然公园为补充的自然保护地体系。国家公园是我国自然生态系统中最重要、自然景观最独特、自然遗产最精华、生物多样性最富集的部分，生态过程完整，具有全球价值、国家象征，国民认同度高，在维护国家生态安全中发挥关键作用”。〔1〕

尽管各国对国家公园的定义和设立标准不同，但设立目的大同小异，保护生态系统的完整性，为公民提供游憩和教育的场所，国家公园设立的标准也主要集中在典型性、生物多样性、适当性、管理可行性、功能全民性等方面。

（二）相关概念

自然保护地是由各级政府依法划定或确认，对重要的自然生态系统、自然遗迹、自然景观及其所承载的自然资源、生态功能和文化价值实施长期保护的陆域或海域。按照自然生态系统原真性、整体性、系统性及其内在规律，依据管理目标与效能并借鉴国际经验，将自然保护地按生态价值和保护强度高低依次分为国家公园、自然保护区、自然公园三类。

1. 自然保护区

自然保护区是指保护典型的自然生态系统、珍稀濒危野生动植物种的天然集中分布区、有特殊意义的自然遗迹的区域。具有较大面积，确保主要保护对象安全，维持和恢复珍稀濒危野生动植物种群数量及赖以生存的栖息环境。

2. 自然公园

自然公园是指保护重要的自然生态系统、自然遗迹和自然景观，具有生态、观赏、文化和科学价值，可持续利用的区域。确保森林、海洋、湿地、水域、冰川、草原、生物等珍贵自然资源，以及所承载的景观、地质地貌和文化多样性得到有效保护。包括森林公园、地质公园、

〔1〕 参见《国家公园法（草案）》（征求意见稿）第3条。

海洋公园、湿地公园等各类自然公园。[1]

二、国家公园的特点

国家公园具备国家代表性、生态重要性和管理可行性等特点。其中，国家代表性在国家公园遴选中极其重要。国家公园应选择具有中国代表意义的自然生态系统，或中国特有和重点保护野生动植物物种的集聚区，且具有全国乃至全球意义的自然景观和自然文化遗产的区域。同时，国家公园的设立和发展必须符合国家的整体利益和长远利益，应由国家来主导设定；生态重要性是国家公园的核心功能，其他任何功能都必须在保护生态的基础上开展。国家公园应能够长期保护并维持国土生态安全屏障，生态服务功能显著。当然，强调生态性并不排斥文化资源、文化遗产的保护利用。自然生态系统所承载的无论是自然资源还是文化资源，都必须完整、原真地保存并展示其自然或文化特征，代代传承下去，这也是国家公园管理的责任和义务；管理可行性是国家公园设立的落脚点。国家公园既要体现国家事权，国家管理、国家立法、国家维护；又要充分考虑我国人多地少的现实条件，能够较好地协调利益相关者的关系，具备以较合理的成本实现有效管理的潜力，能够较好解决土地与资源所有权者的权益，并适度开放相关区域以提供科普教育、自然游憩和生态体验。

总之，国家代表性包括生态系统代表性、生物物种代表性、自然景观独特性；生态重要性包括生态系统完整性、生态系统原真性、面积规模适宜性；管理可行性包括自然资源资产产权、保护管理基础、全民共享潜力。[2]

三、国家公园的功能

《建立国家公园体制总体方案》规定：国家公园是我国自然保护地最重要类型之一，属于全国主体功能区规划中的禁止开发区域，纳入全

---

〔1〕 参见中共中央办公厅、国务院办公厅《关于建立以国家公园为主体的自然保护地体系的指导意见》。

〔2〕 参见国家林业和草原局《国家公园设立规范》，GB/T 39737－2021。

国生态保护红线区域管控范围，实行最严格的保护。国家公园的首要功能是重要自然生态系统的原真性、完整性保护，同时兼具科研、教育、游憩等综合功能。

第二节 国家公园的理论基础

一、产权理论

产权，简单来说就是权益主体占有、控制、使用财产或资源以获取利益的权利。对产权的研究最初源于外部性问题，外部性是指人们从事生产活动过程中给他人或社会带来的影响，究其根源，外部性问题的产生正是由于权益主体的产权划分不清晰。1937 年，西方经济学家科斯在伦敦经济学院学报上发表题为《企业的性质》一文，标志着产权理论的形成，之后随着科斯在 1960 年提出“科斯定理”以及 1968 年哈丁发表有关“公地悲剧”的文章，西方学者逐渐将产权理论作为解决资源环境问题的有力武器。如德姆塞茨、佩杰威齐等具有代表性的经济学家在科斯之后都对产权进行了研究和解读，虽然各自侧重点不同，但产权的特征大致可以归纳为以下几点：其一，产权具有特定的主体和客体，没有任何一种产权是脱离主客体而单独存在的，在日常经济生活中，产权客体通常是财产、商品、资本等，而产权主体通常是国家、企业以及个人。从权利本身来说，产权规范了特定产权主体与客体之间的行为关系，是社会经济活动的基本准则。一方面，产权明确了特定主体对产权客体能做什么，不能做什么，具体有哪些行为约束，在超出这些约束范围之后又会承担哪些后果和经济责任；另一方面，产权揭示了特定客体在这一经济行为中能为主体带来怎样的收益，这就是所谓的“权益”。其二，产权是一种独占性、排他性的权利，正是由于这种性质，产权主体才能在法律允许的范围内享有特定的经济利益并通过合法途径追求利益最大化。此外，产权是可以平等交易的，产权的这一性质构成了市场经济的运行基础，通过交易，产权在各经济主体之间重新配置，使产权客体能在市场经济中发挥更大的作用。但值得注意的是，产权的公平交易是以独占性和排他性为前提的，在法律允许的范围内购买者通过支付一定费用来换取产权主体所拥有的独占性权利，使产权交易发生。在实际经济生活中，大部分产权主体都通过产权交易的方式变换产权的物质载体以实现利益最大化。

具体到产权的内容来说，它并不是一项单一的权利，而是一种具有结构性特征的权利束。产权结构具体包括三个层次：第一层次为所有权，反映了产权客体的归属问题，它是产权结构的基础，所有权归属于国家还是个人，直接决定了产权制度的性质是私有还是公有。确定了归属就可以将产权的责任和收益进一步细化。第二层次中的占有权、使用权和转让权正是产权在经济意义上的具体表现，是所有权的衍生权利。这一层次中的权利明确界定了产权主体和客体之间的关系，规定了产权主体在经济活动中能在什么范围内，以何种方式对产权客体进行支配和利用，明确了各权利的边界以及超出边界所应承担的经济责任。产权的第三层次是收益权，这也是产权的最终目的，即“利”为谁所得。无论是私有产权还是公有产权，进行经济活动的根本目的都是确保权益主体有利可图，收益权规范了产权主体在行使占有、使用、转让权的过程中最终收益的分配问题，并将经济活动中造成的损失对各权益主体进行问责。[1]

自然资源资产产权的特征：自然资源资产产权同其他产权一样，具有排他性、有限性、可分解性、可让渡性等特征。自然资源资产产权可以分解为所有权、占用权、使用权、收益权、处置权和他项权利等多种权能。这些自然资源资产产权权能是可以界定和分离的，可以在不同权益主体之间进行分割或供应，从而形成各种不同的自然资源资产产权组合和结构。其中，自然资源资产所有权是自然资源资产产权权利中最充分的一项物权，由自然资源资产占用权、使用权、收益权和处置权等权能组成，这些权能都是自然资源资产所有权的派生权利，但同时又可以在一定条件下和自然资源资产所有权相分离，成为相对独立的自然资源

---

〔1〕 参见姚智毅：《产权视角下的矿产资源资产负债表构建研究——以黄石市为例》，安徽财经大学 2017 年硕士学位论文。

资产产权权能。如果把自然资源资产所有权称为终极权能，那么自然资源资产占有、使用、收益、处分权就是次级权能。只要次级权能者保证满足终极权能者的条件，在一定期限后将分离的次级权能回归终极权能者，则次级权能就具有相对独立性，可以在自然资源资产产权市场上进行流转、供应。在自然资源资产使用权和自然资源资产所有权分离之后，虽然自然资源资产使用者对权利客体没有所有权，但却具有占用、使用、部分收益权和部分处置权等，这样就形成了两个层次上的权利束。自然资源资产所有权权利束包括对权利客体的占有、使用、收益和处置权；自然资源资产使用权权利束同样包括对权利客体的占有、使用、收益和处置权，但自然资源资产使用者只具有部分收益权和部分处置权，不具有最终处置权。因此，相对而言，前者是高层次的权利束，后者为低层次权利束。〔1〕

二、委托代理理论

委托代理理论是制度经济学契约理论的主要内容之一，由美国经济学家伯利和米恩斯于20世纪30年代所提出，并在20世纪60年代末一些经济学家深入研究企业内的信息不对称和激励问题时发展起来。该理论研究的核心问题是在委托人代理人双方利益相冲突，而且存在不确定性和信息不对称的情况下，委托人如何设计最优契约激励代理人，使代理人按照委托人利益最大化行事。该理论认为委托代理关系是随着生产力大发展和规模化大生产的出现而产生的，由于委托人和代理人目标函数的不一致性及信息不对称性，可能产生代理人利用自己的信息优势，采取旨在谋求自身效用最大化却可能损害委托人利益的行动，发生道德风险和逆向选择。〔2〕

委托代理理论的中心任务是研究在委托人和代理人之间利益相冲突和信息不对称的环境下，委托人如何设计最优契约激励代理人，为研究企业制度、资产管理、公司治理提供了理论支撑。解决“代理人问题”

---

〔1〕 参见王文革：《城市土地市场供应法律问题》，法律出版社2005年版，第117页。

〔2〕 参见王叙果：《国有企业建立激励约束机制的制度性障碍分析》，载《中央财经大学学报》2004年第10期。

的关键是要建立完善激励约束机制。在这种机制中，委托人发出的激励和约束信号必须是指向代理人的，而且这种指向越是方向明确，经过的环节越少，激励和约束信号的传递效率以及由此形成的对代理人的激励和约束作用就越大。[1]

委托代理理论可以指导解决，全民所有自然资源资产权益在生态文明建设背景下，所有者不到位、权责不明晰、权益不落实等突出问题。中央提出建立分级行使所有权的管理体制，要求“研究建立国务院自然资源主管部门行使全民所有自然资源资产所有权的资源清单和管理体制。探索建立委托省级和市（地）级政府代理行使自然资源资产所有权的资源清单和监督管理制度”，这是全民所有自然资源资产权益实现的重要基础。[2]

三、外部性理论

外部性也称溢出效应、毗邻影响、外部关系等。外部性是指一个生产者或消费者的生产或消费活动对其他生产者或消费者所附带产生的成本或效益的情况。外部性有正负之分。正外部性是指一个生产者或消费者的生产或活动使其他社会成员无须付出代价而得到好处；负外部性则指一个生产者或消费者的生产或活动使其他社会成员蒙受损失而未给补偿。解决外部性问题的基本原则是外部性内部化。

自然资源使用的外部性是指自然资源使用者使用自然资源所耗费的成本中的一部分或全部由他人承担，或者自然资源使用者使用自然资源所应获得的部分收益被他人获得。如果自然资源使用者的成本由他人承担，那么，这种外部性是负外部性。

以土地资源为例，某土地使用者使用土地进行某种生产时，对相邻土地造成污染，但清除污染的费用并不由造成污染的土地使用者承担，而是由受污染的土地使用者承担，这样，本应由造成污染的土地使用者

〔1〕 参见雷美霞：《试论公共选择理论视阈下的城市社区治理》，载《闽江学院学报》2011 年第 4 期。

〔2〕 参见中共中央办公厅、国务院办公厅《关于统筹推进自然资源资产产权制度改革的指导意见》，2019 年 4 月 14 日发布。

承担的土地使用成本，反而由被污染者（未获得土地使用收益者）承担；如果土地使用者的收益被他人获得，那么这种外部性是正外部性。在这种情况下，由于土地使用者往往不考虑某些效益或成本，因而就产生了土地资源使用的低效率。

土地使用外部性按照外部效果产生的条件可分为：

1. 土地使用权确定的即时外部性

一块土地，或批租或有偿他用，当土地使用权人确定，土地的使用性质遂被确定，即土地用途的事实选定。比如，一块城市绿地被批租为商业或其他用地，土地使用权的这种重新确认随之将导致城市生态环境的外部不经济性。[1]土地使用权的这种重新确认造成了其他土地使用性质的不可能性，这也是一种土地使用的外部性，或叫土地使用的“机会成本”。

2. 土地开发过程的外部性

土地开发过程的外部性包括开发过程的外部经济性和不经济性。开发过程的不经济性如上述的社会环境公害等。

3. 土地使用过程的外部性

土地使用过程的外部性，如建筑物的外表风格对大众的影响，建筑物过高，阻挡了毗邻建筑的部分采光、通风、接受无线电信号等形式的外部不经济，有些很难作出公正的赔偿。[2]

四、市场理论

市场理论是市场经济的基本理论。市场运行机制是调节社会经济的主要机制。市场机制是指在市场上直接发生作用的各个要素之间互为因果、互相作用的功能。主要包括价值机制、供求机制、竞争机制。价值机制可充分调节生产要素的合理分配，刺激商品生产者改进技术，降低成本，取得更多利润。提高经济效益；供求机制可通过价格的波动，促使均衡和非均衡这两类市场不断互相转化，使市场趋于稳定均衡的最佳

〔1〕 参见王文革：《解决土地使用外部性问题的法律对策》，载《法治论丛》2004 年第 2 期。

〔2〕 参见王文革：《城市土地市场供应法律问题》，法律出版社 2005 年版，第 205 页。

状态；竞争机制可激发经济主体活力，促进经济效益提高，调节社会资源优化配置。市场经济核心问题是竞争，这是不以人的意志为转移的客观规律。市场经济是指市场机制在社会资源配置中起决定性和主导性作用的经济运行方式。市场机制配置资源是指使社会资源在各地区、各部门、各企业之间不断进行流动，这种流动是靠竞争，优胜劣汰，使资源从供给过剩部门流向供不应求部门，从经济效益低的部门向经济效益高的部门流动，最终达到社会资源的优化配置，社会资源优化配置的前提条件是市场主体的自主性、平等性、独立性、竞争性。[1]

自然资源资产权益的实现需要依托市场机制，充分发挥市场配置自然资源的决定性作用，畅通资源流动渠道，保障不同市场主体平等获取自然资源，推动自然资源配置依据市场规则、市场价格、市场竞争实现效益最大化和效率最优化。

第三节 国家公园发展历程

一、国家公园建设历程

国家公园的发展历史由来已久，世界上最早的“国家公园”为1872年美国建立的“黄石国家公园”。我国国家公园建设起步较晚，普达措国家公园是我国国家公园建设的先行者，其主管方是云南省林业厅，后被国家层面确立为我国的国家公园。2015年，我国开始国家公园建设的试点，黑龙江汤旺河国家公园是原环保部和原国家旅游局批准建设的我国第一个国家公园试点单位。2021年10月12日，中国第一批国家公园名单正式公布，包括三江源国家公园、大熊猫国家公园、东北虎豹国家公园、海南热带雨林国家公园、武夷山国家公园。第一批五大国家公园的保护面积达23万平方公里，涵盖近30%的陆域国家重点保护野生动植物种类。

---

〔1〕 参见周岐：《市场经济的三大理论》，载《北方经贸》1995年Z3期。

二、国家公园立法历程

我国先后印发了不同的政策文件，对国家公园的体制建设提出指导意见，2013 年党的十八届三中全会通过的《中共中央关于全面深化改革若干重大问题的决定》在对生态文明建设顶层设计中最早提出了“建立国家公园体制”。2015 年 5 月 18 日，国务院批转《发展改革委关于 2015 年深化经济体制改革重点工作意见》提出，在 9 个省份开展“国家公园体制试点”。发改委同中央编办、财政部、国土部、原环保部、住建部、水利部、原农业部、林业局、旅游局、文物局、海洋局、法制办等13 个部门联合印发了《建立国家公园体制试点方案》，规定：“在三江源、大熊猫、东北虎豹、湖北神农架、浙江钱江源、湖南南山、祁连山、北京长城、云南普达措、福建武夷山等地区启动国家公园体制试点。”2017 年 9 月中共中央办公厅、国务院办公厅印发《建立国家公园体制总体方案》，提出“构建以国家公园为代表的自然保护地体系”。2019 年1 月23 日，中央全面深化改革委员会第六次会议审议通过《关于建立以国家公园为主体的自然保护地体系指导意见》，提出“形成以国家公园为主体、自然保护区为基础、各类自然公园为补充的自然保护地分类系统”。2019 年，国家林草局牵头启动国家公园及自然保护地相关标准的制定，成立国家公园和自然保护地标准化技术委员会。2020 年 12 月，在国家市场监督管理总局、国家标准化管理委员会大力支持下，《国家公园设立规范》《国家公园总体规划技术规范》《自然保护地勘界立标规范》《国家公园监测规范》《国家公园考核评价规范》等 5 项国家标准正式发布，贯穿了国家公园设立、规划、勘界立标、监测和考核评价的全过程管理环节，为第一批国家公园的正式设立，构建统一规范高效的中国特色国家公园体制提供了重要支撑。关于国家公园立法问题，制定“国家公园法”，已经列入《十三届全国人大常委会立法规划》，2018 年 7 月，国家林业和草原局正式启动国家公园立法工作，成立了由局领导担任组长的领导小组和工作专班，在委托课题研究、组织座谈会、深入实地调研等基础上，2020 年至 2021 年，先后征求了局内各单位、试点国家公园管理机构、地方政府和有关部门意见。2021 年 11 月，结合国务院批复的 5 个国家公园设立方案，召开局党组会和局长专题会，做进一步研究完善。2022 年 4 月，根据习近平总书记在考察调研海南热带雨林国家公园时的重要指示精神，结合国家公园体制建设实际需要，进一步修改完善，形成了《国家公园法（草案）》（征求意见稿），此外，还有针对某一个或某一地区国家公园制定的地方性法规、自治条例和单行条例，如《云南省迪庆藏族自治州香格里拉普达措国家公园保护管理条例》（2013 年 9 月 25 日起实施）、《云南省国家公园管理条例》（2016 年 1 月 1 日起实施）、《三江源国家公园条例》（2020 年 7 月 22 日起实施）、《武夷山国家公园条例（试行）》（2018 年 3 月 1 日起实施）、《神农架国家公园保护条例》（2019 年 11 月 29 日起实施）等，还有部分地市制定了相应法规，针对性较强。

第四节 国家公园的立法指导思想、原则和目标

一、指导思想[1]

全面贯彻党的十八大和十八届三中、四中、五中、六中全会精神，深入贯彻习近平总书记系列重要讲话精神和治国理政新理念新思想新战略，认真落实党中央、国务院决策部署，紧紧围绕统筹推进“五位一体”总体布局和协调推进“四个全面”战略布局，牢固树立和贯彻落实新发展理念，坚持以人民为中心的发展思想，加快推进生态文明建设和生态文明体制改革，坚定不移实施主体功能区战略和制度，严守生态保护红线，以加强自然生态系统原真性、完整性保护为基础，以实现国家所有、全民共享、世代传承的目标，理顺管理体制，创新运营机制，健全法治保障，强化监督管理，构建统一规范高效的中国特色国家公园体制，建立分类科学、保护有力的自然保护地体系。

---

〔1〕 参见中共中央办公厅、国务院办公厅《建立国家公园体制总体方案》，2017 年 9 月 26 日发布。

二、基本原则[1]

（一）科学定位、整体保护

坚持将山水林田湖草作为一个生命共同体，统筹考虑保护与利用，对相关自然保护地进行功能重组，合理确定国家公园的范围。按照自然生态系统整体性、系统性及其内在规律，对国家公园实行整体保护、系统修复、综合治理。

（二）合理布局、稳步推进

立足我国生态保护现实需求和发展阶段，科学确定国家公园空间布局。将创新体制和完善机制放在优先位置，做好体制机制改革过程中的衔接，成熟一个设立一个，有步骤、分阶段推进国家公园建设。

（三）国家主导、共同参与

国家公园由国家确立并主导管理。建立健全政府、企业、社会组织和公众共同参与国家公园保护管理的长效机制，探索社会力量参与自然资源管理和生态保护的新模式。加大财政支持力度，广泛引导社会资金多渠道投入。

（四）生态保护第一

建立国家公园的目的是保护自然生态系统的原真性、完整性，始终突出自然生态系统的严格保护、整体保护、系统保护，把最应该保护的地方保护起来。国家公园坚持世代传承，给子孙后代留下珍贵的自然遗产。坚持国家代表性。国家公园既具有极其重要的自然生态系统，又拥有独特的自然景观和丰富的科学内涵，国民认同度高。国家公园以国家利益为主导，坚持国家所有，具有国家象征，代表国家形象，彰显中华文明。坚持全民公益性。国家公园坚持全民共享，着眼于提升生态系统服务功能，开展自然环境教育，为公众提供亲近自然、体验自然、了解自然以及作为国民福利的游憩机会。鼓励公众参与，调动全民积极性，激发自然保护意识，增强民族自豪感。

---

〔1〕 参见中共中央办公厅、国务院办公厅《建立国家公园体制总体方案》，2017 年 9 月 26 日发布。

三、主要目标[1]

建成统一规范高效的中国特色国家公园体制，交叉重叠、多头管理的碎片化问题得到有效解决，国家重要自然生态系统原真性、完整性得到有效保护，形成自然生态系统保护的新体制新模式，促进生态环境治理体系和治理能力现代化，保障国家生态安全，实现人与自然和谐共生。

第五节 国家公园的制度体系

一、国家公园法律制度的概念、特征[2]

国家公园法律制度是指为了实现国家公园的目的和任务，根据开发、利用和保护国家公园的基本原理和基本原则所制定的，调整国家公园开发、利用和保护等社会关系的一系列法律规范的总称。它是国家公园管理制度的法律化和规范化，是具有自身特征的一类法律规范，主要具有以下特征：

1. 特定性

国家公园法律制度不像基本原则那样具有适用的广泛性，而是只适用于国家公园管理的某一方面，只调整在开发、利用、保护、改善国家公园过程中发生的某一特定部分或方面的社会关系。因此，其适用的对象、范围、程度以及所采取的措施、法律后果都是特定的，在一定程度上避免了适用法律的随意性。

2. 系统性和相对完整性

国家公园法律制度通常不是由某一个法律条文或某一个法律规范所组成，而是由一系列的法律规范所组成。这些规范之间相互关联、相互

---

〔1〕 参见中共中央办公厅、国务院办公厅《建立国家公园体制总体方案》，2017 年 9 月 26 日发布。

〔2〕 参见王文革主编：《环境资源法》（第 3 版），中国政法大学出版社 2020 年版，第 99 – 101 页。

补充、相互配合，共同构成一个相对完整的系统。如果把整个国家公园体系作为一个大系统的话，那么每一个国家公园法律制度都可以构成一个小的子系统。这一点是区别国家公园法律制度与法律原则和措施的主要标志。正因为国家公园法律制度有系统性的特征，所以国家公园法律制度的健全与完善对于促进国家公园法律的系统化、条理化有着重要的意义。同时，国家公园法律制度的健全和完善也可以为规范化的国家公园管理提供法律保证。

3. 可操作性

由于国家公园法律制度具有特定的适用对象和具体而完整的规则系统，因而便具有较强的可操作性，容易得到有效的贯彻实施。

4. 约束性

国家公园法律制度规范多属于强制性规范，而且国家公园法律制度对国家公园法律关系主体的权利义务和法律后果规定得很明确，因而具有较强的约束性。

二、国家公园法律制度的分类[1]

国家公园法律制度是由多项制度组成的制度体系，每一项制度的对象、功能、性质和适用阶段也不同，从不同角度，可以对国家公园法律制度进行如下分类：

1. 制度的功能

根据制度的功能不同，可分为预防性制度、基础性制度、治理性制度等。预防性制度主要包括规划制度、行政许可制度、环境影响评价制度、“三同时”制度、生态环境破坏事故防范与预警制度等；基础性制度主要包括确权登记制度、监测制度、自然资源调查制度、自然资源档案制度等；治理性制度主要包括限期治理制度、生态修复制度等。

2. 制度的性质

根据制度的性质不同，可分为经济性制度、技术性制度、行政性制度、社会性制度等。经济性制度主要包括税费制度、奖励制度等；技术

〔1〕 参见王文革主编：《环境资源法》（第3版），中国政法大学出版社2020年版。

性制度主要包括环境资源监测制度、环境标准制度等；行政性制度主要包括行政许可制度、限期治理制度、现场检查制度等；社会性制度主要包括公众参与制度等。

3. 制度的适用阶段

根据制度的适用阶段不同，可分为行为前适用制度、行为过程中适用制度、行为后适用制度、行为全过程适用制度等。行为前适用制度主要包括规划制度、设立制度等；行为过程中适用制度主要包括监测制度等；行为后适用制度主要包括环境事故报告和应急措施制度、限期治理制度、生态修复制度等；行为全过程适用制度主要包括公众参与制度等。

三、制度构成

《国家公园法（草案）》（征求意见稿）、《建立国家公园体制总体方案》、《关于建立以国家公园为主体的自然保护地体系的指导意见》以及各个国家公园体制试点方案已原则性地提出《国家公园法》的基本制度，以破解我国现行保护地治理体系在规划设立、管理体制、产权界定等方面所受到的制约。根据国家公园的设立目标和任务，结合上述规定和国家公园法律制度的特性，总结归纳出以下国家公园法律制度。

（一）国家公园规划制度

国家综合考虑全国自然地理格局和自然生态空间保护需要，根据国土空间规划，编制国家公园规划。[1]国家公园规划是国家公园保护、管理和建设的基本依据，包括总体规划和各类专项规划。总体规划由国务院林业草原主管部门会同国家公园所在地省级人民政府组织编制，经国务院授权国务院林业草原主管部门批准实施；生态保护修复、公众服务等专项规划由国家公园管理机构编制，经国务院林业草原主管部门或者国家公园所在地省级人民政府批准实施，具体办法由国务院林业草原主管部门制定。国家公园总体规划应当明确国家公园保护管理目标任务、分区管控要求、监测监管、保护修复、社区发展

---

〔1〕 参见《国家公园法（草案）》（征求意见稿）第14条。

和公众服务等内容。[1]

国家公园规划应明确国家公园建设数量、规模，统筹考虑自然生态系统的完整性和周边经济社会发展的需要，合理划定单个国家公园范围，并做好与相关规划的衔接。[2]

（二）国家公园设立制度

根据自然生态系统代表性、面积适宜性和管理可行性，制定国家公园准入条件，确保自然生态系统和自然遗产具有国家代表性、典型性，确保面积可以维持生态系统结构、过程、功能的完整性，确保全民所有的自然资源资产占主体地位，管理上具有可行性。[3]国家公园批准设立后，国家公园范围内不再保留其他类型的自然保护地。其他类型的自然保护地全部划入国家公园范围的，自然撤销。部分划入国家公园范围的，未划入部分可以保留、撤销或者整合。[4]

（三）自然资源统一确权登记制度

国家公园作为独立自然资源登记单元，依法对区域内水流、森林、山岭、草原、荒地、滩涂等所有自然生态空间统一进行确权登记。清晰界定区域内各类自然资源资产的产权主体，明确各类自然资源资产的种类、面积和权属性质，划清全民所有和集体所有之间的边界，划清不同集体所有者的边界，实现归属清晰、权责明确。[5]

（四）国家公园管理体制[6]

1. 建立统一管理机构

整合相关自然保护地管理职能，结合生态环境保护管理体制、自然资源资产管理体制、自然资源监管体制改革，由一个部门统一行使国家

---

〔1〕 参见《国家公园法（草案）》（征求意见稿）第20条。

〔2〕 参见中共中央办公厅、国务院办公厅《建立国家公园体制总体方案》，2017年9月26日发布。

〔3〕 参见中共中央办公厅、国务院办公厅《建立国家公园体制总体方案》，2017年9月26日发布。

〔4〕 参见《国家公园法（草案）》（征求意见稿）第17条。

〔5〕 参见中共中央办公厅、国务院办公厅《建立国家公园体制总体方案》，2017年9月26日发布。

〔6〕 参见中共中央办公厅、国务院办公厅《建立国家公园体制总体方案》，2017年9月26日发布。

公园自然保护地管理职责。

国家公园设立后整合组建统一的管理机构，履行国家公园范围内的生态保护、自然资源资产管理、特许经营管理、社会参与管理、宣传推介等职责，负责协调与当地政府及周边社区关系。可根据实际需要，授权国家公园管理机构履行国家公园范围内必要的资源环境综合执法职责。

2. 分级行使所有权

统筹考虑生态系统功能重要程度、生态系统效应外溢性、是否跨省级行政区和管理效率等因素，国家公园内全民所有自然资源资产所有权由中央政府和省级政府分级行使。其中，部分国家公园的全民所有自然资源资产所有权由中央政府直接行使，其他的委托省级政府代理行使。条件成熟时，逐步过渡到国家公园内全民所有自然资源资产所有权由中央政府直接行使。

3. 构建协同管理机制

合理划分中央和地方事权，构建主体明确、责任清晰、相互配合的国家公园中央和地方协同管理机制。中央政府直接行使全民所有自然资源资产所有权的，地方政府根据需要配合国家公园管理机构做好生态保护工作。省级政府代理行使全民所有自然资源资产所有权的，中央政府要履行应有事权，加大指导和支持力度。国家公园所在地方政府行使辖区（包括国家公园）经济社会发展综合协调、公共服务、社会管理、市场监管等职责。

4. 建立健全监管机制

相关部门依法对国家公园进行指导和管理。健全国家公园监管制度，加强国家公园空间用途管制，强化对国家公园生态保护等工作情况的监管。完善监测指标体系和技术体系，定期对国家公园开展监测。构建国家公园自然资源基础数据库及统计分析平台。加强对国家公园生态系统状况、环境质量变化、生态文明制度执行情况等方面的评价，建立第三方评估制度，对国家公园建设和管理进行科学评估。建立健全社会监督机制，建立举报制度和权益保障机制，保障社会公众的知情权、监督权，接受各种形式的监督。

（五）国家公园资金保障制度[1]

1. 建立财政投入为主的多元化资金保障机制

立足国家公园的公益属性，确定中央与地方事权划分，保障国家公园的保护、运行和管理。中央政府直接行使全民所有自然资源资产所有权的国家公园支出由中央政府出资保障。委托省级政府代理行使全民所有自然资源资产所有权的国家公园支出由中央和省级政府根据事权划分分别出资保障。加大政府投入力度，推动国家公园回归公益属性。在确保国家公园生态保护和公益属性的前提下，探索多渠道、多元化的投融资模式。

2. 完善国家公园范围内的野生动物肇事损害赔偿制度

建立野生动物伤害保险制度，依法对因法律规定保护的野生动物造成的人员伤亡、农作物或者其他财产损失开展野生动物致害补偿。[2]

3. 构建高效的资金使用管理机制

国家公园实行收支两条线管理，各项收入上缴财政，各项支出由财政统筹安排，并负责统一接受企业、非政府组织、个人等社会捐赠资金，进行有效管理。建立财务公开制度，确保国家公园各类资金使用公开透明。

（六）国家公园分区管控制度[3]

国家公园按照自然资源特征和管理目标，合理划定功能分区，实行差别化保护管理。重点保护区域内居民要逐步实施生态移民搬迁，集体土地在充分征求其所有权人、承包权人意见基础上，优先通过租赁、置换等方式规范流转，由国家公园管理机构统一管理。其他区域内居民根据实际情况，实施生态移民搬迁或实行相对集中居住，集体土地可通过合作协议等方式实现统一有效管理。探索协议保护等多元化保

---

〔1〕参见中共中央办公厅、国务院办公厅《建立国家公园体制总体方案》，2017年9月26日发布。

〔2〕参见《国家公园法（草案）》（征求意见稿）第51条。

〔3〕参见中共中央办公厅、国务院办公厅《建立国家公园体制总体方案》，2017年9月26日发布。

护模式。

国家公园实行分区管控，划分为核心保护区和一般控制区。国家公园核心保护区主要承担保护功能，最大程度限制人为活动，但下列情形除外：（1）管护巡护、保护执法、调查监测、防灾减灾、应急救援等活动及相关的必要设施修筑；（2）原住居民和其他合法权益主体，在不扩大现有规模和利用强度的前提下，开展必要的种植、放牧、采集、捕捞、养殖、取水等生产生活活动，修缮生产生活设施；（3）因有害生物防治、外来物种入侵、维持主要保护对象生存环境等特殊情况，开展重要生态修复工程、病害动植物清理、增殖放流等人工干预活动；（4）非破坏性的科学研究、标本采集、考古调查发掘和文物保护活动；（5）国家公园设立之前已有的民生基础设施和其他线性基础设施的运行维护；（6）以生态环境无害化方式穿越地下或者空中的线性基础设施的修筑，必要的航道基础设施建设、河势控制、河道整治等活动；（7）国境边界通视道清理以及界务工程的修建、维护和拆除，边境巡逻管控；（8）因国家重大战略需要开展的活动；（9）法律法规允许的其他情形。[1]

国家公园一般控制区在承担保护功能的基础上，兼顾科研、教育、游憩体验等公众服务功能，禁止开发性、生产性建设活动，但下列情形除外：（1）核心保护区允许开展的情形；（2）古生物化石调查发掘活动；（3）适度规模的科普宣教和游憩体验活动以及符合国家公园总体规划的公益性和公共基础设施建设；（4）无法避让且符合国土空间规划的线性基础设施建设；（5）公益性地质勘查，以及因国家重大能源资源安全需要开展的战略性能源资源勘查；（6）集体或者个人所有的人工商品林符合管控要求的抚育、树种更替等森林经营活动；（7）法律法规允许的其他情形。[2]

（七）国家公园生态环境监测制度

制定相关技术标准，建设监测网络体系，充分发挥地面生态系统、环境、气象、水文水资源、水土保持、海洋等监测站点和卫星遥感的协

---

〔1〕 参见《国家公园法（草案）》（征求意见稿）第27条。

〔2〕 参见《国家公园法（草案）》（征求意见稿）第28条。

同作用。国务院林业草原主管部门会同国务院有关部门建立全国国家公园天空地一体化监测体系，利用先进科学技术手段，科学布局监测站点，开展综合监测评价，实现国家公园的动态监测和智慧管理。国家公园管理机构应当对国家公园范围内的自然资源、自然生态系统和特定保护对象进行监测，开展生态风险评估预警和人类活动影响分析，与有关部门共享监测数据，定期发布监测评估报告。

（八）国家公园保护与利用制度[1]

主要包括以下内容：（1）突出生态系统整体保护和系统修复制度，依法实行更严格的保护。（2）实行分区管控制度，原则上核心保护区内禁止人为活动，一般控制区内限制人为活动，分类分区制定管理规范。（3）建立产权激励制度，吸引社会资本参与生态保护修复。（4）创新自然资源利用制度。科学评估自然资源资产价值和资源利用的生态风险，明确国家公园自然资源利用方式。（5）制定经营性项目特许经营制度，鼓励原住居民参与特许经营活动，探索自然资源所有者参与特许经营收益分配机制。

（九）生态保护补偿制度[2]

建立健全森林、草原、湿地、荒漠、海洋、水流、耕地等领域生态保护补偿机制，加大重点生态功能区转移支付力度，健全国家公园生态保护补偿政策，增强国家公园所在地区基本公共服务保障能力。将国家公园范围内的林地和林地上的森林纳入公益林管理。按照保护规模、管控难度和保护成效实行差异化补偿，合理确定国家公园内森林、草原、湿地等领域的补偿标准。鼓励受益地区与国家公园所在地区通过资金补偿等方式建立横向补偿关系，支持并推动建立市场化多元补偿机制。[3]加强生态保护补偿效益评估，完善生态保护成效与资金分配挂钩的激励约束机制，加强对生态保护补偿资金使用的监督管理。

---

〔1〕 参见汪劲、吴凯杰：《〈国家公园法〉的功能定位及其立法意义——以中国自然保护地法律体系的构建为背景》，载《湖南师范大学社会科学学报》2020年第3期。

〔2〕 参见中共中央办公厅、国务院办公厅《建立国家公园体制总体方案》，2017年9月26日发布。

〔3〕 参见《国家公园法（草案）》（征求意见稿）第50条。

鼓励设立生态管护公益岗位，吸收当地居民参与国家公园保护管理和自然环境教育等。

（十）社会参与机制[1]

在国家公园设立、建设、运行、管理、监督等各环节，以及生态保护、自然教育、科学研究等各领域，引导当地居民、专家学者、企业、社会组织等积极参与。鼓励当地居民或其举办的企业参与国家公园内特许经营项目。建立健全志愿服务机制和社会监督机制。依托高等学校和企事业单位等建立一批国家公园人才教育培训基地。

（十一）社区共管机制[2]

根据国家公园功能定位，明确国家公园区域内居民的生产生活边界，相关配套设施建设要符合国家公园总体规划和管理要求，并征得国家公园管理机构同意。周边社区建设要与国家公园整体保护目标相协调，鼓励通过签订合作保护协议等方式，共同保护国家公园周边自然资源。引导当地政府在国家公园周边合理规划建设入口社区和特色小镇。

（十二）责任追究制度[3]

强化国家公园管理机构的自然生态系统保护主体责任，明确当地政府和相关部门的相应责任。严厉打击违法违规开发矿产资源或其他项目、偷排偷放污染物、偷捕盗猎野生动物等各类环境违法犯罪行为。严格落实考核问责制度，建立国家公园管理机构自然生态系统保护成效考核评估制度，全面实行环境保护“党政同责、一岗双责”，对领导干部实行自然资源资产离任审计和生态环境损害责任追究制。对违背国家公园保护管理要求、造成生态系统和资源环境严重破坏的行为要记录在案，依法依规严肃问责、终身追责。

---

〔1〕 参见中共中央办公厅、国务院办公厅《建立国家公园体制总体方案》，2017 年 9 月 26 日发布。

〔2〕 参见中共中央办公厅、国务院办公厅《建立国家公园体制总体方案》，2017 年 9 月 26 日发布。

〔3〕 参见中共中央办公厅、国务院办公厅《建立国家公园体制总体方案》，2017 年 9 月 26 日发布。

第二章　国家公园行政管理体制

第一节　国家公园行政管理体制概述

一、国家公园行政管理体制

最初建立的国家公园没有完善的管理制度，行政管理体制也是在实践中建立起来的，美国在探索国家公园的管理过程中进行了多种尝试，如在国家公园内设置行政部、信息部、保卫部等十个职能部门，全方位地管理国家公园内的事务，国家公园的管理体制随着国家公园的发展不断完善。国家公园行政管理体制是指国家通过建立组织机构，并赋予它们行政权力，进行合理的权力划分，以保障国家公园的有效运转。世界各国由于国家组织形式和环境资源状况的不同，管理体制的内容存在一定的差异，但主要包括国家公园的管理机构，机构间的权力配置和运行机制。国家公园的管理机构是进行国家公园管理活动的主体，世界各国对此规定不尽相同，存在地方和中央政府各自直接或共同管理，或者设立专门的国家公园管理机构。机构间的权力配置基于管理机构设置的差异也存在差别，存在单个机构主导型和多个机构协调型等模式。运行机制在前两者的基础上进行构建，主要是部门的协调和监督制约机制。国家公园行政管理体制是进行国家公园有效管理的前提，能够对国家公园实现最大限度的保护，避免因管理的不完善造成生态环境被破坏，同时，在有序的管理下，提高国家公园的生态效能。

二、国家公园行政管理体制的理论支撑

（一）新公共服务理论

新公共服务理论由美国的登哈特夫妇提出，是指行政管理机构在社会公共事务的管理中，其不再是管理活动的完全决定者，管理行为要以维护公共利益为基本出发点，致力于提升全体公民在参与社会事务中的满足感和主人翁意识。新公共服务理论强调政府的管理行为应考虑公民利益，以社会公共价值为考量标准，以建设服务型政府为目标。[1]同时，新公共服务理论还强调公民的参与，倡导发动更广大的公众参与到社会治理和政府管理活动中来。由于国家公园的公益属性，这就需要政府适用新公共服务理念，转变管理思路，建设服务型政府。要求其管理不应是为了政府的权力控制和经济利益，而应是为了国家公园的发展，为了全体公民的利益。新公共服务理论中将管理者定位为服务者，他们不再是拥有绝对话语权的决策者，他们的职能是保障利益相关者的诉求，保障社会的公共财产不受侵害，以社会公众的利益作为决策的依据，管理行为以最有利于公众为目标。将公众定位为管理行为的参与者，它们不再只是行政相对人，当关涉某个公民的切身利益时，它可以参与到行政管理行为中，对管理决策提出自己的想法，当关涉社会公众的利益时，搭建管理者与公众的交流平台，以便更多的利益相关者表达自己的想法。管理者在综合考虑公众的意见后，对采纳与否要有明确的答复，更好地促进管理者与公众之间的交流互动，使公众对行政决策更加信服，行政行为也更具有公信力。国家公园行政管理体制的构建是关乎国家公园发展的重要因素，国家公园是社会公共财产，关系社会公众的利益，在其管理中应用新公共服务理论，考虑社会公众的利益诉求和价值取向，以最有利于社会公众的理念为指导进行管理，以国家公园的

---

〔1〕 参见江晓曦：《探析登哈特的新公共服务理论》，湖南师范大学2010年硕士学位论文。

生态性服务于社会公众。一方面，在国家公园管理中，政府要加强服务意识，以社会公众的利益为出发点和落脚点；另一方面，公众要加强参与意识，表达自己的利益诉求。

（二）公共信托理论

公共信托的理念最早可追溯至罗马法。罗马法中对物进行了划分，有共用物、共有物、公法人物等，罗马法将其中的共用物纳入信托财产的范围。后来经过英国遗产继承中信托制度的发展，公共信托制度逐渐成熟。直至环境危机的暴发，学界开始从理论上研究环境问题的解决办法，美国学者约瑟夫·萨克斯提出了环境公共信托理论，将信托制度用到了环境保护领域，对政府的环境管理权力提出了要求和限制。公共信托理论对我国国家公园管理体制构建最重要的意义在于赋予了全体公民限制政府环境管理权力的依据。在信托理论中，存在三方主体即委托人、受托人和受益人。生态环境作为一项特殊的资源，全体公民是其实际所有权人，当然地作为委托人，国家作为全体公民的受托人，设置环境管理机构来管理环境事务；受益人是包括后代人的全体公民。全体公民作为委托人，对信托财产拥有实际的所有权，受托人即环境管理机构的管理决策行为要受到全体公民意志的制约。政府作为受托人，其管理权力的来源是全体公民通过法律形式的授予，其享有对生态环境资源的管理权；受托人还需承担忠诚义务，受托人对于自然资源的配置和保护，应以自然资源的生态价值为判断标准，不可过分追求其经济价值，以委托人的利益为准，不可存在私人利益，存在利益冲突时，不论政府的行为是否有利于公共财产，是否是为全体公民的利益考量，根据公共信托理论，这种资源配置的行为都是无效的。[1]由于全体公民是环境资源的实际所有权人，全体公民有权对环境管理机构处分环境资源的行为进行监督和限制。全体公民行使监督权需要管理机构的配合，管理机构要对有关环境资源的信息进行公开以保障公民的知情权；作出重要的环境决策和行为需要公民进行参与和监督，即保障公众的参与权和监督

〔1〕 参见王灵波：《公共信托理论在美国自然资源配置中的作用及启示》，载《苏州大学学报（哲学社会科学版）》2018年第1期。

权；当管理机构对环境资源的处分权行使不当时，公众需要救济请求权进行复议或诉讼。环境公共信托既明确了政府的环境资源保护、管理地位，又设置了防止政府滥用公共信托财产的监督制约机制。我国国家公园行政管理体制的建立，需要以公共信托为理论基础，对公园管理机构的行为进行监督制约，以保障全体公民的利益。公共信托确认了全体公民对国家公园的实际所有权，明确了全体公民的所有权人地位，有利于防止政府的政策行为对国家公园的破坏，限制其对公园内自然资源的使用权和处分权。国家公园作为重要的生态环境资源，在国家公园管理中应用环境公共信托理论，对国家公园的建设发展具有关键意义。同时，国家公园作为公共财产，国家公园行政管理体制的建设需要全体公民的参与。公共信托理论为全体公民的参与提供理论支撑，也为公民监督限制公园管理机构的行为提供了理论依据。环境公共信托制度对我国国家公园的发展、国家公园行政管理体制的建设大有裨益，是合乎现实的理性选择。

第二节 国家公园行政管理体制现状及问题

一、我国国家公园行政管理体制现状

目前我国共有十个国家公园试点单位，每个国家公园都设有国家公园管理机构，在2018年大部制改革中，我国整合了林业局和草原局的职能，设立了林业和草原局，并加挂国家公园管理局的牌子，自此，国家公园在中央层面有了专门的管理机构。我国地域辽阔，有不同的景色和地区优势，因此结合每个国家公园的特点和当地政府的管理职能，每个国家公园在管理上大致相同，但又存在一些细微差别。主要从上述提到的管理体制的几个方面来分析我国国家公园的现行管理体制。

（一）组织机构

我国国家公园设有专门的管理机构，中央设有国家公园管理局，管理全国国家公园；每个试点国家公园也设置相应的国家公园管理局来进

行本国家公园的管理，但在实践中，国家公园的管理机构不只是管理局，还有地方政府。例如，大熊猫国家公园，横跨四川、陕西和甘肃三省，各省推行的大致是国家管理局—省管理局—管理分局三级管理体制。具体来讲，四川省采取属地和分级双重管理，即四川省政府和各管理分局所在地的政府与大熊猫国家公园四川省管理局同时作为管理机构。陕西省实行陕西林业和草原局与省政府双重领导，以省政府的管理为主，即在管理机构的设置上与四川相同，政府和公园管理局同时管理。甘肃省结合政府机构改革在省林业和草原局加挂大熊猫祁连山国家公园甘肃省管理局牌子，在省林业和草原局增设国家公园管理处来管理大熊猫国家公园，但并未明确省政府是否有权管理。

（二）权力配置

权力配置涉及国家公园管理组织机构之间的权力划分。我国国家公园管理机构之间的权力配置包含两方面的内容：一是中央和地方国家公园管理机构的权力划分。中央负责统筹全国所有国家公园的管理工作，同时，负责制定国家公园的发展方针；各国家公园管理局结合本公园的具体情况制定具体的实施细则，以及负责实施中央的政策规定，地方要对中央负责，受其监督。二是各个国家公园管理机构与地方政府之间的权力划分，目前我国各省的双重领导模式并未规定两者之间的权力划分。但两者的管理之间存在利益导向冲突，国家公园管理局是站在专业的角度，以生态保护作为管理理念，能正确把握国家公园的发展方向；地方政府的管理理念更偏向经济利益导向型。权力划分是建立国家公园管理体制的核心问题，在各管理组织机构间合理配置权力，解决机构间的权力冲突，避免出现权力真空或权力重叠，避免因权力划分问题对国家公园管理造成的阻碍，才能更好地对国家公园进行管理，使国家公园发挥出最大的生态效益。[1]

（三）运行机制

国家公园行政管理体制的运行机制主要是国家公园管理机构间的协

---

〔1〕 参见王蕾、卓杰、苏杨：《中国国家公园管理单位体制建设的难点和解决方案》，载《环境保护》2016 年第 23 期。

调配合以及监督制约机制。组织机构和权力配置是运行机制建立的基础，根据两者来分析运行机制。各管理机构间的协调配合主要包括以下两点：一是指地方国家公园管理局和地方政府之间的协调，尽管在管理方向上两者存在利益导向冲突，在没有明确国家公园管理体制之前，两个管理机构之间需要进行协调磋商，达成一致的管理目标。二是国家公园管理局和自然资源管理部门之间的协调。国家公园内自然资源管理权的行使主体存在三种形式：国家公园管理局单独行使、自然资源管理部门单独行使、双方共同行使，哪种形式更有利于国家公园的整体规划和发展，需要各部门根据自身条件，如人员配置、管理能力等进行考量，双方以最有利于国家公园发展，最有利于生态环境的原则进行协商，选择最有利的管理形式。[1]组织机构间的监督制约主要是中央国家公园管理局对各个国家公园管理局的监督，这种监督是全方位的、单方面的。各国家公园管理局的任何管理行为都要受到中央国家公园管理局的监督，各国家公园管理局要依据中央管理局的方针政策和管理规定进行管理活动。运行机制是在明确管理的组织机构和进行权力划分之后形成的使管理体制得以发挥效用的机制，是管理体制的催化剂，完善的运行机制可以减轻国家公园管理的阻碍，使国家公园的管理过程更加顺畅，加快国家公园的发展进程。

二、我国国家公园行政管理体制存在的问题

（一）国家公园行政管理体制缺少法律支撑

首先，我国国家公园行政管理体制需要法律明确规定，目前我国国家公园管理的组织机构有三个：一是中央层面上，自然资源部下设有林业和草原局，加挂国家公园管理局牌子；二是各国家公园管理局；三是国家公园所在地的政府。地方国家公园管理局一般是由省政府设立，并规定由省政府进行直接领导，但各地情况又有差别：如钱江源国家公园，浙江省委编委下发了《关于调整钱江源国家公园管理体制的通知》，

---

〔1〕 参见王金荣、过珍元、徐鹏：《国家公园保护与管理机制建设探讨》，载《林业资源管理》2019年第3期。

明确成立钱江源国家公园管理局，由省政府垂直管理；如前所述，大熊猫国家公园在四川省是由省政府和国家公园管理局双重管理。没有统一的法律规定，各地政府根据自身对国家公园的需求，决定与地方国家公园管理局的关系，因此需要以高于地方性法规的形式即法律，统一规定国家公园行政管理体制，避免国家公园管理的乱象。

其次，需要以法律形式明确国家公园的准入和退出标准。国家公园的设立标准是入选国家公园的条件，是对国家公园进行规范化管理的第一步。大多数国家都对国家公园的准入条件做出了规定，体现了国家公园不同于其他自然保护地类型的特殊性。我国对于国家公园的设立标准没有强制性的统一规定，云南省编制了《国家公园基本条件》，对国家公园设立的各项标准进行了细化规定，对我国国家公园设立标准的法律规定可提供些许启发。对于国家公园的退出制度我国并没有规定，这不利于国家公园的长远发展。国家公园要保持发展动力，需要退出机制给管理机构施加一定压力。

最后，国家公园行政管理中必然会涉及自然资源产权问题，目前我国积极开展自然资源确权行动，明晰国家公园内自然资源的产权。关于自然资源统一确权登记，我国还没有具体的规范标准，以国家公园为独立登记单元的确权制度施行起来困难较多，各地实践不一，成果难以兼容。我国国家公园建设中并未明确规定国家公园内的自然资源必须由国家所有或国家和集体所有并存，世界各国关于自然资源的产权规定也存在差别。根据国家公园的性质，国家公园内的土地应属于国家所有。[1]因此，各地国家公园在建设过程中，为了便于日后管理，会将集体所有的土地等自然资源收归为国家所有，但关于自然资源产权的变动问题没有具体的模式和办法，各地根据实际情况采用行政征收、征用或者签订合同以约定地役权的形式来进行自然资源的管理。[2]但不论采用哪一种形式，自然资源产权问题涉及的行政行为都需要法律规制。

---

〔1〕参见石火学、李宝玲：《云南省国家公园土地产权管理利益相关者研究》，载《电子科技大学学报（社科版）》2019年第6期。

〔2〕参见孙鸿雁、张小鹏：《国家公园自然资源管理的探讨》，载《林业建设》2019年第2期。

国家公园作为自然保护地体系建设的核心，对比其他自然保护地模式，国家公园的管理显然缺少了法律作为管理依据，[1]因此，国家公园的行政管理应有明确的法律规定，规制国家公园行政管理活动中的行政行为，更好地保障国家公园的发展。国家公园行政管理体制的运行中需要法律的支撑，明确组织机构、权力配置和运行机制。

（二）国家公园管理机构的职能定位不明确

国家公园是为保护生态系统的完整性和原真性而设立，国家公园管理机构应为国家公园的生态性进行服务，避免管理者利用国家公园内的自然资源进行利益交换，禁止利用公园内的特许经营谋取经济利益。但目前在国家公园的管理中，管理者保护生态环境的职能定位并没有体现出来。一方面是因为国家公园的行政管理缺少法律依据，另一方面是因为国家公园的管理缺少规划。国家公园发展规划具有整体性，应当从整个国家公园的生态系统去考虑各部门间的相关性和协调性。目前国家公园内部未进行分区，在规划编制中对国家公园内部进行功能分区，对国家公园开发利用的最大程度进行限制。国家公园的发展理念是为生态文明建设，而不是为谋求经济利益，从国家公园最初的设立目的就可以看出，我国国家公园在创建之初就是为了保护生态环境。规划和法律法规都是对国家公园发展方向的把握，从而决定管理者行为的出发点。

除此之外，国家公园管理过程的资金问题也影响着国家公园的管理模式和管理机构的职能定位。国家公园的发展需要有足够的资金保障。国家公园的发展不应与风景名胜区、森林公园等其他自然保护地类型的发展模式一样，风景名胜区等的门票价格略高，门票收入列入保护区的发展经费中。但国家公园具有公益性，不应以追求经济收入为目标，美国黄石国家公园允许公民免费进入，加拿大班夫国家公园只进行象征性的门票收费，目前，我国国家公园的门票价格过高，不能体现其公益性。门票价格高，究其原因是国家公园的资金保障力度不足。我国国家

〔1〕 自然保护区的管理依据有《自然保护区条例》，风景名胜区的管理依据有《风景名胜区条例》，森林公园的管理依据有《森林公园管理办法》，湿地公园的管理依据有《国家湿地公园管理办法》。

公园的资金来源主要是政府拨款，国家公园内特许经营的收入和门票收入，其中，后者是国家公园运行的主要经济来源。这并不利于国家公园的发展和管理。改变国家公园的资金来源结构，加大政府财政支持力度，探索多元化的资金来源渠道，转变国家公园的管理理念，明确国家公园管理机构的职能定位，更好地保护国家公园的生态性，发挥国家公园的公益性。

（三）尚未建立统一的国家公园行政管理体制

国家公园的行政管理体制决定了中央和地方国家公园管理局之间，以及地方政府和地方管理局之间的关系，目前我国国家公园没有统一的管理体制，三者之间的关系不明确。正如前文提到的，目前世界各国国家公园的管理体制主要有三种，在这三种管理体制中，国家公园管理的组织机构又不尽相同，存在政府与专门的国家公园管理机构共同管理、政府的环境部门单独管理、建立专门的国家公园管理机构等多种形式。

我国各地国家公园的管理体制未统一，国家公园管理局和地方政府的关系混乱，存在权力交叉和重叠，部门之间相互推诿，容易造成行政不作为，不利于国家公园的管理。如前文提到的大熊猫国家公园管理局，地方政府和管理局都进行国家公园管理，内部之间却没有明确的权力分工；普达措国家公园的管理机构分为三类，有属地管理机构、经营管理企业和行业管理部门。[1]其中，属地管理机构包括地方政府和公园管理局，两者之间有分工，具体管理职权由国家公园管理局行使，但在机构设置上，普达措国家公园管理局是迪庆州政府下属的事业单位，理应受到地方政府的领导。同时，在跨省市国家公园管理过程中，每个省市都拥有相对独立的管理权限，直接造成了各行政区对所在区域国家公园的发展目标、管理方式等方面的属地化和条块化，特别是在当前自然资源资产统一确权登记、空间规划等相关制度未有效落实的情况下，更加难以形成有效的跨行政区的管理和治理机制。因此，要建立统一的国家公园行政管理体制，明确公园管理局的职能和地方政府的管理权限，

---

〔1〕 参见田世政、杨桂华：《国家公园旅游管理制度变迁实证研究——以云南香格里拉普达措国家公园为例》，载《广西民族大学学报（哲学社会科学版）》2009 年第 4 期。

明确政府和管理局之间的关系以及协调跨区域国家公园中各区域地方政府之间的关系。国家公园行政管理体制是国家公园进行有序管理的前提，关系国家公园的发展，管理体制决定了国家公园管理的权力划分和运行机制，应结合我国国情，尽快建立符合我国生态文明建设的国家公园行政管理体制。

（四）国家公园行政管理体制缺乏外部监督

行政管理过程是国家权力行使的过程，需要有外部监督，保证国家权力不被滥用，保证管理秩序的良好运作。国家公园管理过程中，除了国家公园管理机构间内部的权力分工制约，外部的监督也必不可少。结合目前国家公园的实践，目前我国并没有建立完善的外部监督机制。行政管理的外部监督主要是指社会监督，公民是社会监督的主体，公民在国家公园管理建设中有重要意义，一方面是作为监督者，另一方面是作为国家公园的实际所有者。国家公园作为自然资源的集合体，属于国家所有。公民享有国家公园实际的所有权，国家公园管理机构是受全体公民的委托，承担着管理国家公园的职能，国家公园管理机构需要就国家公园的管理对全体公民负责。作为国家公园内迁出或居住在国家公园附近的居民，他们为了国家公园的发展不得已牺牲经济发展的机会，减少或杜绝自然资源的利用，防止生态环境的破坏，作为利益相关者，在国家公园管理体制的构建中，要考虑他们的意见，倾听他们的诉求，吸收他们作为国家公园管理的参与者和监督者。对此，需要建立国家公园管理者与社区居民的连接通道，不仅可以使国家公园的管理更合理化，也可以实现公民对管理的外部监督。[1]

除了社区居民的监督，环保组织等非政府组织也是社会监督的主体。瑞士、法国在国家公园等保护地建设中，重视周边社区、环保组织和高校的参与。例如，世界自然基金会（WWF）深入参与国家公园的管理工作，甚至在其中起到了引领作用。[2]国家公园作为重要的生态系

---

〔1〕参见吴健、胡蕾、高壮：《国家公园——从保护地“管理”走向“治理”》，载《环境保护》2017年第19期。

〔2〕参见杨东民、何平、张贺全等：《瑞士和法国国家公园等自然保护地的管理经验及启示》，载《中国工程咨询》2019年第8期。

统，其管理中需要多方面的监督，环保组织相较社区居民而言，在生态环境和自然资源保护方面更专业，更富有经验。在国家公园的行政管理中，更要保障非政府组织的参与和监督，拓宽它们参与、监督的渠道，健全参与、监督的方式。同时，基于国家公园的公益属性，在全民所有的基础上，要建立全体公民参与、监督国家公园管理的渠道和方式，真正实现国家公园全民所有。

（五）建立自然保护地管理体系困难重重

2018年机构改革后，国家林业和草原局统一管理国家公园等各类自然保护地，确立了我国国家公园在自然保护地体系中的主体地位。如何对国家公园的管理和其他保护地的管理进行平衡与协调，是我国国家公园管理局在行政管理中要解决的问题。实践中，存在保护地管理重叠的现象，如大熊猫祁连山国家公园甘肃省管理局白水江分局成立后，标志着甘肃省大熊猫国家公园体制试点工作迈入新的阶段，而白水江分局挂牌后，还同时存在白水江自然保护区管理局。既然国家公园作为自然保护地体系的主体，中央国家公园管理局又统筹全国自然保护地体系的管理，因此，国家公园管理与其他类型保护地管理的关系需要进行权衡与协调。

自然保护地管理体系面临的问题主要有以下三个：一是多种类型的自然保护地各自由独立的管理体系，呈现割裂式、多头管理的现象，每个保护地类型都有一个独立的管理体系，并且由法律作为基础，如何解决自然保护地体系的管理问题是目前面临的一大难题。[1]二是现有各自然保护地类型功能重叠，合理进行功能划分及有针对性地管理是自然保护地管理需要解决的问题。[2]三是以何种方式确定国家公园的主体地位以及以何种方式建立自然保护地管理体系。

---

〔1〕 参见李丰生、张文茜、曹世武：《国家公园管理模式研究进展与述评》，载《广西师范学院学报（哲学社会科学版）》2015年第6期。

〔2〕 参见林凯旋、周敏：《国家公园为主体的自然保护地体系构建的现实困境与重构路径》，载《规划师》2019年第17期。

第三节 国外国家公园行政管理体制借鉴

世界上最早的国家公园建立在1872年，我国最早的国家公园建立在2008年，相差136年。在这100多年间，国家公园的发展越发成熟，行政管理体制建设也日趋完善，但各国的管理体制建设存在差异，国家公园的建设与各国自身的自然地理状况、环境保护意识和长远的发展战略相关，国家为保护现存的自然保护地，维护国家生态环境，为当代人和后代人留下良好的休闲教育场所，会进行国家公园建设的探索。在国家公园建设过程中，每个国家根据国情不同，建立起符合自身发展的国家公园行政管理体制，主要有中央垂直管理、地方自主管理和中央与地方共同管理三种管理体制，以下选取几个具有代表性的国家进行介绍，在其中找到对我国管理体制建设有借鉴意义的方面，结合我国国情，探索建立符合我国国家公园发展的行政管理体制。

一、以美国为代表的垂直管理体制

美国建立国家公园后，经过建立国家公园行政管理体制的探索，在1916年通过了《国家公园管理机构法》，并由此建立了由内政部领导的国家公园垂直管理体系，同年成立了国家公园管理局。[1]美国虽然是联邦制国家，各州拥有对地方事务的自主管理权，但国家公园却采用了联邦政府绝对领导的模式，在各州设立的国家公园管理局直接归联邦领导，不需要对州政府负责。采用垂直管理体制的国家究其原因，主要是国家公园的性质特殊，它属于全体公民，由某一州进行单独管理丧失了其公共性。由于各个国家公园的管理直接对联邦负责，避免了地方保护主义，减少了地方权力的阻碍，联邦直接管理更有利于全国国家公园整体发展的规划。考虑到国家公园的公共属性和管理的效率性，美国采取

〔1〕 参见吴亮、董草、苏晓毅等：《美国国家公园体系百年管理与规划制度研究及启示》，载《世界林业研究》2019年第6期。

了垂直管理体制。

（一）组织机构

联邦层面，美国内政部下设国家公园管理局，主管全国国家公园的管理工作；在地方，美国设立了7个区域国家公园管理机构，[1]负责本区域内所有国家公园的管理；最小的管理单位是各国家公园，国家公园实行园长负责制。[2]联邦层面的国家公园管理局是国家公园管理的最高机关，它的主要职责是编制国家公园发展规划，进行自然资源保护、国家公园的信息公开等政策性工作，管理局下设具有特色的管理机构是伙伴关系和公民参与办公室，负责鼓励专家学者、社会组织、公民参与公园管理的研究，制定推动公众参与的政策，通过志愿者、社区服务、引进先进科学技术等方式推动公众参与政策更好地实施。[3]区域国家公园管理机构根据州际区域进行划分，一个区域管理机构负责本区域内所有国家公园的管理。区域国家公园管理机构的设置具有合理性，美国国土面积较大，在实行垂直管理的体制下，联邦政府直接对每个国家公园进行管理不切实际，同时，每个州国家公园的数量有限，一园一局的情况下会造成机构冗余，区域管理机构起到了承接作用，能够直接对每个国家公园行使管理权。每个国家公园的园长对本公园具有管理权，对区域国家公园管理机构负责，受它监督。

（二）权力配置

联邦国家公园管理局和区域管理机构职责划分明确，联邦国家公园管理局是国家公园管理的最高行政机关，统筹全国国家公园管理工作；区域国家公园管理机构直接管理各国家公园，同时受联邦管理局监督。美国国家公园管理体制权力划分明确，主要体现在联邦和区域管理机构之间，区域管理机构和州政府之间以及各州政府之间。一是联邦和区域

---

〔1〕 参见美国7个区域国家公园管理机构有：阿拉斯加地区局、英特蒙顿地区局、中西部地区局、首都地区局、东北部地区局、西太平洋地区局和西南部地区局。

〔2〕 参见朱华晟、陈婉婧、任灵芝等：《美国国家公园的管理体制》，载《城市问题》2013年第5期。

〔3〕 参见朱仕荣、卢娇：《美国国家公园资源管理体制构建模式研究》，载《中国园林》2018年第12期。

管理机构之间的权力划分，联邦制定负责大的方针政策，编制国家公园规划，区域管理机构负责制定实施细则和落实。二是区域管理机构和州政府之间存在的利益冲突，虽然州政府对地方事务拥有绝对的自主管理权，但在垂直管理体制下，国家公园的管理不需要对州政府负责，双方之间存在的利益冲突问题得到了解决，区域管理机构只需要对联邦管理局负责，州政府不参与国家公园的管理，避免了经济发展和生态保护之间的利益冲突，给了公园管理更大的自主权，能消除经济发展的后顾之忧，从而进行国家公园的管理，并在管理中贯彻生态优先的理念。三是各州政府对跨州国家公园的管理权问题。区域管理机构的设置，突破了各州之间的区域划分，各州政府对国家公园没有管理权，同时，区域管理局可以跨区行使对国家公园的管理权，更有利于国家公园的整体保护。

（三）运行机制

在垂直管理体制下，美国形成了“联邦国家公园管理局—区域国家公园管理局—国家公园”三层管理体系。三者之间的关系比较简单，存在单向的监督关系。在国家公园与州政府之间的关系中，国家公园的管理不需要对州政府负责，不存在监督关系和协调关系。

二、以日本、英国为代表的综合管理体制

日本与英国都采用综合管理体制，但它们在组织机构的设置上又有所不同，日本是中央与地方的协作共治；英国采用的是政府、非政府组织和当地居民参与的共同管理模式。

（一）日本

日本的国家公园命名为自然公园，《自然公园法》是进行自然公园管理的法律依据。“二战”前，日本建立了第一批国立公园，并成立了国立公园委员会，这是日本第一个与国家公园有关的专门机构。“二战”爆发后，国立公园的建设被迫中断。日本在“二战”结束后，经济处于支离破碎的状态，为了尽快恢复国家生产和经济建设，日本进行工业化建设，走上了以资源消耗和环境污染为代价的经济复苏和国家重建之路，工业的扩张取得了一定的经济实绩。同时，国立公园的建设被重新

提上日程，并建立了国定公园和自然保护区制度。[1]日本在经济发展的同时，带来的是资源的锐减和环境的污染，1953 年至 1968 年，日本发生了水俣病、富山骨痛病和米糠油三大公害事件。故政府在经济发展的同时，也更加重视生态体系的建设，于 19 世纪 70 年代，日本自然公园体系正式建立。[2]

1. 组织机构

日本自然公园分为三类，国立公园、国定公园和都道府县立公园。在以上三类公园的设立中，国立公园和国定公园都是由国家根据提名进行指定，都道府县立公园由都道府县进行指定。[3]在三类公园的管理中，管理机构的设置与公园的设立机构并不相同，其中国立公园管理机构的设置最复杂。在国立公园的管理中，中央在环境省下设自然环境局，对全国范围内的国立公园进行管理，在自然环境局下，又开设了 5 课，[4]包括对国立公园进行管理的国立公园课，国立公园课又在地方上设立了 11 个自然保护事务所，[5]对设置在地方的国立公园进行管理；在国立公园数量较多的地区，还会增设自然环境事务所对国立公园进行辅助管理。由此可以看出对国立公园进行管理的组织机构是环境省，但在环境省下又设置了若干组织机构对国立公园进行层层管理。国定公园又被称为准国立公园，在达到国立公园的标准后，国定公园可以升级为国立公园，[6]国定公园由地方政府直接进行管理。都道府县国立公园作为地方政府直接指定的自然公园，由地方政府进行直接管理。两者虽然

---

〔1〕 参见马盟雨、李雄：《日本国家公园建设发展与运营体制概况研究》，载《中国园林》2015 年第 2 期。

〔2〕 参见郑文娟、李想：《日本国家公园体制发展、规划、管理及启示》，载《东北亚经济研究》2018 年第 3 期。

〔3〕 参见杜文武、吴伟、李可欣：《日本自然公园的体系与历程研究》，载《中国园林》2018 年第 5 期。

〔4〕 自然环境局下设的 5 课包括总务课、自然环境计划课、国立公园课、野生生物课、自然环境建设课。

〔5〕 11 个自然保护事务所包括北海道东部、北海道西部、东北地区、关东北部地区、关东南部地区、近畿地区、中部地区、山阴地区、山阳地区、山阳四国地区、九州地区及冲绳奄美地区环境事务所。参见蔚东英：《国家公园管理体制的国别比较研究——以美国、加拿大、德国、英国、新西兰、南非、法国、俄罗斯、韩国、日本 10 个国家为例》，载《南京林业大学学报（人文社会科学版）》2017 年第 3 期。

〔6〕 日本由国定公园升级为国立公园的有：利尻礼文国定公园、伊豆七岛国定公园、白山国定公园、山阴海岸国定公园、足折国定公园。

由地方政府直接管理，但仍受到环境省的监督指导。

2. 权力配置

日本的自然公园管理机构之间分工明确，国立公园是由中央设置层层机构进行管理；国定公园和都道府县立公园由地方政府直接管理。在国立公园的管理中，各组织机构之间是垂直管理的关系。环境省不仅是进行国立公园管理的最高机关，也是三类自然公园进行管理的统筹机关；自然环境局是对包括国立公园在内的自然环境、野生生物等进行管理的机关；国立公园课是设置在中央的对国立公园进行管理的最低一级机关；自然保护事务所是直接管理机关，负责本区域内国立公园的管理。[1]自然保护事务所之间的权力划分以地域边界为依据，对于跨区域的国立公园，各自由不同地区的自然保护事务所进行管理，一个国立公园的管理因地域划分而割裂。同时，自然保护事务所与地方政府间的权力划分简单明了，地方政府只负责国定公园和都道府县立公园的管理，不参与国立公园的管理。

3. 运行机制

总体来讲，日本自然公园的管理是中央和地方分工负责、协作管理的体制。具体来说，国立公园的管理是垂直管理体制，管理机关之间层层分工，存在单向的监督关系。国定公园和都道府县公园直接由地方政府进行管理，不存在组织机构间的监督和协调机制。

（二）英国

英国的综合管理模式与日本并不相同。英国的工业运动带动了城市经济的发展，大量的工厂是早期经济发展的标志，也占据了大部分的土地；同时，英国有着乡村庄园文化，这些土地大都归私人所有。这就决定了英国的自然景观大都有着人类活动的印迹，并且在景观内部或者周围都有着居民生活，因此，英国的国家公园建立的标准是 IUCN 划定的保护地管理类别中的第五类“陆地/海洋景观保护地”，因此国家公园内允许有人类活动。[2]1949 年，英国出台了《国家公园与乡村进入法》确

---

〔1〕 参见赵人镜、尚琴琴、李雄：《日本国家公园的生态规划理念、管理体制及其借鉴》，载《中国城市林业》2018 年第 4 期。

〔2〕 参见邓武功、程鹏、王全等：《英国国家公园管理借鉴》，载《城建档案》2019 年第 3 期。

立了国家公园的法律地位，并在1951年建立了第一批国家公园。英国在国家公园既有的管理模式下，结合本国国情和特色，探索出了更有利于国家公园发展的管理模式。

1. 组织机构

英国是联合王国，在国家公园管理的组织机构上也延续了这一特色。英国政府设有环境、食品、乡村事务部作为国家公园的管理机构；英格兰设有自然署，威尔士设有乡村委员会，苏格兰设有自然遗产部，这些主管机关主要负责政策制定，对国家公园的管理进行宏观指导，并不直接管理国家公园。[1]在英国，真正进行国家公园管理的机构是国家公园管理局，管理局直接对国家公园进行管理，负责公园内的各项事务。国家公园管理局作为管理者，同时也是促进共同管理的中间角色。其他非政府机构，如森林信托、英国遗产署、国家信托和林业委员会等组织也会为公园的管理提供建议和帮助。国家公园内土地的所有权大都属于私人或信托机构，因此，土地所有者、利益相关者也会参与到国家公园的管理中来，如成为管理局的组成人员、参与国家公园管理规划等。[2]

2. 权力配置和运行机制

英国的国家公园管理机构较为单一，政府层面设置的委员会等只是进行政策制定一些宏观层面的事项，国家公园管理局是国家公园管理的权力机关，其他组织、团体和居民参与管理，不存在国家机关间的权力配置问题。

三、以德国为代表的地方自治型管理体制

运用地方自治型管理体制的国家较少，德国作为其中的典型代表。德国国家公园的建设起步较晚，1970年建设了国内第一个国家公园，至今已建立15个国家公园。德国早期走的是经济强国之路，并且作为两次世界大战的主要参与者和战场，战争对国内经济、自然资源和生态环境造成了毁灭性的打击。“二战”后，德国经历了一段时间的经济复苏，

---

〔1〕 参见王应临、杨锐、埃卡特·兰格：《英国国家公园管理体系评述》，载《中国园林》2013年第9期。

〔2〕 参见马洪波：《英国国家公园的建设与管理及其启示》，载《青海环境》2017年第1期。

开始注国内居民的生活环境，注重保护国内的自然文化遗产。德国作为联邦制国家，国家公园的管理体制充分体现了联邦制管理的特点，联邦政府只是对国家公园的管理作出宏观的政策规定，编制基本法律；地方对国家公园的管理拥有自主权，州政府依据联邦法律框架制定具体的法规，作为国家公园管理的法律依据。

（一）组织机构

联邦层面，德国环保部下属的联邦自然保护局负责国家公园管理方面的政策制定，为国家公园管理提供资金支持以及开展公众教育活动，并不具有国家公园管理的实际权力。此外，联邦政府制定国家公园管理的基本法律，为州政府制定具体法律提供基本框架。各州政府是国家公园管理的最高机关。州政府一级会设立具体的国家公园管理机构，各州设立的管理机构的名称各不相同，如巴伐利亚州是环境、卫生和消费者保护部，黑森州是环境、农业和林业部。同时，州政府还会设立国家公园顾问委员会和国家公园地方政府委员会两个组织，顾问委员会的组成人员较为广泛，有联邦和州的各政府机构代表，如农业部、林业部等，有地方政府代表，还有相关协会和科研机构的参与；地方政府委员会由国家公园所在地的市长、县长组成，作为地方政府参与国家公园管理的平台。[1]在地方上，州政府会根据实际情况在地方设立具体的国家公园管理部门，是国家公园管理的最低一级政府机关。

（二）权力配置

联邦政府并不参与国家公园的管理，只为州政府管理国家公园提供政策指引和法律框架。州政府负责制定国家公园管理的具体法律以及制定国家公园发展规划等。州一级的管理机构负责在地方设立具体的国家公园管理部门，并对该部门进行直接领导。国家公园顾问委员会是作为部门协调的机构和平台，目的是加强部门之间的沟通联系，为国家公园管理提供建议和支持，国家公园管理机构在国家公园的管理中仍居主导地位。国家公园地方政府委员会主要是编制国家公园管理规划和政策，其设立目的是协调地方政府与国家公园管理部门之间的关系，在双方存

〔1〕　参见庄优波：《德国国家公园体制若干特点研究》，载《中国园林》2014 年第 3 期。

在意见不一和利益冲突时，可以申请州一级的国家公园管理机构进行仲裁。地方国家公园管理部门对州一级的国家公园管理机构负责并受它监督，两者是垂直领导关系，州政府制定的管理规定地方管理部门负责具体实施。

（三）运行机制

德国地方自治的管理体制尤为明显，在地方自治的过程中注意协调和监督机制的构建是其体制建设的成功之处。一是注意国家公园管理机构和其他部门之间的协调配合，国家公园的管理不是孤立的，需要土地、林业等部门的配合。二是参与机制的建立，相关组织和科研机构的参与为国家公园的管理提供建议并可以监督国家公园的管理活动。三是构建地方管理部门和地方政府之间关系的协调机制，并规定了双方存在冲突时的解决办法，为地方国家公园管理部门开展工作解决了后顾之忧。

四、国外建设对我国的启示

美国虽然是联邦制国家，各州对于行政管理事项有自主权，但在国家公园的管理中，美国实行的是垂直管理体制，这种管理体制在我国有建设的基础和经验，如海关等部门采取此种管理体制，垂直管理体制在我国有成长的基础；日本与我国一样，都是单一制国家，虽然日本实行地方自治，但其国家公园分级设立的制度值得我国借鉴，这样既可以减轻中央国家公园管理局的压力，也可以给地方自主权管理省级国家公园。我国在行政管理过程中，越来越注重公众参与，随着我国公众参与环境保护事业的热情高涨，在一些行政行为中也有公众参与的制度规定，如听证会等；因此在国家公园管理中，可以借鉴英国公众参与的经验，建立我国国家公园管理中的公众参与渠道。德国的国家公园实行地方自治管理，赋予地方自主权，这对于我国省级国家公园的设立具有借鉴意义，在省级层面的国家公园，在遵循中央国家公园管理局的指导性政策后，可以自主管理本地区国家公园内的事务。综合各国的具体实践，以下几项是它们的共同点，也是在我国实践中可以借鉴的地方。

（一）完善国家公园相关法律法规

总结美国、日本、英国和德国几个国家的立法特点，有以下几个共同点：一是设立目标一致，即更好地保护生态环境，并为公众提供教育、游憩的机会。二是都有较高层次的规划管理体系，将国家公园规划的编制和实施上升到法律层面。三是土地权属的多样化。除美国的国家公园土地基本实现了国有化，其他大部分国家的土地权属是多样的，允许私人土地的出现。虽然四国采取的行政管理体制不同，但都制定有国家公园的专门法律，以国家公园基本法或一园一法两种立法形式支撑国家公园的管理。我国尚未出台国家公园基本法，国家公园管理所依据的全国性的文件只有《建立国家公园体制总体方案》，地方国家公园在管理过程中，根据自身情况制定了地方性法规，2015 年云南省人大常委会通过了《云南省国家公园管理条例》，2017 年福建省人大常委会通过了《武夷山国家公园条例（试行）》，2017 年青海省人大常委会通过了《三江源国家公园条例（试行）》（已修正），2017 年湖北省人大常委会通过了《神农架国家公园保护条例》，2017 年湖南省启动《湖南南山国家公园管理条例》立法工作，2019 年《祁连山国家公园管理条例》初稿完成，2022 年四川省出台了《大熊猫国家公园管理办法》。这些地方性法规的制定并没有法律和行政法规作为依据，各地方根据自己的实际情况作出规定，造成各地规定不一，编制统一的国家公园基本法是完善国家公园行政管理体制的前提之一。

（二）明确国家公园管理机构的职能定位

国家公园设立的最初目的是保护国家公园内生态系统的完整性，为当代人和后代人留有休闲游憩的地点，看重的是其生态属性和公益性。为了充分体现国家公园的性质，国外国家公园管理机构着重从规划和资金方面入手，减轻国家公园发展的后顾之忧。英国非常重视对国家公园建设的规划，由于英国国家公园建设的特殊性（国家公园内有居民生活），国家公园规划的制定尤其注重公众参与，规划成为公众参与的重要途径，公众可以借此决定公园的发展目标、发展方案，进而决定国家公园的管理方向，更重要的是，为了使规划得到更好的实施，法律赋予了国家公园管理局执法权。[1]对于国家公园资金管理方面，美国有成熟的实践经验，美国国家公园也曾面临资金严重短缺的问题，曾出现50亿美元的财政缺口，平均每个国家公园仅能获得所需资金的2/3，资金不足使资源无法受到有效保护，生物多样性降低，重要史迹和文物得不到有效保护。出现这种情况的原因主要是当时美国国家公园的扩增，国家公园系统新成员的不断加入，再加上国家财政支持不足，导致国家公园系统成员个体所获的财政支持不能满足公园保护管理的需求。后来美国开始拓展资金来源渠道，建立多元化的资金保障机制以改善资金短缺的问题。以联邦财政拨款为主，特许经营和公私伙伴关系等为辅，经费渠道多元化；还设立专项资金，专款专用，严格限制捐赠、休闲娱乐费等专项资金的用途。美、日、英、德四国通过各自的规划制度进一步严格的资金管控制度，以实现国家公园的设立目的，使国家公园管理机构以生态保护作为其职能定位。

（三）建立统一的国家公园行政管理体制

前文具体介绍了三种类型的行政管理体制，各有其优点。我国应据此结合实际建立全国统一的国家公园行政管理体制。垂直管理体制在国家公园的管理中应用广泛，除美国外，世界上许多国家如加拿大、新西兰、俄罗斯等均采用这种体制，这种体制具有以下几个优点：一是机构设置明确，国家公园的管理更专业，仅专门的国家公园管理机构拥有管理权，专门性的机构更能把握国家公园的发展方向，制定良好的发展理念和方针。机构设置合理是建立良性管理体制的基础。二是在权力划分上更明确，排除了经济利益的干扰，能最大限度地发挥国家公园的公益属性。三是存在单向的监督机制，避免了机构冗余，能提高行政效率。综合管理体制的优点在于：每个国家公园都有其所在地区的地方特色，尤其是在国家面积大、国家公园跨度广的国家，每个国家公园面临的环境和处境并不相同，采取“一刀切”的管理体制不能解决所有国家公园的问题，也不能发挥各个国家公园的优势，采用中央和地方共同管理或

---

〔1〕 参见王江、许雅雯：《英国国家公园管理制度及对中国的启示》，载《环境保护》2016年第13期。

吸引当地居民参与的管理模式，能更好地对国家公园进行管理。德国的国家公园建设晚，地方自治型管理体制是参考世界各国国家公园管理体制后结合本国国情作出的选择，目前这种管理体制应用甚少，但这种体制具有以下几个优点：一是国家公园最高管理机构设在州一级，更能了解本州的实际情况，作出的国家公园设立标准、发展规划和设立的管理机构等更符合地方实际和地域特色。二是在考虑国家公园管理专业性的基础上，吸收其他部门、组织和公众的参与，使管理更具合理性。三是确立地方管理部门管理地位的同时，兼顾与地方政府的协调与合作。目前我国国家公园的管理比较混乱，没有形成系统的管理体制。中央层面，全国国家公园管理局负责全国范围内国家公园的管理工作；在地方上，各省建立具体的国家公园管理局，并由省政府直接领导。在国家公园管理中，直接搬用某一国的管理体制不利于国家公园的长远发展，在了解各体制的优点后，应结合我国现状和管理体制设立的便利，建立一套适合我国国家公园发展的管理体制。

第四节　完善我国国家公园行政管理体制的对策

一、制定国家公园法，完善国家公园法律体系

笔者认为，对我国国家公园立法的构想，主要是制定国家公园基本法的构想，应分原则和制度两方面来进行论述。原则上首先需要明确国家公园的范围（与其他保护地类型进行区分），立法宗旨和立法原则，确立国家公园的管理体制，规定法律责任。从制度上讲，明晰自然资源产权，制定准入和退出标准，完善资金保障和社区管理制度，融入公众参与制度，加强部门协调管理等是我国国家公园基本法需要考虑的制度建设。除此之外，从法律体系来看，只有一部基本法是远远不够的，各国家公园管理局还需要根据实际情况来制定具体的措施和实施办法。目前各省人大制定的国家公园管理条例是没有法律依据的，所以，应尽快出台国家公园基本法，授权各国家公园管理局可以在法律规定的框架内制定具体措施或在法律没有规定但关系国家公园发展的

重要事项作出规定。完善国家公园法律体系是我国国家公园行政管理体制建设的关键。关于行政管理体制的法律规定在本章第三节进行讨论，本节不再赘述。

（一）在法律中明确国家公园的准入和退出标准

国家公园的管理是准入和退出的中间过程。IUCN 提出国家公园准入的三项标准：保护标准、面积标准和开发标准。基于此，结合其他国家关于国家公园设立标准的规定，我国应围绕资源、保护、利用、管理四个方面，基于国家公园尊重大自然权利和公民游憩权的理念建立我国国家公园的准入标准。退出标准可以借鉴我国关于国家森林公园退出制度的规定，2018 年，原国家林业局发布了《关于进一步加强国家级森林公园管理的通知》，提出国家级森林公园淘汰退出机制。对于国家公园的退出，可以规定各国家公园应每年定期开展自查工作并上报各项指标或者国家公园管理局对于我国的国家公园每年进行抽查，对于不符合标准的采取主动申请退出和直接撤销两种方式，国家公园的退出机制可以保障各国家公园以谨慎的态度来对待公园内的资源开发等行为。督促各国家公园的管理机构认真履行其职责，并且可与资源离任审计制度相结合，对于任期内国家公园出现的被迫退出等情形，与领导干部的任内业绩相挂钩。

（二）国家公园内的自然资源需要以法律形式进行保护

国家公园内的土地资源所有权归属各异，存在国家所有和集体所有组合，对于集体所有、个人占有的土地，可以采用征收、征用或地役权的形式进行国家公园的建设，但这些集体所有的土地关系到公民的切身利益，无论采用哪种形式都需要法律的明确规定，防止独断专行和侵占公民土地的乱象发生。同时，明晰的自然资源产权是国家公园准入获批的前提。[1]国家公园内的其他自然资源，如森林、水流、山岭、草原、荒地等，本身这些自然资源都由相应的部门管辖，划入国家公园后这些自然资源的管辖权需要法律加以规定，为了便于国家公园的管理，将国家公园内的自然资源管理权统一交由国家公园管理局进行管理更为合

〔1〕 参见孙婧、侯冰、余振国：《山川河流共护、资源权益共享——国外自然资源调查登记和国家公园管理经验》，载《国土资源》2019 年第 3 期。

理。自然资源管理主体确定之后，对于破坏公园内自然资源的行为进行处罚也要于法有据，通过法律形式赋予国家公园管理局行政处罚权和行政强制权，依法处罚破坏自然资源，损害国家公园管理秩序的行为，对国家公园的建设和发展大有裨益。

二、以生态保护为导向，转变国家公园管理机构职能

目前我国国家公园管理中体现出来更多的是其经济属性，究其原因，主要是国家公园的发展没有建立规划制度和国家公园管理中资金短缺。

（一）编制国家公园管理规划

在预防原则下，规划制度对于生态保护具有重要意义，我国在环境保护方面，已有了编制规划的实践和经验。国家公园管理规划的编制、实施与管理是一系列动态发展的过程，要与本公园内的发展目标相一致，与公园内环境状况紧密联系。[1]规划是国家公园未来一段时间内的发展目标和预期状态的设想，是国家公园管理活动的行动指南。[2]我国国家公园编制规划时，要注意以下几点：一是在生态保护优先的理念下编制规划，国家公园作为一个生态系统，涉及自然资源、生物资源的保护，还要兼顾旅游和教育功能，国家公园规划在保护第一的理念下，要协调这些功能之间的关系。二是发挥国家公园的公益性质，在环境权理念下，全体公民对国家公园内的自然资源都享有所有权，但全体公民参与每个国家公园管理规划的编制又不切实际，注重周边社区和利益相关者的参与是应有之义。国家公园的公益性决定了其管理涉及面广，社区居民、环保组织、专业机构、利益相关者等要参与规划编制的过程，保障规划编制和国家公园管理过程中贯彻公益性质。

（二）建立国家公园管理资金保障机制

为什么会资金短缺？一是由于国家公园内的资金来源渠道少，主要是来自政府拨款，并不能解决国家公园内的资金短缺问题。二是未建立

---

〔1〕 参见宋增明、李欣海、葛兴芳等：《国家公园体系规划的国际经验及对中国的启示》，载《中国园林》2017 年第 8 期。

〔2〕 参见张素珍主编：《环境规划理论与实践》，中国环境出版社 2016 年版，第 3－4 页。

资金发放的配套措施，资金发放之后层层减少，到达国家公园的管理经费非常少。三是地方政府参与国家公园的管理，经济收益成为衡量国家公园发展水平的标准之一，国家公园本是公益性质的景点，但现在门票价格过高，其教育和休闲的公益属性不能体现。四是将资金过多地投入旅游发展，而对公园内部的基础建设和公园运行费用投入偏少，忽视了对国家公园的保护管理投资。总结国际上的经验，结合我国的相关规定，国家公园资金保障机制的完善应从以下几方面入手，首先编制国家公园资金预算草案，这个过程要吸收公众参与，尤其是国家公园所在地的公众。预算草案有助于国家公园管理局结合自身情况确定可行的计划来完成一定的目标。其次，收入和支出分开两条线运营，分别管理，防止资金管理上的错乱，收支两条线是国家公园资金管理中的常见方式，按要求将资金建立专门的账户进行统一管理，加强对资金的管控，强化权力监督，减少腐败滋生。再次，拓宽资金来源渠道，吸收社会资金的进入，并且对于社会资金建立专项资金，按其指定用途或公益用途使用。[1]政府财政拨款对于国家公园的建设至关重要，但仅靠政府拨款限制了国家公园的长远发展。一些非政府组织、机构、社会公众对于国家公园的建设投入资金支持将极大缓解国家公园管理的资金压力。同时，对于这些社会资金的管理必须做到专款专用，及时公开专项资金的使用情况，做到财务透明。最后，完善国家公园资金保障的法律规定，做到资金保障渠道依法设置，资金管理有法可依。完善资金保障制度，最重要的是为了缓解国家公园的资金压力，降低门票价格，更好维护国家公园的生态属性，保障国家公园的公益性，真正为全体公民提供一个良好的游憩场所。

三、搭建多方参与渠道，建立综合管理体制

（一）建立中央与地方综合管理体制

关于国家公园的管理体制，我国没有明确规定，但根据各地的实践

---

〔1〕 参见王正早、贾悦雯、刘峥延等：《国家公园资金模式的国际经验及其对中国的启示》，载《生态经济》2019年第9期。

和国际经验，我们可以探索建立中央与地方综合管理体制。

一是由于地方国家公园管理局是由省政府主持建立，并实际上对国家公园存在领导关系，但国家公园的管理对专业性、技术性要求较高，国家公园管理局作为专业性的管理机构，更能满足国家公园的管理需求。建立综合管理体制，一方面考虑了国家公园管理的实际情况，尊重了地方政府对国家公园建设作出的贡献；另一方面实现了对国家公园管理的专业性要求，更有利于国家公园的长远发展。

二是我国地域辽阔，各国家公园的实际情况千差万别，侧重保护的生态系统不同，如有河流生态系统、森林生态系统等，这些生态系统在管理上也要求不一，赋予地方上一定的自主权，可以结合实际制定更适合本地国家公园发展的管理方式。目前大部分国家公园试点省份针对国家公园的管理出台了相应的管理条例，这些管理条例根据管理目标和管理理念的不同存在一定的差别，这些差别是符合地方实际的。

三是资金来源问题，目前国家公园的资金来源主要是政府拨款，中央政府拨款并不能满足国家公园开支，地方政府也通过财政拨款为国家公园建设提供资金支持，能在一定程度上缓解国家公园的资金压力，同时，国家公园作为公益项目，其税收问题应实行减免政策。在资金来源充足，税费少缴或免缴，才能降低门票价格和服务收费，实现国家公园公益性的目的，真正体现国家公园设立的初衷。

四是针对跨区域的国家公园管理，存在跨市县、跨省份的国家公园两种形式。跨区域国家公园在管理过程中，首先，树立区域协同保护的理念，各管理机构在保护好本地区国家公园的同时，要加强与其他国家公园管理机构间的信息交流，避免国家公园管理的片面化和分割化；其次，构建战略协同与合作机制，明确各国家公园管理主体在联合管理中的责任范围；最后，建立共建共享机制，利用开展工作联席会议等形式，交流经验，分享动态，协调解决问题。跨市县的国家公园，如海南热带雨林国家公园涉及 9 个市县，在综合管理体制下，各省对跨市县的国家公园有管理权，此种情况下大大减少了跨市县国家公园管理中存在的利益冲突，节省了管理中不同市县部门之间的协调等程序。对于跨省份的国家公园，如东北虎豹、钱江源和大熊猫国家公园，处于两省或三省交界处，这种跨省份的国家公园的管理需要各省份的配合，此种情况下，区域合作与协同治理机制显得尤为重要，中央国家公园管理局可以在其中起到牵头作用，负责主持协调各省份对于国家公园的管理权和存在的争议点，如资金支持情况的分配等，针对每个国家公园实际情况的不同，制定合理的解决方案。中央国家公园管理局和省政府协同管理体制对于跨区域国家公园的管理大有裨益。

（二）分级设立国家公园，吸收非政府组织和公民参与

我国应结合自身实际，建立不同于日本和英国的综合管理体制。日本的综合管理体制主要是由于日本分类分级建立自然公园的模式，建立适合不同级别管理的自然公园；英国的综合管理体制主要是指非政府组织和公民参与的管理模式。结合我国国家公园管理建设的现状，吸收这两种综合管理体制的优点，建立符合我国国情的国家公园综合管理体制。

首先，2020 年国家公园建设试点工作完成后，我国将陆续建立更多的国家公园，结合日本自然公园的设置，我们可以将国家公园进行分级分类设置，建立全国性的国家公园和省级国家公园。对于暂不符合国家公园设立标准但有重要保护价值的地方，可以先由省政府设立省级国家公园，由省政府自行进行管理，在符合国家公园准入标准时申请升级为全国性的国家公园，这种设置下，可以解决不符合国家公园标准但又需要保护的生态系统如何进行管理的问题。

其次，我国国家公园与公众之间缺少互动，国家公园作为具有教育意义的游憩场所，目的之一是让公众认识自然、拥抱自然，带来美的享受，提高生活品质。目前我国国家公园的建设并未能将此理念传达给公众，公众将国家公园视为景区，是消费游玩的景点，没有参与国家公园管理的意识。如何搭建专门的平台让全体公民和非政府参与其中，将在下文进行论述。较之全体公民的参与难度，国家公园周边社区居民的参与程度也略显薄弱，社区居民作为之前生活在国家公园内或周边的公民，他们对国家公园内的自然资源和一草一木都更有感情，更愿意为国家公园的建设贡献自己的力量，并且国家公园的管理也许会侵害到他们的利益，作为利益相关者，他们有权参与国家公园的管理，参与重大事

项的听证会、对重大决策提出自己的想法等。[1]

综上，吸收日本和英国建立此种管理体制的经验，应分级设立国家公园，吸收非政府组织和公民参与国家公园的管理，建立更符合我国国家公园实际情况的综合管理体制。

四、建立外部监督机制，提高行政管理效率

（一）行政管理中的外部监督方式

权力需要监督，行政管理中重要的是控权，国家公园的管理更是如此，除了从法律层面规定国家公园管理机构的可为的行为，还要从行政体制外部进行监督，防止权力滥用，保障行政权力的有效行使。目前在行政体制内部的监督主要是纪委监察部门的监督和上级对下级的监督，监督手段比较单一，内部监督有其优势，但也容易滋生权力腐败。

在此情况下，外部监督的重要性越发显现，目前行政管理体制外部监督的主体主要是公民和非政府组织，外部监督的方式主要有以下几种：

1. 公民的主动监督

公民及时浏览政府网站，查看政府信息，政府需要做到信息的及时公开，对于应主动公开但未公开的信息，公民可依程序申请公开，对于所需信息也可依程序申请公开。公民可以及时查看政府信息，对于不符合规定的情况进行投诉，也可针对具体事项提出自己的诉求。

2. 公民可对行政行为申请听证

对于各类行政行为，包括许可、处罚等，当事人可申请听证，对于涉及重大公共利益等行为，行政机关要按照要求告知当事人有申请听证的权利，听取当事人和利益相关人的意见，将听证笔录作为行政行为的唯一依据。

3. 公民行使救济权

公民救济权的行使也是行使监督权的一种方式，对于行政机关的作为或不作为，公民或利益相关人认为该行为侵害了自己的权益，可以申

---

〔1〕 参见李永良：《三江源国家公园保护与管理问题探讨》，载《林业经济》2019年第6期。

请复议或提起诉讼的方式行使自己的救济权，公民救济权的行使，使复议或诉讼机关必须对行政行为作出判断，来支持或纠正行政机关的行为。

在环境保护领域，非政府组织还有一项特殊的权利，它们对于损害生态环境、破坏自然资源的行为，可以提起环境行政公益诉讼，这是法律针对环境保护问题的特殊性制定的一项不同于其他救济形式的监督方式。

（二）构建国家公园管理中的外部监督方式

在国家公园行政管理中，涉及行政许可、处罚、强制等行为，这些行为同样适用上述的监督方式，因此，对于国家公园提出的要求主要有以下几点：

1. 官方平台的建立

有两种形式可供选择，每个国家公园管理局建立自己的官方网站，对于未建立管理局的国家公园由省政府在官方网站上设置国家公园专栏。根据官方平台设立的目的，可以设置以下几个栏目，国家公园建立概况、景点介绍、科普教育、管理动态、热点新闻、信息公开、重要举措、监督信箱等，对于需要征求公众意见的，通过置顶等形式来突出此条动态的重要性。官方平台的任务主要是负责国家公园管理有关事项的公开和受理与国家公园有关的申请，以此来建立全体公民对国家公园的监督途径。在条件成熟时，还可以建立微信公众号等形式来贴近公民生活，真正做到不仅让国家公园成为全体公民游憩享受的场所，而且让国家公园起到应有的教育意义，全体公民能更热心地投入到国家公园的保护和环保事业中。

2. 网站信息及时公开

网站要及时发布与国家公园管理有关的信息，尤其是涉及重大公共利益的事项要及时在官方网站及其他渠道进行发布，以便公众能及时知悉有关情况；对于应及时公开而未公开的事项，如国家公园内的开支情况、社会资金的用途等，公民和非政府组织可以申请公开。官方平台是针对全体公民的，包括各种组织机构，在互联网时代背景下，他们通过网络获取国家公园的管理信息更方便快捷。国家公园管理信息的及时公布和公众的广泛参与也体现了国家公园的公益性和生态环境的全民所有性，对于国家公园的生态性和公益性的发挥起到关键作用。对于国家公园内或附近的居民，他们参与国家公园管理的热情更高，也更为必要，因此他们参与的渠道应更为广泛，除官方网站外，通过社区广播、纸质通知等形式了解国家公园管理概况，特别是关乎居民切身利益的自然资源确权等，还应及时听取社区居民的想法。

3. 非政府组织开展监督

在与全体公民同样具有上述监督方式的同时，对于国家公园内的损害行为，因为涉及生态系统和自然资源的保护，它们可以对此提起环境行政公益诉讼，此为救济方式也是监督方式。国家公园作为单个或多个生态系统的合集，破坏国家公园内的自然资源和生态环境要受到行政处罚或行政强制，有行政处罚权和行政强制权的国家公园要及时行使此项权力，对于怠于行使权力或国家公园管理机构自身的行政行为破坏国家公园内生态环境和自然资源的行为，符合条件的非政府组织可以对此提起环境行政公益诉讼。非政府组织作为生态环境保护事业的重要力量，国外很多国家公园的建设和管理都注重非政府组织的参与和监督，如英国。非政府组织参与国家公园管理的方式多种多样，除了提起公益诉讼的方式，它们作为环保事业的专业性组织，其对于国家公园的保护的建议值得被尊重，因此，拓宽非政府组织的参与途径是实现非政府组织对国家公园管理进行监督的重要一环。

五、明确国家公园主体地位，完善自然保护地管理体系

（一）消除不同类型自然保护地的管理重叠现象

在自然保护地体系的建立过程中，我国明确提出要突出国家公园的主体地位，构建自然保护地体系，对此我们可以参照 IUCN 对于自然保护地体系的分类以及国际上建立自然保护地体系的经验，建立具有我国特色的以国家公园为主体的自然保护地体系。[1] 国家公园在我国保护地体系中建立时间最短，管理体制不太成熟，突出国家公园的主体地位主要是由于它和自然保护地体系的建立目标是一致的，将生态环境从旅游

---

〔1〕 参见沈员萍、黄萌、罗毅等：《国家公园体制背景下的自然保护地体系管理分类研究》，载《规划师》2019 年第 17 期。

观赏景点变为兼具有生态功能和教育意义的场所。2019 年我国提出要确立国家公园的主体地位，构建统一的自然保护地分类分级管理体制。参照 IUCN 提出的自然保护地类型和分类标准，整合我国的自然保护地类型，取消一个自然保护地多重名称或多重管理的困局。

此外，我国自然保护地类型较多，设立地点较为集中，存在同一区域的自然保护地，分属不同部门管理的现象。消除不同类型自然保护地的管理重叠现象，是建立自然保护地体系的基础。

（二）突出国家公园的主体地位，促进各类保护地管理体系的融合

首先，面对多头管理的困境，应建立统一的管理机构，这就要进行自然保护地管理体系的重构或在现有的管理体系下进行不同管理体系的融合，重构需要打破现有的各管理体系并存的状态，对于各自然保护地现阶段的管理是不利的，而且从经济学角度来讲，打破重构的做法是不经济的，考虑现实可操作性和各部门的可接受性，进行不同保护地类型管理体系的融合是经济的选择。突出国家公园的地位，建立以国家公园管理体系为主体的自然保护地管理体系，进行统一的规划，达成统一的目标和管理理念，建立协调机制，国家公园管理部门作为各保护地管理部门之间的纽带和平台，促进多方联系和交流。

其次，各自然保护地管理的目标应是一致的，保障全体公民可以有放松心情、观光游览的场所，也要为后代人保护好现有的生态环境资源。虽然最终目标一致，但我们可以对各自然保护地进行侧重点不同的功能划分，找准各自然保护地的功能定位，根据功能不同，划分不同的保护等级，进行不同程度的管理，如休闲观光、教育、生态保护等，对功能不同进行保护的措施不同，进行限制或禁止开发的划定，有针对性地进行管理。[1]

最后，根据国外实践，通过法律形式明确国家公园主体地位是通行做法。[2]我国目前除国家公园外各保护地类型都有专门的法律，另行编

---

〔1〕 参见解焱：《我国自然保护区与 IUCN 自然保护地分类管理体系的比较与借鉴》，载《世界环境》2016 年增刊。

〔2〕 参见戴秀丽、周晗隽：《我国国家公园法律管理体制的问题及改进》，载《环境保护》2015 年第 14 期。

制统一的法律会造成法律冗余，因此，我们既可以在尚未编制的国家公园专门法律中进行明确，也可以在《环境保护法》中明确国家公园的地位，各保护地的功能划分，各保护地类型的沟通协调机制，以及自然保护地管理体系具体的制度构建。

自然保护地体系的建立是为了规范现有的保护地类型，在各保护地管理部门之间建立有效的沟通协调机制，有利于我国生态系统的整体保护。值得注意的是，在构建自然保护地体系时，要尊重各自然保护地的特色，发挥各自的优势，保持各自风格的同时进行统一协调。

第三章　国家公园规划制度

第一节　国家公园规划制度的理论概述

一、国家公园规划制度的概念

国家公园规划制度是国家公园制度的重要组成部分，作为国家公园管理活动的龙头，规划中设定的目标是否明确、规划中规定的需采取的行动和措施是否合理、规划整体是否具有前瞻性和可操作性，都直接影响国家公园的保护目标的实现。[1]规划制度应有利于始终如一地贯彻落实"生态保护第一、国家代表性、全民公益性"的我国国家公园体制建设三大理念。

规划制度应具备以下特征：（1）具有一定程度限定的空间范围。在该区域内开展保护管理建设等各项活动，要按照国家公园规划预先给出的方式进行。（2）以物质空间要素和非物质要素作为规划作用对象，实现国家公园的生态、文化、科学价值以及科普、游憩功能。国家公园规划的作用对象既包括物质空间层面的功能分区、空间布局、土地利用和设施建筑等，也包括非物质空间层面的公众参与、游客引导、社会

〔1〕　参见罗金华：《中国国家公园设置及其标准研究》，福建师范大学 2013 年博士学位论文。

经济引导调控、管理体制保障等。（3）包含政策性因素和社会价值判断。国家公园规划决策不仅是科学决策过程，也是多种利益相关者不同社会价值的统筹协调过程。以上第一点体现了“物质形体式”规划的特点，第二点体现了“系统理性式”规划的特点，第三点体现了“参与过程式”规划的特点。[1]

二、国家公园规划制度的功能定位

以新国土空间规划视角为背景，国家公园规划制度以明晰规划目标、设计具体方案、规范各项活动等方式提高制度的具体可操作性，保证国土空间规划体系的统一性。以国家公园为主体的保护地体系构建与制度改革是实现我国生态文明的正确发展方向，按照我国建立国家公园体制相关要求，国家公园管理目标主要包括：保护自然生态系统的完整性和原真性，保护生物多样性，保护生态安全屏障，给子孙后代留下珍贵的自然遗产。[2]

“科学规划、完备制度”是实现自然保护地体系形成与发展、保护地有效管理、生态文明建设的必然前提和路径，完善的规划制度意义主要聚焦在四个方面：一是科学决策，充分利用编制规划的讨论、分析、征询、评价、论证等过程，提出对未来或事物的整体性、长期性解决方案；二是可达愿景，融合多种因素、从不同视角对未来发展进行预期与可行性研判，提出未来发展的可达性目标；三是发展导向，选择实现目标的路径、策略或措施，谋划和引导人力、物力、财力等基本投入；四是公共契约，编制规划过程也是各级政府及其他利益相关方反映诉求、达成一致意见的过程。[3]合理的规划制度发挥可以将“自然资源科学保护和合理利用的特定陆地或海洋区域”这一宏观职能，与“科学研究、科普教育、游憩展示和社区发展等多样化功能”这一微观建设职能相连接。

---

〔1〕 参见谭纵波：《城市规划》，清华大学出版社 2005 年版。

〔2〕 参见唐小平、栾晓峰：《构建以国家公园为主体的自然保护地体系》，载《林业资源管理》2017 年第 6 期。

〔3〕 参见唐小平、张云毅、梁兵宽等：《中国国家公园规划体系构建研究》，载《北京林业大学学报（社会科学版）》2019 年第 1 期。

三、国家公园规划制度的法律属性

我国国家公园规划中应树立“自然是主人，适宜数量的当地居民是自然的一部分；自然的自身价值保护优先于工具价值利用”的环境伦理自然观。国家公园规划在性质上属于一种行政规划，是行政机关为了实现发展和保护国家公园这一公共行政目的而制定和批准的规划。《建立国家公园体制总体方案》开篇就阐明“国家公园是指由国家批准设立并主导管理”的，由此可以看出国家公园的建设是典型的公共行政事务，需要政府发挥好领导者、组织者、建设者的作用。国家公园的规划由国家制定，规划的编制和实施由国家完成，规划的管理和监督也由国家完成。

第二节　国家公园规划制度现状及问题

一、国家公园规划制度的现状

我国国家公园体制试点工作是自 2015 年正式开始的，提出在九个省份开展国家公园体制试点。2017 年 9 月，中共中央办公厅、国务院办公厅印发了《建立国家公园体制总体方案》使国家公园体制的建设有了方案上的引领，其中第 15 条[1]要求编制各种规划以及做好衔接，但对具体的规划法律制度设计没有提及，此后随着国家公园体制试点工作的逐步推进，各试点地区的省级人大及其常委会先后制定了本地区的国家公园的试点方案，都以专章的形式对各自管理的国家公园进行了规划的制度设计，涵盖了规划要求、规划层级、编制程序、功能分区、建设要求等内容。截至目前部分体制试点区已对外公布了园区总体规划方案并有序开展实施。其中，已有 4 处国家公园体制试点区向社会公布了总体规划方案：《三江源国家公园总体规划》于 2018 年 1 月正式印发并实

---

〔1〕《建立国家公园体制总体方案》第 15 条：编制国家公园总体规划及专项规划，合理确定国家公园空间布局，明确发展目标和任务，做好与相关规划的衔接。

施；《东北虎豹国家公园总体规划》《武夷山国家公园总体规划》分别于2018年3月和11月公开征集意见；《祁连山国家公园总体规划（试行）》于2020年6月印发。

二、国家公园规划制度存在的问题

目前，各试点地区均开展了国家公园总体规划编制工作，并对专项规划内容进行了差异化探索，但就目前而言，仍面临一些共性问题。

（一）缺乏上位法的指引

1. 立法层级低

目前我国虽然已有《森林法》《野生动物保护法》《自然保护区条例》等法律法规，但细究会发现除了《自然保护区条例》《风景名胜区条例》是行政法规以外，多数法律文件是由国家相关部门或地方立法机关制定的，立法层级较低。

2. 缺乏专门法

长期以来，我国没有形成系统的、专门的自然保护地法和国家公园法，在缺乏上位法的统一性之后，各地采用的相关法律政策又主要以国家出台的政策性文件为主，各试点建设项目的审批仍参考原有保护地的相关要求，如《自然保护区条例》《风景名胜区条例》等，绝大部分项目是根据试点期间“一园一法”、产业准入清单或指导目录、特许经营管理办法等实施。另外，地方拥有各自省域内的自然保护地条例，因此不统一的法律政策导致《自然保护区条例》在各地适用的标准不统一，重叠化、碎片化甚至相互冲突。

3. “一园一法”现象突出

考虑到我国整体立法资源紧缺的现状，“一园一法”模式所花费的大量立法成本明显与取得的法律实效不符，从颁布的条例来看，在章节设置上大同小异、在条款设置和制度设计方面存在相似性；“一园一法”模式存在协调不足无法解决跨省国家公园的协调性和统一性；分散的立法模式更多地意味着部门利益的纠葛，以及管理体制的不统一，既不利于统一政策的贯彻落实，也不利于国家公园规划制度的进一步发展。

（二）规划体系不合理

从纵向上看，我国现有的法律规定中未对中央层面的国家公园规划进行规定，相反的是，目前主要集中于地方或者各国家公园层面。从横向上看，大都将规划分为总体规划和专项规划两类。

1. 层级的划分不清晰

在纲领性文件缺位的情况下就编制规划在层级上会出现标准不统一和体制混乱的情况，首先，对于国家公园规划制度层级的划分，学者们持有不同意见：有的学者提出六个规划层级设想，如杨锐、马之野持有六级划分标准〔1〕；两个序列、四个层级，如唐小平教授持二级四序的规划制度层级划分（见图3－1）；〔2〕有的学者持四级划分观点（见图3－2）〔3〕。其次，规划法律文件的分类问题，各地也存在不统一，如云南省〔4〕将其分为总体规划和详细规划两类，而武夷山〔5〕、三江源〔6〕、神农架〔7〕将其分为总体规划和专项规划两类等。最后，关于国家公园内部功能分区的问题，几个规范性文件划定分区的名称各不相同：云南省划分为严格保护区、生态保育区、游憩展示区、传统利用区，武夷山划分为特别保护区、严格控制区、生态修复区和传统利用区，三江源则是核心保育区、生态保育修复区和传统利用区，同样存在名称上不统一的问题（见表3－1）。

---

〔1〕参见杨锐、马之野、庄优波等：《中国国家公园规划编制指南研究》，中国环境出版集团2018年版，第6－11页。

〔2〕参见唐小平、张云毅、梁兵宽等：《中国国家公园规划体系构建研究》，载《北京林业大学学报（社会科学版）》2019年第1期。

〔3〕参见《编制好国家公园四个层次的规划》，载青岛市规划局2018年1月29日，http://zrzygh.qingdao.gov.cn/n28356803/n32207872/180129144858601816.html。

〔4〕参见《云南省国家公园管理条例》第12条第1款：国家公园规划包括云南省国家公园发展规划以及单个国家公园的总体规划、详细规划。

〔5〕参见《武夷山国家公园条例（试行）》第19条第1款：武夷山国家公园规划分为总体规划和专项规划。

〔6〕参见《三江源国家公园条例》第22条第1款：三江源国家公园规划包括总体规划和专项规划。

〔7〕参见《神农架国家公园保护条例》第15条第1款：神农架国家公园包括总体规划和专项规划。

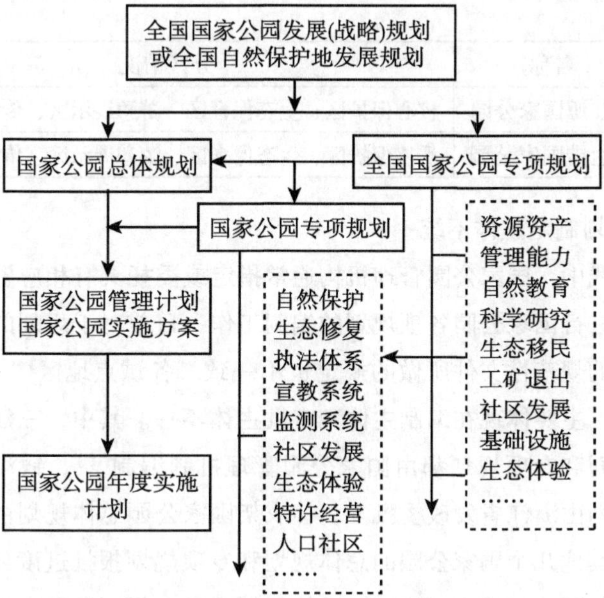

图 3－1　国家公园规划体系框架模式设想一

资料来源：唐小平等：《中国国家公园规划体系构建研究》，载《北京林业大学学报(社会科学版)》2019 年第 1 期。

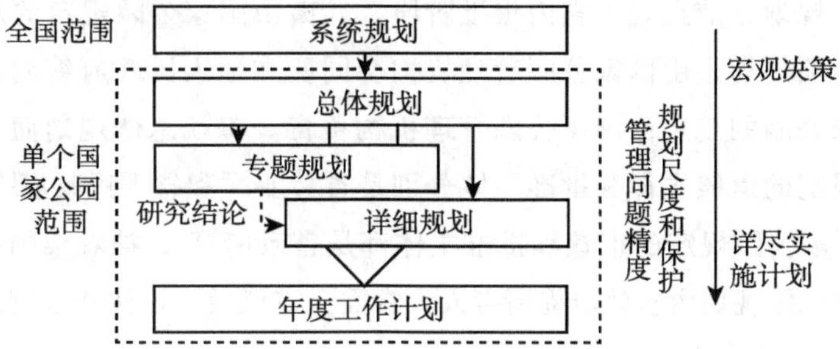

图 3－2　国家公园规划体系框架模式设想二

资料来源：杨锐：《中国国家公园——基本概念和总体规划》，载微信公众号“中国国土空间规划”2019 年 1 月 4 日，https：//mp. weixin. qq. com/S/5I2EAU7svBng_L0Fxd0zdQ。

表 3－1　我国国家公园体制试点分区一览

序号	名称	分区情况
1	三江源国家公园	核心保育区、生态保育修复区、传统利用区
2	武夷山国家公园	特别保护区、严格控制区、生态修复区、传统利用区
3	神农架国家公园	严格保护区、生态保育区、游憩展示区、传统利用区

续表

序号	名称	分区情况
4	钱江源国家公园	核心保护区、生态保育区、游憩展示区、传统利用区
5	普达措国家公园	严格保护区、生态保育区、游憩展示区、传统利用区

2. 规划制定主体不统一

在实践中，国家公园管理机构通常指定或委托具有相应资质的规划设计单位进行国家公园各项规划的编制工作，目前对于规划的组织编制主体现有的规范性文件所做的规定也不一致。各试点地区“一园一法”现象严重，主要体现在编制主体和审批主体不一。其中，三江源国家公园总体规划和专项规划都由国家公园管理机制编制[1]，钱江源国家公园总体规划由浙江省发改委批复，神农架国家公园总体规划由湖北省政府批复。其他几个国家公园的总体规划和专项规划报批进度如下：东北虎豹国家公园、祁连山国家公园总体规划现已上报国务院办公厅，大熊猫国家公园总体规划在公示后已上报自然资源部，海南热带雨林国家公园、南山国家公园、武夷山国家公园、普达措国家公园四个国家公园的总体规划目前正处于省内报批阶段。武夷山国家公园规定的总体规划和专项规划是由国家公园管理机构会同所在地人民政府编制，神农架国家公园的规定由国家公园管理机构负责。单就总体规划而言，云南省规定的审核主体和批准主体分别是省林业厅和省人民政府[2]，武夷山国家公园规定的审核和批准主体都是省政府[3]，神农架国家公园却规定总体规划由省政府提请省人大常委会审议后，再按法定程序报批（见表3-2）。[4]

〔1〕 参见《三江源国家公园条例》第22条第2款：三江源国家公园总体规划和专项规划都由国家公园管理机构组织编制，经省人民政府审查同意后，按照有关规定和程序报批。

〔2〕 参见《云南省国家公园管理条例》第12条第1款第2项：国家公园的总体规划由所在地的州（市）人民政府组织编制，经省人民政府林业行政部门审核后，报省人民政府批准。

〔3〕 参见《武夷山国家公园条例（试行）》第19条第1款：武夷山国家公园划分为总体规划和专项规划，由武夷山国家公园管理机构会同所在地社区的市、县（市、区）人民政府组织编制，报省人民政府批准后实施。

〔4〕 参见《神农架国家公园保护条例》第15条第2款：神农架国家公园规划由国家公园管理机构组织编制，报省人民政府审核，其中总体规划由省人民政府提请省人民代表大会常务委员会审核，再依照法定程序报请批准。

表3-2 部分试点地区国家公园制定主体

规划名称	编制主体	审批主体
《三江源国家公园条例》	第22条：由国家公园管理机构组织编制	经省人民政府审查同意后，按照有关规定和程序报批
《云南省国家公园管理条例》	第12条：云南省国家公园发展规划由省人民政府林业行政部门会同有关部门组织编制；国家公园的总体规划由所在地的州（市）人民政府组织编制，经省人民政府林业行政部门审核；详细规划由国家公园管理机构根据国家公园总体规划组织编制，征求相关县级人民政府意见后，报所在地的州（市）人民政府批准	报省人民政府批准
《神农架国家公园保护条例》	第15条：由国家公园管理机构组织编制	报省人民政府审核，由省人民政府将其中的总体规划提请省人民代表大会常务委员会审议
《武夷山国家公园条例（试行）》	第19条：由武夷山国家公园管理机构会同所在地社区的市、县（市、区）人民政府组织编制	报省人民政府批准后实施
《云南省迪庆藏族自治州香格里拉普达措国家公园保护管理条例》	第9条：自治州人民政府应当编制公园总体规划，并按规定报批后实施	没有规定

此外不统一的法律政策导致《自然保护区条例》在各地适用的标准不统一，对于跨省部分地区国家公园的管理条例、规划由谁制定、审批，如何批等问题，导致跨省国家公园建设缺乏基本行为规范，这亦是我国国家公园建设亟待解决的重要问题。

3. 规划制度变更层面存在阻碍

规划制度在实施层面存在法律规范不健全、规划程序的不完善、法律的监督机制不健全等问题。仅三江源、云南省的立法中规定国家公园规划在经批准后，一般不得擅自变更，如需变更也要经过批准程序重新报批。至于规划在变更的过程中是否以及如何对于实施效果及时跟踪评价，现有的立法中尚未作出明确规定。

（三）规划程序不完善

1. 征求意见的范围较窄

国家公园的规划应当坚持全民公益性，应引导当地居民、专家学者、社会组织、企业等积极参与，就规划制度的制定过程而言，有关主体参与的最佳途径就是设立征求意见程序。但是按照目前的法律规定，当前规划制定过程中征求意见主要集中在政府内部地区和部门之间，其他主体参与较少。

2. 信息公开不到位

国家公园规划制度的建设应该由全民共享。规划作为国家公园进行后续建设活动的蓝图和导向，制定的最终结果应向社会公众公示。但就目前而言，仅三江源国家公园的总体规划进行了网上公示，其他国家公园的总体规划有些仅公示了征求意见稿，有些公示了规划制定的部分信息，在规划内容方面公示的较少（见表3-3）。

表3-3 部分试点国家公园规划公开情况

国家公园	公示
三江源国家公园	总体规划
武夷山国家公园	总体规划、专项规划
神农架国家公园	无
钱江源国家公园	无
海南热带雨林国家公园	无

（四）规划监督机制不健全

国家公园管理机构的责权范围仍需相关单位予以确认，国家公园规划管理工作缺乏有效的公众监督渠道，国家公园规划管理工作并未开通公众参与机制，社会力量在国家公园管理机制建设方面难以发挥应有效果。从相关法律规定的情况来看，规划的监督主要是建立社会监督，如三江源[1]、海南省规定了鼓励举报制度和权益保护机制，以保障社会公众的知情权、监督权，虽然相关立法中也规定了考核问责等监督机制，但未明确涉及规划的制定和实施等具体内容。国家公园管理机构在规划管理工作方面与地方政府部门存在事权重叠问题，需要双方共同探索更科学有效的协调机制与工作方法。实践中却忽视权力机关的监督。当前我国国家公园规划基本上都是由国家公园管理机构或是省人民政府负责制定和实施的，为了保证以上行政机关依法合理履行自己的职责，需要对权力机关进行监督。目前国家公园相关法律中，并没有明确规定国家公园管理机构和各地政府的公园规划工作应受全国或地方人民代表大会以及常务委员会的监督，忽视了权力机关监督的重要意义和作用。

（五）规划管理制度的空缺

一方面，国家公园体制试点区制定试点实施方案和总体规划方案的主要依据是中央政府出台的指导性文件，对于规划内容和规划成果的强制性要求并未固化成为国家标准或行业规范。无论是规划编制的组织方还是承编单位仍在“摸着石头过河”。另一方面，对于国家公园管理机构事权行使范围的界定还需要通过国家公园立法和自然保护地立法予以明确。我国的国家公园不仅要接受上级行政主管部门和地方政府的管理，还要受到除内部的国家公园管理机构之外的土地、环保等诸多部门的管理，交叉重叠、职责不清的情况非常明显。例如，在规划环节中，国家公园空间范围内各类设施建设安排的决策权与审批权如何划分，国家公园综合管理计划与专类自然资源管理计划的实施主体与考核主体如何认定等问题突出。而已经审批实施的国家公园总体规划方案即将启动第一轮评估工作，对于确需调整园区边界或功能分区范围的体制试点区，国家公园行政主管部门尚未提出具体的规划修订流程与公众监督渠道。例如，试点地区陕西大熊猫保护地在管理上存在功能区划分过于模

〔1〕 参见《三江源国家公园条例》第67条第1款：三江源国家公园应当建立健全社会监督机制，自觉接受各种形式的监督，保障社会公众的知情权、参与权、监督权。

式化，各保护地自成体系，与相邻保护地之间缺少连通性，在开展工作方面也缺少统一和协调。

第三节　国外国家公园规划制度借鉴

一、将法律体系作为国家公园规划制度的根本

西方发达国家在国家公园法律保障和立法模式方面有较多的探索以及经验，其国家公园规划的制定和实施主要以综合性框架法和专类保护法为依据。

具体展开而言，英国于1949年颁布了《国家公园法》，首次以法律形式确立对国家公园的保护。1972年颁布《当地政府法》授权国家公园作为独立的规划主体，可以独立行使规划的权力，规定国家公园管理局负责准备和发布国家公园管理计划，1995年通过的《环境法》为国家公园管理确立了“保护优先于一切利益”的原则。英国国家公园综合型管理体系，实现了由英国中央政府宏观指导、公园管理局具体管理、非政府机构和社会民众共同参与管理的灵活模式。

日本有着较为完善的国家公园法律体系，其最大特点是拥有处于核心地位的专项立法《自然公园法》，前身是《国立公园法》，该法于1931年颁布，由总则、国立公园及国定公园、都道府县立自然公园、罚则和附则共五章内容构成。规定了每处自然公园均要制定自然公园规划，根据该计划制定自然公园内设施的种类及配置、保护程度的强弱。此外日本还在立法上制定了《国立公园规划制定要领》《国立公园候选地制定办法》《自然公园法施行规则》《自然公园法施行令》等具体实施方案。

美国国家公园立法体系包含了设立专门机构的基本授权法律以及针对国家公园管理各项事务的一般性和特殊性立法和相关法规。同时，美国的国家公园立法也处于变动之中，其国家公园管理法律体系呈现开放性和适应性。美国国家公园总体管理规划和实施规划制定的主要法律框架是《国家环境政策法》和《国家史迹保护法》，战略规划和年度工作计划制定的主要法律框架是《政府政绩和结果法》，其基本的国家公园

系统法《国家公园管理局组织法》以及下设针对某一个公园的法律乃至国家公园管理局制度通过的条例和政策，包括国会立法及数十种规则、标准和执行命令，且每个国家公园单位均有其授权性立法文件和专门的立法，形成了一园一法的管理体系。[1]

二、将系统的规划层次作为我国国家公园建设和管理的引领

将国家公园规划体系作为一个整体来考虑，不仅有助于界定资源状况、游客体验和管理行动，更有利于实现国家公园保护与管理的使命，保护资源不受损害，为当代和后代享用。日本制定相应的规划，根据《自然公园法》规划，日本的国立公园规划分为综合规划和专项规划。具体来说，综合规划分为设施规划和生态系统维护恢复规划。专项规划通常包括两种规划类型，即保护规划和利用规划。其中保护规划依照保护对象的重要程度，在空间分区上把公园分为特别保护区、特别地域、普通地域、和海中公园地区。[2]日本自然公园体系是以一种“划片区”的整体性思维来构建的，即所谓“地域制”管理模式。日本的“地域制”统一管理，对于划入国家公园的集体所有土地及其附属资源，通过地方政府间协议、产权人与政府间协议的方式，按照依法、自愿、有偿的原则让渡部分使用权，从而帮助公园管理者实施统一化管理，也不失为一种有效率的选择。

美国国家公园管理局对自然资源进行全面管理，美国规定每个具有重要自然资源基础的公园，应制定并定期更新自然资源管理的长期（至少提前10年至20年）综合发展战略，并对清查、研究、监测、恢复、保护、教育和资源使用管理等活动作出规定。在美国国家公园规划体系下，规划层级可以划分为战略规划、总体管理规划、详细规划与实施方案，总体管理规划是统领全局的纲领性文件，是制定国家公园管理决策的基础。美国国家公园管理局从1975年开始采用总体管理规划替代总体规划，强调资源保护、环境监测、游客影响管理和公众参与等方面的内容。

---

〔1〕参见杨锐：《美国国家公园的立法和执法》，载《中国园林》2003年第5期。

〔2〕参见张玉钧：《日本国家公园的选定、规划与管理模式》，载《2014年中国公园协会成立20周年优秀文集》2014年10月25日。

英国国家公园规划包括管理规划、核心战略及其他规划三个层级。管理规划相当于总体规划，内容偏政策性，是对整个国家公园全盘部署，核心战略和其他专门规划需要服从管理规划，主要采用“愿景—目标—行动—计划”的形式。核心战略是对管理规划中核心内容的深化，是对近期开发活动的具体安排，相当于近期发展规划，使管理规划更具有可实施性和可指导性。其他规划相当于专项规划，是对管理规划及核心战略内容的深化、具体化与补充。英国根据《国家公园与乡村通行法》的规定，每个国家公园都要制定本公园的管理规划，意图通过规划，根据公众利益来对土地的使用和开发进行控制，以限制对土地所有者财产权的影响。公园管理规划主要由保护、分享和发展三个主题构成。为了保证规划编制的科学合理，英国国家公园在起草、制定规划的过程中普遍建立起了合作伙伴机制，由各类利益相关者商讨，以集思广益，达成共识和集体行动方案。已制定的规划具有法律强制力，不得随意变更，对规划许可有争议时，应当通过司法程序予以解决。

三、明确规划制定的主体和程序

1. 明确规划制定的主体

根据日本《自然公园法》的制定，国立公园规划依法由环境大臣制定，每五年修订一次；国定公园和都道府县立公园规划依法参照国立公园标准，由环境大臣指导督导府县政府制定；美国1916年组建国家公园管理局，对国家公园实行垂直管理。该机构通过一系列严谨有序的规划，制定目标行动、行动战略和实施细节，以此来实现区域发展的效率最大化。[1]

在德国由于国家公园采取的是地方自治型的规划管理机制，所以德国联邦政府只负责一些框架性的法律规定，而对于规划的制定工作是由各州政府指定本州的国家公园规划主管部门负责。综上可见，虽然各国家和地区由于政治体制、法律具体规定的差异，导致国家公园规划的实

---

〔1〕 参见严国泰、沈豪：《中国国家公园系列规划体系研究》，载《中国园林》2015年第2期。

际制定主体存在较大差异。但是毫无疑问在立法中的共性之处就在于制定主体在该国家或地区的范围具有统一性、确定性。

2. 明确具体的规划程序

（1）征求意见。美国在规划编制的过程中，丹佛规划设计中心就会广泛征求公众的意见，并且将公众的参与贯穿于规划的编制、审批、实施的全过程，这就保证了规划的公开性和合理性。不仅与公园规划有利害关系的人可以参与，而且只要是关心国家公园的热心群众都可以参与进来。同时，美国为了能使公众在各个阶段都参与到规划中还采取一系列的具体实现方式。首先，政府信息的传递采用多种形式，由国家公园管理机构向外界传递信息；其次，在双方的交流沟通阶段，公众了解详细信息之后，公园管理部门可以举行听证会，双方可以进行磋商；最后，在决策阶段，对以上条件进行严格的评估和分析后，决策者可以作出有效的公园决策对策。除此之外，美国要求规划设计在上报以前，应当先向地方以及州的当地居民广泛征求意见，否则参议院不予讨论。

（2）专家评审。但是虽然德国采取的是地方自治型的规划管理体制，规划的编制工作是由各州政府指定本州的国家公园规划主管部门自主编制的。各个州在编制规划完成后，要提交专家委员会评审，之后再由本州的国家公园管理机构进行审批，最终由州议会形成最后的规划法案。

第四节　完善我国国家公园规划制度的对策

一、完善法律体系

1. 出台综合性专门立法，提高立法层级

建立以国家公园为主体的自然保护地体系，应当对原有的自然保护地体系进行调整，在重新划定自然保护地类型的基础上对各层级立法进行修改、合并、删除，精简自然保护地规范体系的法律、法规数量，提高立法层级。与一般的自然保护地相比，国家公园的自然生态系统和自然遗产更具有国家代表性和典型性，保护应该更为严格，管理层级也应更高，因此需要综合性高位阶的法律作为其法律体系的核心。当前国家和林业草原局研究起草了《国家公园法（草案）》（征求意见稿），与之前《国家公园法（专家建议稿）》相比，该意见稿着眼于国土空间开发新格局之下，章目上由此前的七章变为九章，将前者第三章规划与保护拆分为规划设立、保护管理，由此体现出国家公园规划、保护的重要程度。此外在法律条文上也有所侧重，主要体现在第一章、第二章、第三章部分：第一章中，前者着眼于生态文明建设，后者着眼于国土空间开发保护新格局；第 3 条[1]明确规定了国家公园的含义与作用，上升到法律地位，其重要性可见一斑；继续强调国家公园的垂直管理体制，建立协商对话机制—联席会议制度，摆脱地方经济利益的控制，实行中央或省一级的垂直管理进而减少地方政府干预。第二章第 15 条明晰国家公园创建流程、第 16 条确定国家公园命名特征要素以此实现统一，第 20 条以条文的形式区分了总体规划、发展规划的制定和审批主体。第三章第 23 条根据《试点方案》提出的“明晰资源产权”要求，确立了自然资源确权登记制度，有利于归属清晰、权责明确、监管有效，第 25 条提出建立天空地一体化监测体系，由之前的每三年一次到定期开展，第 26 条明确提出分区管控，划分为两级。通过以上分析我们可以看出国家对国家公园规划制度的重要性，并不断努力和完善当下存在的问题，从试点地区得到的经验和教训都在意见稿中进一步得到了完善和细化。

建议从系统、科学的思维角度出发，从规划—实施—监督管理三个层次进行法律制度设计，尽快出台《国家公园规划编制规范》《国家公园规划审批管理办法》《国家公园规划技术规程》《国家公园规划实施监督管理办法》等规章制度，保障我国国家公园规划体系健康运行。在域外国家方面可以借鉴日本经验，日本的《自然公园法》作为自然保护地体系中较早的一部专门法，既是一部以完整的生态系统为对象的综合性立法，也是一部明确了国家公园法律地位的国家层面高位阶法律。尽快出台我国以国家公园为主要对象的自然保护地法。在专项立法中应该坚持

---

〔1〕参见《国家公园法（草案）》（征求意见稿）第 3 条第 1 款：本法所称国家公园，是指由国家批准设立并主导管理，以保护具有国家代表性的自然生态系统、珍稀濒危物种、自然遗迹、自然景观为主要目的，依法划定的大面积特定陆域或者海域。

"山水林田湖草是生命共同体"理念，结合不同地区的自然资源现状和发展地位，明确自然公园的定义、分类、选定条件与流程、管理责任和相应制度等，为了确保国家公园规划的权威性和有效性，在"国家公园法"中明确规定国家公园规划的原则、目标、规划层级、规划内容、规划部门、审批部门、实施监管和惩处措施等事项；我国可借鉴美国国家公园的立法体系，在制定国家公园管理基本法的基础上，针对具体的国家公园制定单行法律或法规，从而为其管理提供差异化且更为具体的法律法规依据。可以借鉴美国模式制定《自然保护地综合性框架法》明确国家公园的法律地位，再通过《国家公园专类法》对国家公园的各项规划编制和保护管理措施进行规定，明确国家公园在管理体制、认定标准、区划分类、规划制定实施、公众监督与参与机制等各方面内容。

2. 完善一园一法

针对试点地区凸显的一园一法现象，一方面可以从形式入手，即试点期间的权宜安排是自下而上的路径各公园单独制定试行立法，就国家公园的功能定位、保护目标、管理原则、管理主体、管理职责、跨界协调、区划标准等事项先行试点，突破难点，然后通过各公园试点立法积累经验、总结教训，为未来制定国家层面的"国家公园法"提供较为坚实的实践基础和理论铺垫；另一方面从实质方面切入，即试点结束后的常规安排是自上而下的路径，由国家层面出台"国家公园法"，就国家公园的功能定位、保护目标、管理体制（主体+职责）、认定标准、资金筹措、生态补偿、公众参与（共管）、特许经营等确定全国统一适用的基础性和框架性规范。在确有必要的情况下，特定国家公园所在省级人大通过制定或者修改的方式，出台《××国家公园关于实施〈国家公园法〉细则》，根据本省所辖国家公园片区的实际情况作出相应细化或者补充规定。此外，制定各国家公园管理规划，区分不同的功能区域、制定各自不同但又详尽明确的保护和发展策略、保护和管理措施。各国家公园主管部门通过编制该国家公园管理规划，为达成差异化管理提供法律技术保障。从管理体系、规划目标、具体措施等多个方面构建起责权清晰、上下统一、科学高效的国家公园规划体系，从而推动我国国家公园与国土空间规划相关工作的进一步开展。

二、健全规划制度的实施

（一）明确规划体系

1. 合理的规划布局

规范统一的发展规划和运营管理，是确保国家公园可持续发展的前提和基础。需要明确国家公园规划的体系，在纵向上分中央和国家公园两个层级，在横向上包括综合规划、专项规划、年度实施计划等类型。赵志聪教授认为国家公园规划应分为系统规划、总体规划、专项规划和实施计划共四个层次。四个层次的规划应解决从宏观到微观的不同问题。各层次规划之间的位势关系应具有强制性，即下一层级的规划不能违背上一层级规划的基本原则和强制性规定。系统规划。即“中国国家公园系统规划”，要解决的核心问题是我们国家的国家公园在整个国土和海域空间上是如何分布的。这应是一个“自上而下”的规划，规划编制和组织实施都应是自上而下的，改变目前各类自然保护地普遍采用的“地方申报”制的模式。应在国家层面综合各类资源属性进行科学分析，按照国家公园的定义要求，形成具有系统性、科学性和国家代表性的国家公园规划布局。由此可见，我国国家公园规划体系可以由全国国家公园发展规划、国家公园总体规划、国家公园专题规划、国家公园详细规划和国家公园年度工作计划共五个层次的规划共同组成。我国单元规划结构上可借鉴美国的“基础文件＋动态文件”扁平式模式，每个公园以基础文件为纲领，明确公园规划目的、重要资源和价值等核心控制要素，其他规划根据各个公园具体的环境特征、重点问题、经费支持等进行编制，让规划的针对性更强、可操作性更高。

针对国家公园跨省跨区地域的问题，一园两区跨越不同行政区域，某一区立法不足以涵盖全部要求，省级层面立法比较契合实际。建议由省人大及其委员会作为一园两区立法模式下的立法实体，充分考察各职能部门和园区所在地的制度探索实践，听取一线干部、基层群众和人大代表的意见建议，吸收借鉴其中的合理要素。同时，可以借鉴英国国家公园规划制度，突破行政区划的限制，从完整生态系统视角出发、在多规合一的趋势下，以国家层面的规划制度制定全国的国家公园规划，划定跨区国家公园。

2. 管理分区规划

分区规划是在总体规划层面实现国土空间用途管制的直接的、更为具体的手段。国家公园往往跨越多个行政区域且具有全国性意义的生态地位，这就需要突破区域的碎片化管理或者单一的地方性管理模式，以实现国家公园的管理统一，从而避免地方基于经济利益驱动的过度开发，从而提升管理措施的执行力度和效力。美国1916年出台的《建立国家公园管理局法》中设立的国家公园统一管理模式在国家公园保护过程中发挥了重要作用，对我国国家公园体制建设具有重要的启示意义。运用生态系统管理方法美国国家公园管理遵循实用主义的保存理念，强调“不减损”原则，以保护国家公园的“原生态”和“自然美”，并运用生态系统管理方法维护并改善国家公园的生态系统状况。美国国家公园的生态系统管理方法与习近平生态文明思想中的“山水林田湖草是生命共同体”的理念存在契合之处。[1]

对于试点分区，中国可以借鉴日本的经验和教训划分核心保护区、一般控制区和缓冲区。在核心保护区以正面清单的形式明确法律允许的活动范围，以及需要经过审核和许可的活动范围，并明确有审核和许可权的政府主体以及相关程序。在一般控制区则可以采取负面清单的模式，明确法律不允许的活动的范围，并可采取较为宽松的通知备案制度。在国家公园划区过程中，应特别关注核心保护区、一般控制区和缓冲区的比例，并以核心保护区的面积作为考察国家公园建设质量的重要指标，核心控制区和一般控制区之间要设立充足的缓冲区，以避免一般控制区的人类活动对核心控制区的保护效果造成负面影响。总体规划中的专题规划，至少包括保护、体验、社区管理和监测四项内容，这四项内容是由国家公园的功能决定的，是支撑国家公园保护管理的基础性内容。

---

〔1〕 参见吕忠梅：《习近平新时代中国特色社会主义生态法治思想研究》，载《江汉论坛》2018年第1期。

（二）明确规划的编审主体

1. 明确中央层级的编审主体

其中全国国家公园总体规划，应当由国家林业和草原局（国家公园管理局）会同国务院生态环境、自然资源、水行政有关部门编制，在征求有关部门和国家公园所在省级人民政府的意见后，报国务院批准。全国国家公园专项规划，应该由国家林业和草原局（国家公园管理局）编制，在征求国务院有关部门和国家公园所在省级人民政府的意见后，报国务院批准。在此基础上，在规划的编制过程中，建议成立类似美国那样跨学科、多领域的规划团队，甚至是专门的、统一的规划机构，使各级各类国家公园规划的总体风格、目标等尽量保持协调一致。

2. 明确各国家公园层级规划的编审主体

其中各国家公园的总体规划，应当由各国家公园管理机构会同本国家公园所在地省级人民政府林业草原、生态环境、自然资源、水行政、经济综合等部门编制，征求有关省级人民政府的意见后，报国家林业和草原局（国家公园管理局）批准。各国家公园的专项规划，应当由各国家公园管理机构编制，征求本国家公园所在地省级人民政府相关部门的意见后，报国家林业和草原局（国家公园管理局）批准。

（三）填补规划变更漏洞

从我国立法实践来看，国家公园规划的变更往往是容易被忽视的环节。

1. 建立国家公园规划实施评估机制

在规划实施中及时跟进评估是规划预期效果和实际效果的对比，主要解决的问题是规划可能造成什么样的影响，这种影响是否能够接受以及可以采取何种措施减轻或者消除不利影响。其一，明确评估的周期。国家公园规划评估是保证规划按照正常进度实施的重要保障，规划周期的长短也会影响评估次数的长短，因此评估周期应当根据规划周期来完成。其中总体规划的规划周期一般是 10 年到 15 年，在此期间应每五年进行一次评估；专项规划的规划周期一般是 5 年，在此期间每三年进行一次评估。通过收集、分析监测数据对自然资源状态以及规划成效进行动态评估，评估形成的监测评估报告应当作为规划变更的重要依据。其二，确定评估主体。在规划实施中及时评估同样是国家公园建设成功不可或缺的环节，评估的结果会直接影响规划的实施情况，因此应当谨慎选择评估主体。具体而言，国务院林业和草原主管部门和各国家公园管理机构可以自行组织有关部门、机构进行评估，或者委托符合相应条件和资质的第三方机构进行评估。如按照国务院林业和草原局的工作安排，三江源国家公园就由第三方评估机构来开展评估验收核查工作。

2. 明确国家公园规划变更的法定条件

由于国家公园内动植物种类繁多，自然景观分布广泛，生态环境和区域条件在不断变化的过程中，相应的规划制度也不可能一成不变，这就要求在法律层面上对规划变更的条件作出十分严格的限制。具体而言，法定事由出现时，才可以变更法定条件。首先，政策、法律的改变；其次，国家公园内发生了不可抗力的因素；最后，需要约束国家公园规划变更的结果，作为规范规划的变更，除应当严格启动变更的法定条件外，还应当同时设变更结果的“底线”。

规划的变更不得导致生态系统退化、恶化，应保证生态环境良好；规划制度的变更应当严格遵循原申报批机制，为了避免随意、武断地变更，变更仍需要重新按照原来的编制和审批程序进行。除去轻微变更，在国家公园各类、各级规划的变更程序得以启动的条件下，需要使变更的规划内容重新经历编制、制定程序，比照原规划的制定规程最终确定。

三、完善具体的制定程序

总体而言，包括国家公园规划在内的各类理论上和立法上都包括了编制和审批环节，即两大类程序。从世界范围的法治经验来看，在这两大列程序之内，通过完善征求意见程序、健全信息公开程序、建立专家评审程序有助于提高国家公园规划的科学性、正当性。

（一）完善征求意见程序

关于征求意见的时间，理论上在规划制定过程中，囿于不同领域的参与者对于规划目标和措施的理解不同，因此听取有关方面的意见需贯穿全程。但是从提升制度实施的效率来讲，法定的征求意见程序需要抓住关键时间节点，借鉴《三江源国家公园总体规划》的征求意见程序，即时间在规划草案编制完成后，在报送审批之前以征求意见稿的形式征求意见，若存在争议较多的情况下，必要时还可以二次或者多次征求意见。关于征求意见的对象，国家公园规划实施主要涉及有关政府及职能部门，因此必然成为被征求的对象，而国家公园具有全民公益性，只要是关心国家公园的热心群众都可以参与进来。关于征求意见的方式，除了征求意见稿还可以通过网址、邮寄地址、电子邮件、电话和传真等方式，对于偏远地区还可以采取召开座谈会、入村入户访谈、广播等方式。

（二）健全信息公开程序

其一，关于信息公开的内容。为了增强规划实施的可行性和参考性，规划在制定完成后，其相关内容应当及时公开，以充分保证群众的知情权。国家公园信息公开属于政府信息公开的范畴，在性质上属于公物，其本质在于提供公共使用。[1]其中必须公开的内容有规划的草案或征求意见稿、[2]审批后的规划全文以及相关图表、说明材料或文件、规划修改过程中的采纳和有关修改情况说明[3]。其二，关于信息公开的对象。国家公园规划作为国家公园建设和管理的顶层设计，除去涉及国家秘密的内容之外，经批准的各级、各类国家公园规划应将大部分信息广泛披露给公园员工、社会大众、科学界等，并应按照管理局档案和图书馆专业标准进行管理保存。具体来说，中央层级的规划所对应的对象应是全社会公众，而国家公园层级的规划应当向全社会公开，应当进一步要求采取当地居民和社区比较方便知悉的方式告知。

（三）建立专家评审程序

需要明确专家的组成。为了进一步提高国家公园工作的科学性和专

---

〔1〕参见郑丽琳、李旭辉：《信息生态视角下政府环境信息公开影响因素研究》，载《理论学刊》2018 年第 3 期。

〔2〕参见《海南热带雨林国家公园规划（2019—2025 年）》于 2020 年 4 月 22 日起公开征求意见，5 月 6 日征求意见截止后，将征求意见稿的具体内容在网络上公布。

〔3〕参见《国家林业和草原局关于印发修订后的〈国家级森林公园总体规划审批管理办法〉的通知》，载国家林业和草原局政府网 2019 年 7 月 22 日，http：//www. forestry. gov. cn/main/5925/20200414/ 090421103270991. html。

业性，统筹国家公园的监督管理，应当由中央通管部门—国家林业和草原局建立专门的咨询和评审综合专家库。面向社会定期开展专家遴选，遴选通过的人员纳入综合专家库管理。专家应当从各级各类科研机构、高等院校、企事业单位和社会团体中，专门从事公园实施及管理工作的较高层次科技人员中公开选拔。确立专家评审的介入时间。可以借鉴德国的经验，在各州编制规划完成后提交专家委员会评审，之后再由本州的国家公园管理机构进行审批，最终由州议会形成最后的规划法案。简言之，我国在未来的法律完善过程中，也可以规定在规划编制后未提交审批之前，专家组介入对规划评审并提供修改意见，专家可以独立提出论证、评审或评估意见，不受任何单位和个人的干预和影响，以此来保障规划顺利通过审批和规划的可实施性。

四、完善监督问责机制

在法律中建立健全监督问责机制，能够有效督促有关政府、部门、管理机构等依法履行职责，权力机关的监督是对我国国家公园规划进行监督的重要基础。监督能够有效提高国家公园规划相关工作的合法性，现阶段由省级人民政府代管的国家公园，各相关省级人民政府应当每年向同级人民代表大会或者同级人民代表大会常务委员会报告本区域内国家公园的建设、保护、管理等目标完成情况。

此外，在规划制定过程中应当积极引导相关公众参与进来，吸收各方面意见，功能区划分、开发强度、开发方式等核心内容应多予以论证，防止因规划失误造成生态环境的破坏。其一，将规划的制定和实施情况纳入完善考核评价制度。具体而言在中央层级，应当把能否依法制定和执行相关国家公园规划，纳入对国家公园中央主管部门的考核，在各国家公园层级，应当把规划的制定、实施、变更等情况纳入对各国家公园建设的考核内容中，具体可以对各种具体考核事项按照等级进行划分，只有完成一定等级才可以通过考核，否则应当接受问责。其二，纳入生态环境保护督察，在中央层面，应当督察负责编制、审批，实施中央层级规划的主管部门——国家林业和草原局；在国家公园层面，应督察各国家公园管理机制，以及现阶段代替国家公园规划编制、审批、变更和实施的具体过程中存在的违法违纪问题，通过督察整改和问责，对国家公园的规划工作起到重要的监督作用[1]。其三，可以着力打造国家公园网站和科研数据库，便于跟踪资源情况，实现国家公园的智慧管理，办公室要做好相关数据积累工作；设置环境解说教育专项办公室，将国家公园的价值和知识充分传达与解说。此外，可以借鉴澳大利亚卡卡杜国家公园成立的资源评估委员会，设置必要的监督主体，通过政府内部对各主体实时进行监督，降低资源成本、促进机构合理分工、减少不作为现象。

五、建立新型国家公园规划管理制度

各个国家公园统一建立隶属于中央国家公园管理主管部门的专门管理机构。目前我国仅在《三江源国家公园条例》第 11 条中规定："建立以三江源国家公园管理局为主体、管理委员会为支撑、保护管理站为基点、辐射到村的管理体系。"其余国家公园条例中只笼统规定由当地政府设立国家公园管理机构。根据《生态文明体制改革总体方案》和《建立国家公园体制总体方案》等规定，我们应整合相关国家公园管理职能，由一个部门统一行使，在自然资源部下成立国家公园管理局，明确其与其他部委的权责划分，首先在国家层面形成专门的国家公园管理机构，之后在每个国家公园都设置如"三江源国家公园管理局"的国家公园管理分局，明确其与中央国家公园管理局、地方政府及其有关部门的权责划分，构建统一、规范、高效的国家公园综合管理体制。针对跨省跨区国家公园规划制度的管理，可以借鉴"钱江源—百山祖国家公园"一园两区模式，设立省政府直属的管委会进行统一管理，管委会作为省政府的派出机构，下设两个分支机构受委托进行全面且直接的管理。

六、健全规划公众参与机制

我国国家公园坚持政府主导、多方参与的原则。在管理规划过程中

---

〔1〕 参见《关于中央第七生态环境保护督察组作风纪律监督举报方式的公告》，载东北虎豹国家公园官网 2022 年 9 月 15 日，http：//www. hubaogy. cn/index/news/show/id/1230. html。

引入公众参与是我国国家公园管理局积极履行“共建共享”理念的职能体现。国家公园编制规划不仅要考虑科学、技术的因素，还要考虑文化、社会、经济等多方面因素来统筹规划。中国人口多、人均拥有资源量少，为了增强国家公园规划建设的民主性和科学性，提高规划制度的透明度，提高公民的知情权和参与权，突出国家公园建设的社会公益性，邀请与国家公园规划建设密切相关的利益群体、对国家公园关切的人参与规划与决策。提高不同规划阶段的公众参与，能够优化国家公园规划方案，发挥民众的监督与民主决策的作用，使国家公园的规划方案更加完善。

国家公园规划管理部门可以从以下三个方面对公众参与机制进行调整：其一，细化规划管理意见的征求方式，国家公园规划管理需要极强的专业性，内容涉及多个专业和研究领域，从事不同工作的公众很难形成系统、完成的规划意见，但不同领域的公众却能通过对国家公园建设的各个方面进行观察和分析，因此在规划管理制度的编制过程中，对规划内容进一步拆解，再通过对公众关注点的分析，设计调查问卷，征集公众意见，从而确保公众参与的有效性。其二，丰富公众参与的途径，无论是国家公园规划管理的各项信息公示，还是公众参与方式、调查问卷的发放与回收方式，都可以采用多种方式进行，比如针对年轻公众，可以采用多媒体、电子问卷方式实施公众信息征集工作，针对年纪较大的公众，可通过现场发放问卷、个人访谈等方式征集公众意见。其三，重视对公众参与效果的反馈与公示，通过系统整理和科学分析过程，吸纳公众意见中的有益因素，并对采纳情况进行公示，对未采纳意见说明原因，对公众意见予以反馈，用于激发公众参与国家公园规划管理的积极性。

另外，国家公园规划管理机构还应重视社会组织的力量，进一步扩大信息征集范围，吸引社会各界对国家公园项目的关注，并对非机密信息进行公示，与相关专业的社会组织建立联系，对国家公园规划管理中非机密建设现状、相关内容进行可视化展示和动态更新，便于专业人士作出更精准判断，提出更具专业性的意见建议。我国国家公园内永久性居民点较多，如武夷山国家公园试点区域生活于其中的长居人口达到3万多，对此，我们可以借鉴英国国家公园功能分区、合理规划，引导居民外迁出国家公园；或者在保证国家公园内居民生产生活的完整性的基础上通过签订有偿的保护协议等方式，鼓励当地居民参与国家公园的管理；抑或在保护自然优先的前提下发展公园内的经济和社会。

第四章　国家公园设立制度

第一节　国家公园设立制度概述

一、国家公园设立制度的概念

国家公园设立制度是指在国家公园的建设过程中，由国家统一主导的，根据国家公园的目的理念和功能定位，依据具体的国家公园准入标准及其各项指标，经过评估考察、综合性评估、符合性认定、设立编纂等特定程序，划定边界区域设立国家公园等制度规定的总称。

二、设立国家公园的理念

国家公园的理念从提出到现在，国内外对其表述虽具有本土特色且处于动态变化中，但与其他自然保护地形式相比较仍然具有较为明显的特殊性。《国家公园法（草案）》（征求意见稿）第4条对国家公园设立理念作出规定："国家公园践行绿水青山就是金山银山理念，坚持生态保护第一、国家代表性、全民公益性，统筹推进山水林田湖草沙冰一体化保护和系统治理，实现生态保护、绿色发展、民生改善相统一"。结合我国相关政策与立法对国家公园理念的表述，我国设立国家公园坚持以下几点理念：

（一）生态保护第一

"坚持生态保护第一"是我国国家公园体制建设进

程中首先要坚持的理念，这与国家公园制度的目的和功能定位息息相关，即设立国家公园的首要目标是保护自然生态系统的原真性、完整性，其次的功能则是在生态保护的前提下建设商业性、娱乐性的活动项目，从而实现科学研究、游憩利用方面的价值。“坚持保护第一”的首要地位和重要性还体现在由中共中央办公厅联合国务院办公厅印发的《建立国家公园体制总体方案》中，强调将国家公园作为自然保护地体系中最重要的类型之一，属于全国生态保护红线管控区域范围内，要对其要实行最为严格的保护。

（二）国家代表性

我国首次提出国家公园的概念即强调国家公园的保护对象应当是具有国家和国际意义的资源，此后在《建立国家公园体制总体方案》与《国家公园法（草案）》（征求意见稿）中均表述为“国家代表性”，后者在第3条第2款还围绕着“国家代表性”的特点、地位与价值对其内涵作出详细阐述；[1]此外，国家公园的国家代表性还体现在其构建是由国家主导进行立法、并由国家实行整体保护和类别管理。2020年颁布的《国家公园设立规范》（GB/T 39737－2021）提出的国家公园准入条件就包括“国家代表性”，并同样详细作出解释。[2]可见，国家公园甚至成为一种民族认同感的归属，能够代表国家的形象，并具有全国乃至全世界价值性的自然文化遗产。

（三）全民公益性

国家公园的功能定位于保护重要自然生态系统的原真性、完整性，并兼具科学研究、教育、游憩等综合效用，这具有明显的通过公共资源统一管理利用来实现公共利益的价值取向。《建立国家公园体制总体方案》对国家公园“全民公益性”理念作出了较为直接全面的阐释，强调全民共享、积极参与，促进民族自豪感，实现国家公园的生态系统服

---

〔1〕参见《国家公园法（草案）》（征求意见稿）对内涵的阐释为：“国家公园是我国自然生态系统中最重要、自然景观最独特、自然遗产最精华、生物多样性最富集的部分，生态过程完整，具有全球价值、国家象征、国民认同度高，在维护国家生态安全中发挥关键作用。”

〔2〕参见《国家公园设立规范》第4.1条对“国家代表性”内涵阐释为：“国家公园是具有中国代表意义的自然生态系统，或中国特有和重点保护野生动植物物种的集聚区，且具有全国乃至全球意义的自然景观和自然文化遗产的区域。”

务功能和教育、科研、游憩等价值。[1]在其他政策性文件中，零散地出现过“坚持政府主导”“实现重要自然生态资源国家所有、全民共享、世代传承为目标”“发挥政府的主体作用”“构建国土空间保护新格局，完善生态文明制度体系，维护国家生态安全，为子孙后代留下珍贵的自然资产”等表述。因此，可以大致地将全民公益性的理念核心概括为政府指导、全民共享、公众参与这三个方面，它是国家公园设立的根本目的。[2]

第二节 国家公园设立制度现状及问题

我国早期对设立国家公园的初步探索，虽然在保护地划分标准、建设主体、管理方式、设立目标上并不明晰，但是为之后党和国家建设统一规范的国家公园制度提供了宝贵的试点经验。2013 年，“进行国家公园制度改革”被提出并确定为我国深化改革的重要任务之一，由此我国国家公园制度构建工作正式开始。2015 年 5 月，国家公园试点工作陆续展开，先后设定了 11 处国家公园试点地区，其中长城国家公园因特殊原因退出试点。随后出台的《建立国家公园体制总体方案》从管理机构、设立与分类标准等方面对国家公园体制建设进行统一化、规范化，并专门设立国家公园管理局对国家公园建设工作进行统筹推进。2020 年，国家公园体制试点开展评估验收与总结工作，三江源、东北虎豹、武夷山、大熊猫、海南热带雨林等第一批国家公园正式成立，这极大地推动了我国国家公园现代化治理和生态文明建设的进程。

一、国家公园设立制度现状

《国家公园设立规范》（GB/T 39737 - 2020，已修订）的制定于

〔1〕 参见《建立国家公园体制总体方案》中第二章“科学界定国家公园内涵”中第 4 条“树立正确国家公园理念”的表述：“国家公园坚持全民共享，着眼于提升生态系统服务功能，开展自然环境教育，为公众提供亲近自然、体验自然、了解自然以及作为国民福利的游憩机会。鼓励公众参与，调动全民积极性，激发自然保护意识，增强民族自豪感。”

〔2〕 参见王社坤、焦琰：《国家公园全民公益性理念的立法实现》，载《东南大学学报（哲学社会科学版）》2021 年第 4 期。

2019年由国家林草局启动，并于2020年12月由国家市场监督管理总局和国家标准化管理委员会正式联合发布，其中包括了5项国家标准，并覆盖了设立规划、勘界立标、监测评价等建设国家公园的过程与环节。可以说，《国家公园设立规范》的颁布为正式设立第一批具有中国特色的国家公园提供了合理统一、高效规范的制度支撑。2021年10月11日，国家市场监督管理总局和国家标准化管理委员会，发布《国家公园设立规范》（GB/T 39737－2021）。在习近平生态文明思想、域外考察借鉴以及试点工作经验的基础上所形成的这些制度规范文件，虽依旧存在着有待完善之处，但已经具有较强的规范性、科学性、实用性，对我国国家公园设立制度的规范性建设具有重大意义。

（一）国家公园设立标准

依据《国家公园设立规范》（GB/T 39737－2021）的规定，国家公园准入条件包括“国家代表性”“生态重要性”“管理可行性”三个方面。

首先，“国家代表性”是关键性的条件。《国家公园设立规范》（GB/T 39737－2021）中对国家代表性的定义为，应具有国家代表意义的自然生态系统或野生动植物聚集区且具有国家或全球意义的自然景观或自然文化遗产。

其次，“生态重要性”强调生态服务功能显著。国家公园生态区位极其重要，要求是能够维持大面积自然生态系统和大尺度生态过程的完整状态，地带性生物多样性极为富集，大部分的区域保持原始的自然风貌，或轻微受损经修复可恢复自然状态的区域。另外，虽然这一点的解释内容仅涉及自然生态的重要性，但从实质上说并未否定人文资源和文化遗产的保护重要性。无论是自然还是人文资源都是国家公园保护的范围。

最后，“管理可行性”强调自然资源资产产权、保护管理基础、全民共享等这些基础性条件，不仅能够体现国家立法、保护与管理，还充分考虑本土国情，着眼于土地与资源所有者的权益、地域广阔国家公园管理与运行成本、利益相关者之间的协调等现实问题，同时全民共享的基础条件与“全民公益性”的理念相互契合。

（二）国家公园设立标准的具体认定指标

“国家代表性指标”包括了三个指标，分别是“生态系统代表性”、“生物物种代表性”和“自然景观独特性”。“生态系统代表性”强调生态系统的类型和生态过程是中国的典型代表，可以支撑地带性生物区系，具体特征为该生态系统属于所处自然生态地理区的主体生态系统类型，或其大尺度生态过程在国家层面具有典型性，或属于中国特有的稀缺性类型。关于“生物物种代表性”给出的具体认定指标要求至少具有1种伞护种或旗舰种并具备良好的栖息环境，或特有、珍稀、濒危物种高度聚集并占所处自然生态地理区珍稀濒危物种的50%以上。珍稀、濒危物种及其栖息地的保护不是国家公园的关键目标，但具有国家象征的旗舰物种、伞护物种则是评估设立国家公园的重要参考指标[1]；“自然景观独特性”指的是具有中国乃至世界罕见的自然景观和自然遗迹，具备罕见的自然景观，或历史上长期形成的能够彰显中华文化文明的名川大山以其承载的自然和文化遗产，或典型的地质遗迹。

《国家公园设立规范》（GB/T 39737－2021）关于“生态重要性指标”的特征列举包括“生态系统完整性”、“生态系统原真性”和“面积规模适宜性”三个方面。其中，“生态系统完整性”和“面积规模适宜性”主要体现在其解释概念中“维持”“大面积”“大尺度生态过程”等用词上。也就是说，要求遴选为设立国家公园的生态区位应当具有充分、足够大的荒野面积（考虑西部与东中部不同的荒野条件确定国家公园的面积范围），且足以保证该大面积荒野的生态系统处于长期稳定的状态，例如，能维持种群生存繁衍、存在完整的食物链和迁徙通道，还应当完整地包括生态系统的全部物理环境要素、生境要素、生态过程的要素；而“生态系统原真性”则可以从荒野度和自然度两个的角度理解，即要求具有大面积未受人类控制和开发活动痕迹的高质量荒野特征，并且地带性生物的物种组成、种群和部落都属于原始的真实状态，生态系统以及物种演替处于稳定健康的状态。[2]

---

〔1〕 参见唐小平、蒋亚芳、赵智聪等：《我国国家公园设立标准研究》，载《林业资源管理》2020年第2期。

〔2〕 参见杨锐：《中国国家公园设立标准研究》，载《林业建设》2018年第5期。

最后，在“管理可行性”这一标准上，《建立国家公园体制总体方案》中对该项标准规定了“自然资源资产产权”、“空间用途管制”、“保护管理基础”和“国民素质教育潜力”四个指标；《国家公园设立规范》（GB/T 39737－2021）则规定了“自然资源资产产权”、“保护管理基础”和“全民共享潜力”三个方面。

在自然资源资产产权方面要求实现统一性的保护，自然资源权属为全民所有的范围应占据主体，或集体所有性质的自然资源可以通过一定措施满足管理国家公园可行性的目标。[1]目前我国国家级自然保护区内国有土地占主要比重，具有满足上述条件的可能性。同时集体土地占比较高的地区还可以通过土地赎买、生态征收、特殊地役权的方式实现设立国家公园的指标要求；“保护管理基础”既要求该区域的自然资源资产所有权能够由中央直接行使的权力，还包括人地和谐的要求，即人类活动对生态系统的影响处于可控状态，具体要求为原则上人类生产活动区域面积占比小于等于15%，人类集中居住区占比小于等于1%，核心保护区没有永久或明显的人类（有戍边等特殊需求除外）；“全民共享潜力”指标虽然不同于《建立国家公园体制总体方案》中的“国民素质教育潜力”，但其强调应同时符合自然本底价值和有效保护前提下的服务价值。[2]因此，其具体要求依旧包括了“国民素质教育潜力”的基本内涵。

（三）国家公园的设立流程（国家统一评估设立）

作为国家公园建设的第一道关卡，国家公园的设立是国家公园体制建设中十分重要的一环，因此确保设立工作的科学性、规范性、参与性十分必要。区别于设立自然保护地采取的自下而上的申报审批制，国家公园的设立程序采取评估认定制，由国家担任主导角色，组织评估认定

---

〔1〕参见《国家公园设立规范》第5.3.1条：“自然资源资产产权　自然资源资产产权清晰，能够实现统一保护，至少应符合以下1个基本要求：a）全民所有自然资源资产占主体；b）集体所有自然资源资产具有通过征收或协议保护等措施满足保护管理目标要求的条件。”

〔2〕参见《国家公园设立规范》第5.3.3条：“全民共享潜力　独特的自然资源和认为资源能够为全民共享提供机会，便于公益性使用，应同时符合以下基本特征：a）自然本底具有很高的科学普及、自然教育和生态体验价值；b）能够在有效保护的前提下，更多地提供高质量的生态产品体系，包括自然教育、生态体验、休闲游憩等机会。”

之后再批准设立。《国家公园设立规范》（GB/T 39737－2021）在详细规定国家公园的准入条件和具体评价指标后，对设立程序在包括遴选评估区域、科学考察评估、综合评价、社会影响评价、标准符合性认定、命名程序、编制设立方案、征求意见和审批设立等主要环节进行了规定，并由国家公园主管部门主导完成。这里主要介绍调查评价程序，其内容如下：

1. 确定评估区域

将拟设立国家公园的区域、按照山系、水域等生态系统或旗舰种栖息地的完整性、原真性、连通性，以现有 1 个或多个自然保护地为基础，连同周边具有生态保护潜力的区域确定为评估区。在此程序中，已有的规划方法在一定程度上具有可参考性，如国土空间规划、自然保护地发展规划、国家公园总体发展规划等。

2. 进行科学考察

科学考察的重要性体现在考察对象和考察方法的确定，前者强调将考察重点放置在自然资源与生态本底考察，同时对于与此相关的生物、地质、景观多样性以及美学和文化价值等也要纳入考察范围；而在考察方法上，要由专业的团队对备选区域进行实地调查，并且综合考虑自然、经济、政治社会等各方面因素。由此将收集的资料数据对比《国家公园设立规范》（GB/T 39737－2021）中的准入条件及其各项指标，对备选的区域边界进行初步的判定。

3. 进行综合评价，并同步开展社会影响评价

在对评估区域调查考察的基础上，分别从国家代表性、生态重要性、管理可行性这三方面进行分析论证，即备选的评估区域是否符合《国家公园设立规范》（GB/T 39737－2021）中规定的国家公园设立准入标准及其各项指标。在此基础上分析并撰写《国家公园符合性认定报告》。此外，还要同步开展社会影响评价，评估设立国家公园对当地经济以及社区的影响范围、领域、程度等，提出社会影响管理方案，编制《国家公园设立社会影响评价报告》。

4. 采取指标认证法作为符合性认定方法

除指标认证法以外，在对标准的符合性进行认定时，较为常用的就

是综合性评分法或与其类似、由其演变的其他方法。该类方法的弊端在于，以最终得出的综合分数作为依据而不论其中各项指标的具体符合性，即可能会出现某项具有不可替代性的指标为总分为零或极低，但其他指标得分较高后总分仍然符合性认定的总分要求的情况。[1]指标认证法则不会出现这种情况，在符合性认定上具有更高的要求和确定性。《国家公园设立规范》（GB/T 39737－2021）在对照各项指标进行符合性评价时，九项指标中，除“面积规模适宜性”、“保护管理基础”和“全民共享潜力”需要同时满足外，其他指标均允许二者择一符合才能对指标的符合性予以认定。而三个准入条件中“管理可行性”和“生态重要性”要求3项对应指标同时符合要求才能给予认定，“国家代表性”则是在符合“生态景观独特性”基础上对“生态系统代表性”或“生态物种代表性”二者任选其一符合即可。另外，《国家公园设立规范》（GB/T 39737－2021）还规定了评估认定的补救措施，即对于因科学考察不充分、报告不完善、评估范围划定不合理的评估区域，补充或修改后再行认定。

此外，《国家公园设立规范》（GB/T 39737－2021）和《国家公园法（草案）》（征求意见稿）还对国家公园的命名规则，并对编制设立方案的具体内容在附件中分章节列出，并作了具体说明；2022年，国家林草局与财政局联合出台了《关于推进国家公园建设若干财政政策的意见》为国家公园的设立提供了明确统一的财政支持政策体系。

二、国家公园设立制度存在的问题

目前，若对我国已经建立或正在试点的国家公园适应性进行评价，只有武夷山、湖北神农架、云南普达措三处试点的国家公园较为理想、适合。例如，从目前的试点经验来看，三江源国家公园具有大面积的保护水域，虽然试点国家公园意在保护水资源而建立，但是却存在大面积水域管理保护方面的难题，因此更加适合作为自然保护区，而非除保护

---

〔1〕 参见唐小平、蒋亚芳、赵智聪等：《我国国家公园设立标准研究》，载《林业资源管理》2020年第2期。

目的外还具有科考、游憩利用等功能价值的国家公园；大熊猫国家公园因其涉及三个省份四个片区，在统一高效的公共服务建设与管理问题上尚未得到具有借鉴意义的探索结果，更适合分片建设保护区和国家公园。[1]

总体来说，虽然国家公园的试点工作有所成就和经验积累，但是总体上并不顺利，试点成功率较低，已经正式挂牌的五个国家公园探索出具有可供复制推广的经验较为有限。究其原因，我国的国家公园建设仍然存在基础理论体系不完善、复杂国情与遴选标准难协调、实际考察不充分、建管模式有待探索等问题，尚待改进。

（一）基础性理论体系尚待完善

1. 保护第一和利用游憩的关系

如前所述，设立国家公园要"坚持生态保护第一"的理念，国家公园的首要任务是保护自然生态系统原真性、完整性，次要功能是兼具科学研究、教育、游憩等综合效用，要求对国家公园"实行最严格保护"。《建立国家公园体制总体方案》中还指出国家公园"属于全国主体功能区规划中的禁止开发区域"，这是否意味着设立国家公园将禁止进行开发利用呢？我国国家公园"保护第一"的理念内涵究竟为何，还需要对这一理念作出进一步的法律解释而非简单地作出政策化处理，或者说确定国家公园不同功能定位的权重和优先排序将更有利于发挥好这一理念在行政实践和司法推理中的作用，从而有利于处理好国家公园管理中面临的不同主体之间利益平衡的问题，同时为国家公园如何为公共大众提供观光、游憩、教育等服务提供理论支撑，促进国家公园体制建设的推进。[2]

2. 国家公园数量太少，与自然保护地体系的"主体地位"不符

有学者参考国家环境部曾发布的"生态县建设标准"中对受保护地区占陆地国土面积的比例要求，取20%计算"自然保护地"的面积，

---

〔1〕 参见吴殿廷、刘宏红、赵西君等：《国家公园建设的现实困境和突破路径》，载《开发研究》2022年第1期。

〔2〕 参见吴殿廷、刘宏红、赵西君等：《国家公园建设的现实困境和突破路径》，载《开发研究》2022年第1期。

大致为180（万平方千米）。也就是说，国家公园的总面积应该不低于90（万平方千米）才能符合“主体地位”的要求。目前中国现有的国家公园，无论在数量上还是在面积上都与国家公园在自然保护地体系中的“主体地位”相差甚远。[1]

（二）国家公园权属争议问题难以解决

国家公园的权属问题与“管理可行性”这一国家公园设立标准相对应，具体为其具体指标“自然资源产权”所要求的内容，即要求自然资源全民所有占主体地位或集体所有通过征收等方式可以实现设立目标。这一点在《建立国家公园体制总体方案》和《国家公园法（草案）》（征求意见稿）中均有所强调，但二者以及国家权威机关随后的政策解读并未对“主体地位”的具体内涵作出进一步的详细解读。全民所有占据主体地位的内涵已无争议，但集体所有的自然资源达到实际控制意义上的主体地位是否符合上述要求未置可否。因此，理论界和实务界对国家公园主体地位的实质内涵产生了较大的分歧。若一味地强调实际数量上的集体所有自然资源，则只能在不变更土地所有权的基础上通过征收方式将集体变为国有。若对实际数量上的集体所有自然资源进行弱化，则可以通过不改变集体土地所有权而通过取得或限制土地使用权的方式，实现实质意义上服务于国家公园的建设。[2]然而在建立自然保护区的法律实践中，征收征用、赎买、置换、租赁以及相邻关系等制度手段，都存在与国家公园建设需要不相契合的弊端。例如，武夷山国家公园内经济型产业大多与茶叶相关，但是如果将土地收归国有或以耕地置换茶园，不但严重破坏地方经济发展和产业结构，还会使当地居民丧失传统生活的基础，破坏原生生态的完整性；征收无法充分地反映人民群众的意志和利益，容易激化社会矛盾、引发群体性事件；土地置换的目的是将集体土地从核心区转移到国家公园外围，但外围土地往往在经济价值和生态感受等方面劣于待置换土地，使

〔1〕参见吴殿廷、刘宏红、赵西君等：《国家公园建设的现实困境和突破路径》，载《开发研究》2022年第1期。

〔2〕参见秦天宝：《论国家公园国有土地占主体地位的实现路径——以地役权为核心的考察》，载《现代法学》2019年第3期。

当地居民缺乏积极参与置换的经济动力。[1]然而，很多自然保护区内存在大量的集体所有的自然资源资产，设立国家公园对集体土地权利限制的需求又在不断增长，土地权属问题是完善国家公园设立制度的前提和基础，亟待解决。

（三）生态系统“原真性”与“完整性”评价指标有待完善

《建立国家公园体制总体方案》明确提出国家公园的建设“以加强自然生态系统原真性、完整性保护为基础”。《国家公园设立规范》（GB/T 39737－2021）又将“生态系统原真性”与“生态系统完整性”作为“生态重要性”这一准入标准的具体性指标，并阐明其含义。可见，生态系统原真性、完整性的概念逐渐得到明确。然而，正如有学者指出：国家公园的设立评估所面临的是十分复杂的系统，不仅包括自然生态系统本身，还包括承载自然生态系统的地质背景、地理环境及其所产生的景观或审美认知，乃至人类社会的遗迹与现今社会文化背景下的公众对价值的认知等。生态系统原真性与完整性尚未形成相对系统的指标体系予以评价，然而国家公园的设立、保护与管理体系的建立都需要以此目标为起点。仅以目前的概念性规定作为参考，难免显得有些捉襟见肘。

（四）国家公园设立阶段的社会参与制度尚未建立

从国家公园设立制度的立法层面看，在国家公园设立过程中，公众参与法律制度尚未建立。《国家公园法（草案）》（征求意见稿）中强调“公众参与”的部分主要在国家公园的保护管理制度、国家公园经营性项目特许经营制度、国家公园的监督与社会服务机制当中。针对国家公园评估设立阶段利益相关者的参与机制，《国家公园法（草案）》（征求意见稿）仅在第40条中作出了概括性的规定，国家公园管理机构应当积极吸纳社区居民、专家学者、社会组织等参与国家公园的设立、建设、规划、管理、运行等环节，以及生态保护、自然教育、科学研究等领域，并接受社会监督。从这一条规定的性质来说并非属于强制性的规

---

〔1〕 参见冯令泽南：《自然保护地役权制度构建——以国家公园对集体土地权利限制的需求为视角》，载《河北法学》2022年第8期。

定，且公众或利益相关者参与的权利并未得到立法层面的明确。

第三节 国外国家公园设立制度借鉴

世界各国在其发展过程中都逐渐建立了国家公园制度。在设立背景、设立理念、功能定位、准入标准以及设立程序上都存在一定差异，更多地适应其国内本土经济、政治、社会文化特征。其中，作为国家公园起源地的美国，率先提出了国家公园理念并建立了第一个国家公园——黄石国家公园；而在亚洲范围内，日本则是最早建立国家公园的国家。因此，在域外经验的考察部分，本书拟选择美国和日本这两个国家，通过梳理二者的国家公园设立实践，重点在设立现状、设立标准、土地权属这几个方面进行比较，以期能够为我国国家公园设立制度提供借鉴。

一、美国国家公园设立制度

（一）美国国家公园的设立现状

美国是全球最早设立国家公园的国家。早在 1916 年，美国就设立了国家公园管理局，并由此开启了国家公园规范化、系统化管理的新时期。总结来说，美国国家公园设立现状概括来说包括以下几点：第一，种类众多，既包括自然资源型国家公园，也包括以历史军事文件为主题类的国家公园。第二，自然资源为主体的国家公园和国家保留区占国家公园体系的主要面积。第三，到访率非常高，体现了“人民公园”的亲民理念。1995 年到访记录高达 26.1%，意味着该年内每四个美国人就有一人到访过美国的国家公园。第四，国家公园体系日趋成熟完备，兼顾自然保护、游憩休闲、教育科学等功能价值的实现。

（二）美国国家公园内的设立标准

美国国家公园管理局依据科学的准入条件进行国家公园的设立筛选。其设立标准主要包括四项，分别为国家重要性（national significance）、适宜性（suitability）、可行性（feasibility）和国家公园管理局的直接管理。可见，美国与中国在设立标准的规定上相同之处首先在于，均是对资源属性、特征等进行设定。从标准内容上来说，“国家重要性”、“适宜性”和“可行性”与我国设立国家公园的准入标准以及各项指标较为相似，在此不做赘述。[1]较为特殊的是第四项“国家公园管理局的直接管理”：美国国家公园体系已经发展至将近400家单位，对于国家重要的遗产覆盖已经相对饱和，也因此在管理上人力、物力、财物支撑上都接近极限。而美国民间组织和保护机构也为多元化的美国国家资源保护方式提供了重要的条件。因此，从20世纪80年代起，美国国家公园管理局意识到了合作的重要性，并在准入条件中规定：除非经过评估清楚地表明候选地由美国国家公园管理局管理是最优的选择，别的保护机构无法替代国家公园管理局进行管理，否则国家公园管理局会建议该候选地由一个或多个上述保护机构进行管理。[2]

（三）美国国家公园的土地权属制度

在美国，将近60%的土地为私人所有，私人土地上存在完整的生态系统，大量的湿地同样属于私人所有，一些濒危物种只存在于私人土地上。基于这些现实情况，在国家公园的建设实践中，美国同样面临着生态系统上连续的土地资源和权属不一之间的矛盾，这与我国当下面临的问题和需求相契合。美国“保护地役权制度”就由此催生的，国家公园管理局获得国家公园全部土地的完整产权和充分支配权，采取混合权属的处置模式，即土地所有权分为联邦所有或私人所有，同时设置保护地役权限定土地利用方式和强度。[3]其特点在于“保护地役权”的设立是

---

〔1〕 参见美国国家公园设立的四项准入标准中的三项的具体内涵为：（1）国家重要性，指的是某一特定资源类型的杰出范例；在展示和阐述国家遗产的自然或文化主题时，具有突出的价值和品质；为公共游憩或科学研究提供了极好的机会；是一种资源真实、准确且未遭破坏的范例，并且保持了高度的完整性。（2）适宜性，指的是这项标准要求候选地所代表的自然或文化资源已经在国家公园体系中得到充分反映，且候选地所代表的资源类型没有在其他联邦机构、印第安部落、州、地方政府和私人机构的保护体系中得到充分反映。（3）可行性，指的是该标准需要具备两个条件：包括候选地要具备足够大的规模和合适的边界，以保证其既能得到持续性保护，也能为人们提供享用国家公园的机会；并且，美国国家公园管理局可以通过合理的经济代价对候选地进行有效保护。

〔2〕 参见吴丽云、常梦倩：《国家文化公园遴选标准的国际经验借鉴》，载《环境经济》2020年Z2期。

〔3〕 参见张晏：《国家公园内保护地役权的设立和实现——美国保护地役权制度的经验和借鉴》，载《湖南师范大学社会科学学报》2020年第3期。

一种民事行为，主观要求当事人有合意，客观上不需要需役地存在、地役权人与受益人相分离，在供役人不放弃所有权的前提下，对未来的土地开发进行限制，以保障社会公众或生态保护的需要，并希望通过金钱奖励、税收减免抵扣等方式换取私人土地持有者履行相应的环境保护义务。[1]

二、日本国家公园设立制度

（一）日本国家公园设立现状

日本是一个资源匮乏、山地较多、自然灾害频发的国家，这促使其政府长期推行绿色经济理念，也是最先在亚洲设立了国家公园制度的国家。但是，日本的国家公园建设经历了从重视经济效益、重视开发利用到重视生态效益、重视保护管理的转变过程。在体系上，日本根据自然景观的典型性与原始性将其分为国立公园、国定公园和都道府县立公园三类。其中，与国家公园的概念相对应的是国立公园，指的是具有全国代表性乃至全球范围内都值得称赞的自然风光胜地（包括海洋景观）。目前，日本已经在本国建立了 34 处国立公园、56 处国定公园、311 处都道府县立公园，分别占日本国土面积 5.8%、3.7% 和 5.2%。[2]

（二）日本国家公园的设立标准

日本在 1957 年制定的《国家公园法》中除对自然公园体系的分类加以明确外，还分别规定了入选标准。具体来说，国立公园在景观资源的典型性、代表性、面积范围、自然性上的入选标准最为严格；其次为国定公园，并且二者在利用性、当地居民参与性以及分布状况不予考虑的准入条件上相同。景观资源标准最低的都道府县立自然公园，能够代表地方的自然风景是唯一的要求内容，对其他方面都不做要求。[3]

---

〔1〕 参见冯令泽南：《自然保护地役权制度构建——以国家公园对集体土地权利限制的需求为视角》，载《河北法学》2022 年第 8 期。

〔2〕 参见张志忠、张谊佳、李秀英：《日本国家公园保护管理观察》，载保护地平台 2020 年 7 月 13 日，http：//www. cnnpark. com/sf_D81D110744244DEFBA57ABDA7DAC4B9E_298_3E73A776606. html。

〔3〕 参见金荣、苏岩：《以国家公园为主体的日本自然公园建设均衡性研究》，载《中国园林》2021 年第 11 期。

（三）日本国家公园的土地权属制度

截至2017年，日本国立公园的土地所有权构成为国有土地占比60.2%、公有土地所占比例为12.8%、私有土地为26.0%、所有权不明的土地为0.3%，另有部分土地属于神社等宗教组织而无法统一实行管理。可见，日本的国家公园的土地权属构成较为复杂，尤其是具有大量的私有土地。因此日本在此情况下实行“地域制”，即不论土地权属情况而一律按照《自然公园法》中明确规定的唯一标准设立三类自然公园，在规范化的框架下对国家公园的设立范围进行划定和审核，并依据国家公约的目标和功能价值，从兼顾“严格保护”和“合理利用”的角度对自然公园实行阶梯式分区管理，这无疑大大地缓解了日本复杂分散的土地权属带来的不利情况。[1]

第四节 完善我国国家公园设立制度的对策

一、进一步完善国家公园设立制度的基础性理论

（一）“保护游憩”和“保护第一”

综观世界各国设立国家公园的功能排序，美国国家公园保护理念的演变经历了从“conservation”到“preservation”的转变，前者更加强调最大程度上给予保护，后者则强调兼具“保护”（protection）与“合理的利用”（rational use）自然资源，也即西方环境保护领域与运动中所倡导的“保育”（conservation）理念。[2]相关的解释和争议仍未有定论，但这一改变似乎使美国国家公园相关立法采用“双重功能”的授权模式，试图在保育和享用之间取得平衡；[3]英国、澳大利亚、新西兰则明确当保护和利用存在不可调节的冲突时赋予“保护”更高的权重；日本

〔1〕 参见杜文武、吴伟、李可欣：《日本自然公园的体系与历程研究》，载《中国园林》2018年第5期。

〔2〕 参见张玉钧：《国家公园理念中国化的探索》，载《人民论坛·学术前沿》2022年第4期。

〔3〕 参见马允：《论国家公园“保护优先”理念的规范属性——兼论环境原则的法律化》，载《中国地质大学学报（社会科学版）》2019年第1期。

则是在早期设立阶段更加强调“休憩利用”而非“自然保护”，直至在经济开发利用过程中才逐渐有所转变。

而我国虽然《建立国家公园体制总体方案》规定“国家公园属于全国主体功能区规划中的禁止开发区域”，但从国家公园制度构建中作出的特许经营性等制度规定可以看出，此处的禁止开发并非绝对的禁止开发利用，更大程度上也兼具着保护和合理利用的理念核心。虽然上位法《环境保护法》中规定了“保护优先”原则，但其规制的对象是有关的环境行为，保护对象是环境，即当存在冲突时对环境的保护行为应当优先于对环境的开发利用行为。而国家公园具有其特殊性，对于“保护第一”的理解还应当从国家公园本体概念和功能目标出发，即坚持保护第一的本质目标，同时在合理的范围内实现功能目标，即科研文化、游憩利用等价值。[1]

（二）实现国家公园主体地位的思路借鉴

从目前的设立情况来看，国家公园的设立数量和面积无法满足其在自然保护地体系中的主体地位。有学者提出此问题的解决方法分为两方面：一是调整说法，对自然保护体系的“主体地位”重新定义，表述为“典型性”、“国家代表性”或“最高要求”等。二是增加国家公园的数量。该学者认为调整国家公园遴选的标准虽然明确，但是具体操作性不强，基于世界遗产地与国家公园的内涵之间存在联系，因此“完全可以从世界遗产地或备选名录地中选择国家公园建设地，参考美国就在所有的自然资源、双遗产地上建立了国家公园”。[2]目前中国已有14项世界自然遗产，4项自然和文化遗产，都是具备国民认可度以及世界影响力的遗产地，并且具有非常高的保护、观赏等价值，在设施和服务等方面较为满足管理可行性的标准。可以说，这一建议具有一定的合理性，既能使国家公园的遴选设立上不受制于固定的比例要求，又能进一步推动国家公园的遴选设立进程。当然，从现

---

〔1〕参见张琪静：《论国家公园“保护优先”原则》，载中国法学会环境资源法学研究会2019年年会论文。

〔2〕参见吴殿廷、刘宏红、赵西君等：《国家公园建设的现实困境和突破路径》，载《开发研究》2022年第1期。

行规范的角度出发，若从世界遗产地或备选名录地中选择设立国家公园仍然应当参考遴选标准及其指标进行评估。并且，《国家公园设立规范》（GB/T 39737 - 2021）以及相关立法仍应当进一步完善国家公园遴选的标准，增强其操作性和统一性。

二、国家公园权属问题的解决路径

传统的地役权理论适用于国家公园实践存在着理论障碍：一方面，限制集体土地是为了契合建设国家公园的整体需要，并非供役地为满足需役地的利益而在其上设立地役权，即设立国家公园的土地不存在传统地役权关系下的需役地或者供需关系；另一方面，民法中地役权调整的是平等主体之间的关系，并不适合一方主体为国家公园管理机构等行政机关的情形。因此，有必要创设新型的地役权制度——自然保护地役权。在此问题上，有学者主张借鉴法国的“行政役权”模式，对传统的地役权制度进行发展，允许为公益或地方的需求而设立役权，在不动产上负担作为或不作为的义务，由行政法来详细地规定其设立和运行制度。由此来看，法国模式更为适合我国国情。而我国在立法模式的选择上，由于《民法典》短时间内增删难度较大，以行政法和环境保护法共同作为规范载体的路径较难实践，同时也不利于民法固有体系的稳定性，因此主张在立法模式上主张借鉴美国，即依托环境单行立法的模式来规定自然保护地役权制度。[1]此外，我国虽然与日本的土地私有制不同，但都在国家公园建设实践中面临着土地产权与使用权主体不同的难题。因此，也有学者认为，我国可以借鉴参考日本的地域制自然公园制度，通过指定特别保护区等方式达到保护自然的效果，并兼顾自然保护与开发利用，再由政府主导制定并实施符合当地经济和环境等具体情况的相关支持政策。[2]日本“地域制”中的统一区划与适应性分级管理无

---

〔1〕参见冯令泽南：《自然保护地役权制度构建——以国家公园对集体土地权利限制的需求为视角》，载《河北法学》2022年第8期。

〔2〕参见丁红卫、李莲莲：《日本国家公园的管理与发展机制》，载《环境保护》2020年第21期。

疑对我们具有重要的参考价值。

三、进一步明确设立国家公园的设立评价体系

尽管《国家公园设立规范》（GB/T 39737－2021）为国家公园的设立提供了关键的准入条件及各项指标的模型，但是依旧存在可操作性不强的问题，亟须根据实践中的具体需要出台相关“办法”。中国科学院虞虎、钟林生团队构建的6个关键指标的综合评价模型，提出“全局评价、类型比较”的渐进式评价方法，初步遴选出了55处可以重点考虑建立陆地型国家公园备选潜在区域，具有很大的参考意义。[1]此外，在结合国情和与国际接轨的同时，设立标准还需要考虑众多指标特征，需要明确科学技术方法，有学者提出构建将认定指标分级细化、从而分析国家公园原真性和完整性的评价指标体系。一级指标决定评价的基本维度，二级指标举例说明重要的定位对象以及运用的具体方法，例如，在判断国家公园原真性时，可以利用遥感影像的判别、检测、制图、模拟、田野调查、历史数据分析等方法，记录极端天气出现频率、雪线林线高度变化量等指标，从而对天气变化强度和人类干扰程度等一级指标。

四、完善设立国家公园的社会参与法律制度

国家公园的设立理念之一就是全民共享理念，而目前立法层面尚未完善在国家公园设立过程中的社会参与法律制度。“国家公园法”应当保护利益相关者就国家公园的设立行使其知情权、参与权或相关决策权。具体到各个国家公园条例，应当完善社会参与机制的具体内容，构建完整的社会参与制度体系。其中，应当针对利益相关者尤其是涉及居住生活的当地居民和社区居民，规范已有的信息公开和利益表达渠道，建立及时便捷的意见表达新方式，尽可能地降低利益表达的成本和烦琐

---

〔1〕参见虞虎、钟林生：《基于国际经验的我国国家公园遴选探讨》，载《生态学报》2019年第4期。

程序，促进公众积极地表达其诉求。[1]另外，可以参考法德的经验，在广泛地征求涉及区域内各个部门等利益相关群体意见的同时，调动某些专门性的组织机构的力量，如法国的鸟类保护协会积极地参与国家公园设立和管理。

〔1〕 参见徐清霖：《国家公园设立与运行制度研究——以利益分析为视角》，武汉大学2020年硕士学位论文。

第五章　国家公园分区管控制度

第一节　国家公园分区管控制度概述

一、国家公园分区管控的概念

“分区”最先应用于地理学领域，久而久之，城市规划管理领域也出现了“分区”的概念，后来“分区”在大范围内被重点探讨。在词典中，“分区”的意思是“经过划分或组织形成区”。基于此，分区管控可以理解以某种特定的需求为基础划分其范围，继而形成相对的区域或者组织并进行具体管理。[1]分区管控的意义在于同时达到严格保护国家公园与合理利用国家公园的双重目的，这项基础制度还能为原住居民发展权益提供有效保障。[2]

作为空间治理的重要手段，分区管控以该区域范围内环境资源承载能力、国土空间开发程度等为依据，划分出不同的管理单元，在划分区域时依据的要求不同，所以各个区域的行为、目标等均存在差异性，也需要实施差异化管理。

---

〔1〕参见林欣：《国家公园分区管控法律问题研究》，西北大学2022年硕士学位论文。

〔2〕参见赵智聪、彭琳：《国家公园分区规划演变及其发展趋势》，载《风景园林》2020年第6期。

目前，自然保护地体系正广泛使用分区管理，与此同时，在国家公园管理过程中，分区管理也已成为至关重要的一部分。国家公园分区管控即以特定的需求为依据，科学合理地划分国家公园区域内的资源特征、人为活动以及管理目标等，继而差异化管理各个区域。

二、国家公园分区管控的特征

在国家公园建设中，分区管控扮演着不可或缺的角色，发挥出至关重要的作用，其主要特征有以下几方面：

（一）分区管控区域差异化

对特定范围进行划分，分出不同的管控区，继而确定各个管控区的管理目标。例如，美国黄石公园将国家公园划分出原始自然保护区、特殊自然保护区、公园发展区、特别使用区四部分。[1]其中，原始自然保护区与特殊自然保护区的主要作用是为生态资源的完整性以及原始性提供保护，公园发展区与特别使用区则是为游客提供游憩空间或为研究人员提供研究空间与资源。不同区域对应着完全不同的发展需求，所以不同区域中的环境保护程度、资源开发程度等均具备不同的侧重点，需要在合理分区的基础上实现差异化管控。

（二）分区管控功能系统化

功能系统化主张将国家公园视为一个整体，然后在内部进行划分，继而分出不同功能的区域，促使这些区域互相配合、彼此促进，以实现整体的高效发展。在具体实践中，不少国家公园的建设均十分重视不同生态系统所具备的功能：如三江源国家公园充分考虑其地理位置特点，专门划分出一个传统利用区重点发展畜牧业；大熊猫国家公园的主要功能是保护国家重要的动物资源，其在区域内部划分出核心保护区，为大熊猫的生存、繁育等提供相应保障，而那些鲜少有大熊猫活动的区域主要用于居民的生活与生存，如此，各个区域能彼此协调、相互配合，进一步实现国家公园整体生态系统的保护。

---

〔1〕 参见易娱竹：《从黄石公园看美国国家公园管理》，载《中华建设》2014 年第 11 期。

（三）分区管控主体多元化

根据上述内容可知，国家公园同时具备科研功能、游憩功能、教育功能等，所以其管理必定涉及诸多主体，主要包括以下几个：

1. 政府

国家公园由国家依照相关法律设立，且日常管理工作也由国家进行，所以政府与国家公园息息相关，同时政府也是生态系统保护的发起者、执法者、监督者等。同时，政府也是分区规划中的主导者和利用者，制定方针政策来推进整体的布局建设，在各个分区内进行不同的管控措施，推进国家公园的日常管理工作。政府得到全民授权来管理国家公园，应当对当代人及子孙后代负责。由于分区主体的多元化，政府还是不同利益主体之间的协调者：原住居民与旅游者、政府与原住居民、旅游者与经营者之间存在各种利益冲突，此时政府的协调和控制作用就必不可少。

2. 原住居民

国家公园的原住居民是指在国家公园建设以前就已经该区域进行长久的生产生活的居民，一方面他们依赖国家公园的生态环境和生态资源生存，另一方面他们对资源的开发利用也会影响国家公园的整体管理和建设工作。基于此，国家公园在建设期间必须高度结合生态保护与民生改善，实现人与自然的和谐共生。[1]

3. 企业（经营者）或者个体工商户

企业（经营者）或者个体工商户是在国家公园的传统利用区中向旅游者提供多样化的旅游产品的团体或者个人。不仅为旅游者游玩赏乐提供方便，有助于国家公园游憩功能的实现，还为政府扩大了财政的收入来源，便于有充足的资金对国家公园实行管理。

4. 游客

国家公园具有公益属性，必然会涉及进入公园游玩的游客，游客也是国家公园经济和生态效应的直接相关者。国家公园中与旅游相关的产品和服务必须按照旅游者的需求来设立和提供，国家公园管理中涉及问

〔1〕参见华宁：《国家公园里的原住居民》，载《林业建设》2018 年第 5 期。

题的监督同样也需要旅游者来提出反馈和回应。[1]国家公园建设的最终目标是在实现生态保护的同时为人类提供游憩空间，所以一定要平衡生态环境保护功能与游憩功能之间的关系。

三、国家公园分区管控制度的理论基础

（一）保护生态系统原真性原则

建设国家公园最重要目的，便是维持自然环境的原真性和完整性，对于国家公园的分区管控亦是如此。管理的最终目的就是实现保护。但是由于我国试点实践中出现了各国家公园分区标准不统一、各分区立法规定不充分等问题，也使国家公园的保护和发展出现不平衡以及滞后发展的现象。所以，保护生态系统原真性、完善国家公园分区管控制度，对实现发展的和谐性有重大意义。因此，在进行国家公园分区时，可以根据内部的生态资源分布以及河流、道路的走向等进行，保证生态系统的完整性；此外，还可以根据园区内人为干扰的程度、生态功能监测的数据等进行区分，对于人为干扰强但生态功能弱的地方划分为核心区。[2]

（二）差异化管理理论

差异化管理强调多元化目标的管理，具体是对研究对象进行划分，在划分出不同区域后实行不同的管理措施，继而实现多样化管理。国家公园相当于一个复杂的生态系统，其涵盖范围之广，所以国家公园的管理不能只对生态环境加以保护，同时也要重视对各类资源的合理使用。具体就是国家公园要依据保护或者利用的功能进行划分，综合考虑生态的价值、资源保护的难度、原住居民的环境依赖性等因素，从而采取有针对性的管理措施。差异化管理不仅要充分满足多元化目标，同时要加强不同要素之间的联系，确保各要素之间独立且统一。这样的管理模式具备两大优势，一是可以充分应对生态系统的复杂性，二是能实现不同

---

〔1〕 参见李霞：《美国、加拿大等国家公园游客管理体系及启示》，载《福建林业科技》2020年第1期。

〔2〕 参见张俞、张智光：《我国国家公园的建设经营与分区管理模式分析》，载《经营与管理》2022年第1期。

区域内管理的高度协调，达成区域管理的统一。

（三）利益相关者理论

根据利益相关者理论，环境保护与治理需要多方主体相互配合、彼此促进。国家公园的管理同样如此，其管理涉及政府、游客、企业者以及原住居民这些主体，它们之间的利益需求存在一定差异，继而有可能形成复杂的利益关系。基于此，为促使各方主体利益达到平衡，需要国家在管理国家公园期间进行分区管控，以不同利益主体的实际需求为基础划分区域，不同的利益主体对应不同的区域，既能满足它们的实际需求，又能提升治理水平，最终达成共赢的目标。

第二节 国家公园分区管控制度现状及问题

一、国家公园分区管控制度的现状

目前我国并未针对国家公园形成专门的法律体系，与国家公园体制改革相关的制度基本上仅存在于一些地方立法、政策文件以及国家公园试点中，由此本书以当下正在实行的政策文件、地方立法以及正在进行中的试点实践为依据，对国家公园分区管控制度加以梳理。

（一）政策文件

2013 年至今，我国颁布了许多关于国家公园的政策性文件（见表 5－1）。党的十八届三中全会通过的《中共中央关于全面深化改革若干重大问题的决定》是与“国家公园”相关的第一部官方文件，其以党中央在我国自然保护中的历史工作经验为基础，对其他国家在国家公园工作中的成熟经验加以借鉴，是以我国生态环境的可持续发展为核心提出的重大决策。

表 5－1 国家公园政策性文件

序号	时间	内容
1	2013 年 11 月	首次在官方文件中出现：党的十八届三中全会通过的《中共中央关于全面深化改革若干重大问题的决定》中提出要“建立国家公园体制”

续表

序号	时间	内容
2	2015 年 5 月	《发展改革委关于 2015 年深化经济体制改革重点工作的意见》：9 个“国家公园体制试点”工程
3	2015 年 9 月	《生态文明体制改革总体方案》
4	2016 年 8 月	中办、国办印发的《国家生态文明试验区（福建）实施方案》
5	2017 年 7 月	中共中央办公厅国务院办公厅印发《建立国家公园体制总体方案》
6	2019 年 6 月	中共中央办公厅、国务院办公厅《关于建立以国家公园为主体的自然保护地体系的指导意见》
7	2021 年 10 月	习近平出席《生物多样性公约》第十五次缔约方大会领导人峰会并发表主旨讲话
8	2022 年 3 月	国家林业和草原局发布了《国家公园管理暂行办法（征求意见稿）》，向社会公开征求意见

2015 年，9 个“国家公园体制试点”工程计划在 9 个省份落实到位。[1]《生态文明体制改革总体方案》明确指出要大力支持国家公园体制建立，同时指导试点工程的实施，在实践过程中以实践经验与成果为依据制定国家公园体制的总体方案。[2]2016 年，《国家生态文明试验区（福建）实施方案》提出要进一步改革森林公园、自然保护区、风景名胜区等，形成一种以生态保护为目的且能进行统一管理与规范管理的国家公园保护管理模式。[3]2017 年，《建立国家公园体制总体方案》明确规定要将国家公园生态保护置于首位，促进生态环境治理体系和治理能力现代化。同时还提出在今后 3 年内围绕国家公园制定分级统一的管理

---

〔1〕 根据《发展改革委关于 2015 年深化经济体制改革重点工作的意见》，国家拟在北京、吉林、黑龙江、浙江、福建、湖北、湖南、云南、青海开展建立国家公园体制试点。

〔2〕 参见中共中央、国务院《生态文明体制改革总体方案》。

〔3〕 参见中共中央办公厅、国务院办公厅《国家生态文明试验区（福建）实施方案》。

体制，并在2030年之前逐步实现该分级统一管理体制的全面完善，进一步提升保护管理效能。[1] 2019年，《关于建立以国家公园为主体的自然保护地体系的指导意见》指明要围绕国家公园积极创建自然保护地体系，为具备一定代表性的范围较大的自然生态系统提供保护，继而加强自然资源的利用率，从而创建出能代表中国、受中国国民认同且能在全球范围内产生一定影响力的国家公园。[2] 2021年，习近平主席在《生物多样性公约》第十五次缔约方大会领导人峰会中发表讲话，指明加快构建以国家公园为主体的自然保护地体系，逐步在国家公园体系中融入自然生态系统中独特性最强、重要程度最高、自然遗产精华、生物多样性富集的区域。[3]

2022年，《国家公园管理暂行办法（征求意见稿）》面向全社会公开征求意见，其中第16条规定“国家公园应当根据功能定位进行合理分区，划分为核心保护区和一般控制区，实行分区管控”；第17条中提出“核心保护区允许进行部分活动，尤其是针对那些无法在短时间内搬离保护区的原住居民，允许其进行生产生活”，这足以说明国家正全力实现生态环境保护与民生保障的高度统一。

综上可见，自2013年起10年间我国始终将国家公园的建设置于首要位置，这也在一定程度上说明我国非常重视生态文明的建设，决心要提升自然生态系统保护水平。

（二）地方立法

为加强国家公园的管理，相关地方出台了5部地方性法规[4]和2部地方政府规章，这些地方性法规都基于宏观政策的指导，根据地区的实际情况与特殊情况创建出相应的分区管控制度。以下将针对出台的7部

---

[1] 参见中共中央办公厅、国务院办公厅《建立国家公园体制总体方案》，2017年9月26日发布。

[2] 参见中共中央办公厅、国务院办公厅《关于建立以国家公园为主体的自然保护地体系的指导意见》。

[3] 参见《习近平在〈生物多样性公约〉第十五次缔约方大会领导人峰会上的主旨讲话》，载中国政府网，http://www.gov.cn/xinwen/2021-10/12/content_5642048.htm。

[4] 参见五部地方性法规分别为：《云南省国家公园管理条例》《武夷山国家公园条例（试行）》《三江源国家公园条例》《神农架国家公园保护条例》《海南热带雨林国家公园条例（试行）》。

地方立法在分区管控方面进行比较与分析。

在“一园一法”思想的指导下，各个国家公园地方立法全面探索了分区管控制度，继而以此为基础创建出地方特色显著的分区管控制度（见表5－2）。

表5－2　国家公园地方立法规定的分区管控制度

序号	国家公园地方立法	功能分区及分区管控制度
1	《云南省国家公园管理条例》（2015年）	严格保护区、生态保育区、游憩展示区、传统利用区
2	《武夷山国家公园条例（试行）》（2017年）	特别保护区、严格控制区、生态修复区、传统利用区
3	《神农架国家公园保护条例》（2017年，2019年修正）	严格保护区、生态保育区、游憩展示区、传统利用区
4	《三江源国家公园条例》（2017年，2020年修正）	核心保育区、生态保育修复区、传统利用区
5	《海南热带雨林国家公园条例（试行）》（2020年）	核心保护区、一般控制区
6	《山东省国家公园管理办法》（2021年）	核心保护区、一般控制区
7	《四川省大熊猫国家公园管理办法》（2022年）	核心保护区、一般控制区

就整体而言，划分出4个区域的有云南省国家公园、武夷山国家公园以及神农架国家公园；划分出3个区域的仅有三江源国家公园；海南热带雨林国家公园、山东省国家公园以及大熊猫国家公园均划分出核心保护区与一般控制区2个区域。就部分而言，传统利用区的出现频率较高，存在于云南省国家公园、武夷山国家公园、神农架国家公园、三江源国家公园中；云南省国家公园、神农架国家公园以及三江源国家公园也都划分了生态保育区或生态保育修复区。根据制定时间可知，云南省国家公园最先制定管理办法，大熊猫国家公园制定的时间最晚。根据国家公园的名称可以看出，仅有一个国家公园以省份命名，其余都仅突出了地域或物种名称。

（三）试点实践

目前我国已有十个地区进行了国家公园试点建设。[1]我国于2021年10月正式设立的首批国家公园的覆盖面积在23万平方千米左右，为陆域中大约30%的国家重点保护野生动植物提供保护。[2]

试点国家公园重点考虑空间布局的科学性、功能分区的明确性，重视自身的功能定位与管理目标。在对国家公园分区管控制度的“理想架构”进行探究之前，首先要对试点国家公园现阶段的分区情况进行全面了解。现对10个试点国家公园的分区现状及其管理目标分别予以梳理，具体分区情况如表5－3所示。

表5－3 各试点国家公园的分区状况

序号	国家公园试点	分区状况
1	海南热带雨林国家公园	传统保护区、一般控制区
2	祁连山国家公园	
3	大熊猫国家公园	
4	南山国家公园	
5	三江源国家公园	核心保育区、生态保育修复区、传统利用区
6	普达措国家公园	严格保护区、生态保育区、游憩展示区、传统利用区
7	武夷山国家公园	特别保护区、严格控制区、生态修复区、传统利用区
8	神农架国家公园	严格保护区、生态保育区、游憩展示区、传统利用区
9	东北虎豹国家公园	核心保护区、特别保护区、恢复扩散区、城镇安全保障区
10	钱江源国家公园	核心保护区、生态保育区、游憩展示区、传统利用区

〔1〕参见这十个国家公园分别是三江源、东北虎豹、大熊猫、祁连山、神农架、武夷山、钱江源、南山、普达措和海南热带雨林国家公园。

〔2〕参见《习近平：中国正加快构建以国家公园为主体的自然保护地体系》，载中国政府网，http：//www. gov. cn/xinwen/2021－10/12/content_5642049. htm。

10个国家公园体制试点地区均重点考虑国家公园的总体规划与专项规划，对不同类型的自然保护地加以整合，同时划分出碎片化管理区域并成立专门的管理机构，以更好地进行功能分区分类管理。

海南热带雨林、祁连山、大熊猫、南山这4个国家公园对园区作出简单划分，仅包括传统保护区与一般控制区，其余试点单位均相继在园区内进行细致划分。

1. 形式上分析

从试点情况来看，所有的国家公园都以功能分区为基本管理制度，种分区模式存在一个共同的特点，即均划定了关键区域，虽然这些关键区域的称呼不一，包括严格保护区、特别保护区以及核心保护区等，然而这些均代表园区内人为管控力度最大的地方，反映了人们对这部分区域生态系统保护的高度重视。

在国家公园里，传统利用区的数目最多，半数试点国家公园设立了该区域，这意味着国家公园一方面强调保护生态环境，另一方面注重满足民众生产和生活的基本需求。同时，尽管部分国家公园的称谓相同，然而其内涵却大相径庭，这是由于当前缺乏国家层次的立法，导致上述公园只得按照《关于建立以国家公园为主体的自然保护地体系的指导意见》，根据当地的实际情况设置具备特色的公园功能分区。

例如，《三江源国家公园条例》里面的传统利用区明确了该地区畜牧业长远平稳发展的方向和要求，指出三江源国家公园的设立源于当地的地理环境与生活风俗。三江源地处青海南部，由于处于比较高的海拔线上，故这一地区主要经营畜牧业，这也就使条例中规定应该科学适宜地推进三江源地区畜牧业的可持续健康发展。

再如，武夷山以及神农架国家公园里面的传统利用区对当地民众基于当地法律法规和政策制度开展的生产活动进行了限定，由此可见，不同国家公园尽管名称一样，然而其在管控方面的内涵存在差异。

2. 国家公园的功能划分与分析

（1）简易划分。举例来讲，海南省热带雨林国家公园直接将该区域确立成两级保护区，对允许和禁止的行为活动进行了列举，尽管这样的划分相对简单，然而却与2019年发布的《关于建立以国家公园为主体的自然保护地体系的指导意见》中的原则相符。

（2）存在实质内涵的划分。该方式主要根据相应的功能开展分类工作，举例来讲，按照生态保护活动的重要性分成严格保护以及生态保育两个区域，为凸显生态环境的功能内涵，基于当地的实际状况，联系目标需求，确定了游憩区以及利用区等区域。

无论是采用哪种功能划分方式，核心功能分区均包含两方面，核心保护区域突出环保的意义，一般管控区强调对现有资源进行有效利用。对比来看，前者一方面提高了规范的统一属性，另一方面让地方获得了更多的自主决定权，这样一来，地方就能够根据当地的实际情况，因地制宜对国家公园进行功能划分。[1]

3. 国家公园地方立法的分区管控种类

我们可以将国家公园地方立法的分区管控大致分为三类：

（1）国家公园地方立法里面的分区管控主要根据人们的行为管控实施。核心区所受到的管控最为严格，而一般控制区对应的管控最为薄弱，通过层次化的方式对人类的行为进行合理控制，以减轻人类活动对生态环境的不良影响。

举例来讲，海南省热带雨林国家公园针对核心区实行的是控制，而针对一般控制区实行的则是限制，并以此作为上述区域的区分特征。

云南省国家公园针对严格保护区以及生态保育区实行禁止性措施，以禁令的方式规范人们的行为，不允许人工建筑在该区域出现；针对游憩展示区以及传统利用区采取限制措施，对人类的行为进行限定，依次降低人类活动给生态造成的危害，公园按照规定和要求向人们展示自然风光与人文景点，依次推动自然和人文资源的融合发展。

（2）地方针对国家公园分区管控方面的法律规定主要根据生态环保的目标要求来制定。这种区分办法是围绕地方的生态环保规划来进行，基本上不会对生态资源的使用考虑太多，生态环保的等级层次表现出由强至弱的发展走向。

---

[1] 参见廖华、宁泽群：《国家公园分区管控的实践总结与制度进阶》，载《中国环境管理》2021年第4期。

举例来讲，三江源国家公园划定的核心保护区以及生态修复区均指出了环境保护和生态修复的重要作用和意义，此外，针对传统利用区亦提出应该适度开发，以确保生态环境的长远健康发展的目标。[1]

武夷山国家公园在规定中划定了包括特别保护区、严格控制区以及生态修复区等在内的多个区块，其中以上给出名称的几个区域都强调环境的保护与修复，只有一个传统利用区是出于科学利用方面的考量，意在为人们提供生产与生活的场所和区域。

上述分类办法凸显了环保的重要意义，唯有确保生态环境的健康可持续，才能够持续发挥其效用，才能够确保生态体系的安全稳定。

（3）同时考虑环保和资源利用的功能分区方式。该划分办法基于环保以及资源利用的关联，逐渐重视资源利用领域的内容，相较之下，针对环保的关注表现出减少的态势。

举例来讲，神农架国家公园确定了严格保护区、生态保育区、游憩展示区以及传统利用区等区域，其中严格保护区以及生态保育区强调环境保护和生态修复方面的内容，而游憩展示区以及传统利用区更加注重发挥生态环境的效用。

上述区域划分方式一方面反映了注重环保工作的理念和态度，另一方面还发挥了生态环境资源的效用，有助于长期利用资源，然而其在环保方面的投入显然要比前述分区方式少。

二、国家公园分区管控制度存在的问题

作为国家公园试点，不仅缺乏现成的经验进行借鉴和学习，而且还得不到立法方面的支持，这就使功能分区实践出现规范性较低、界限混淆、管理部门依附性过强和管理机制不成系统等现实问题。针对上述情况，笔者围绕国家公园的地方立法就当前国家公园分区管控制度开展探讨和分析，以期可以为地方处理国家公园分区管控问题提供科学的理论依据和可行的策略方案，此外从理论上推动国家公园方面法律法规的建

〔1〕 参见付梦娣、田俊量、朱彦鹏等：《三江源国家公园功能分区与目标管理》，载《生物多样性》2017 年第 1 期。

设，促进国家公园法律体系的构建。

（一）功能分区的划分标准不统一

1. 类型缺乏规范性

当前，地方上都对国家公园功能分区方面制定了相关的法律规定，然而由于缺乏更高层级法律的支撑和指导，导致不同地方在国家公园功能分区方面的统一性不足。现阶段，仅海南省热带雨林国家公园按照《关于建立以国家公园为主体的自然保护地体系的指导意见》里面提出的原则和要求确立了两大区域，并在不同区域中分别细化其中的内涵。别的地方均是按照地方政策，联系当地特色，确立自身的功能分区结构和类型。

2. 功能分区的标准各异

我国现行的地方立法在功能分区方面存在差异性与多样性，通过归纳总结得出：

（1）形式上的区别。同样的含义可以通过差异化的词汇进行描述。举例来讲，《武夷山国家公园条例（试行）》和《云南省国家公园管理条例》里面指出的特别保护区以及严格控制区均明确表示不得在这些区域内建设建筑体，对上述行为实行封禁措施，《武夷山国家公园条例》里面的生态修复区和《云南省国家公园管理条例》里面的游憩展示区意义相同，均意在展示人文与自然景观。

（2）实质上的差异。尽管一些国家公园分区名称一样，然而这些分区的实际内涵却存在显著的差异。举例来讲，《神农架国家公园保护条例》和《三江源国家公园条例》里面的传统利用区，前者强调将生态资源用在生产与生活方面，后者则提倡将生态资源用在畜牧业方面，表示应该通过科学调控畜牧强度以维持生态系统的稳定，保证生态环境的健康。

基于上述内容，通过反推的方式可以知道它们对应的标准不一。各国家公园地方立法均意在保持生态体系的完整度和本真性，然而由于未针对实践进行统一明确的规定，以至于不同地区的划分标准不尽相同，使不同地区采用差异化的标准来实现相同的目标。

（二）分区管控的界限不够明晰

各国家公园地方立法均确定了分区管控的细则，然而不同分区相互间的界限不明，经常发生界限重叠和混淆的问题。这样模糊不清的界限将给国家公园管理部门的管理运维带来更多的困难和挑战，导致其管理能力和效率降低。

1. 不同分区间的界限混淆

《武夷山国家公园条例（试行）》确立了包括特别保护区、严格控制区、生态修复区以及传统利用区等在内的分区，尤其是前两者在内容方面存在重复，均注重对生态环境予以保护，同时均提出了禁止建设建筑的强制性规定。也就是说，人类不能够在其中进行活动，这就涉及一个问题，即这两个分区的界限体现在什么地方，怎样才能够对这两个区域进行区分和判定？上述问题都存在不确定性。[1]

2. 各分区的界限动态变更制度还没有确定

分区界限并非完全固定的，应该根据情况的变化作出相应的调整。举例来讲，核心保护区实行最为严格的保护方案和手段，而一般控制区基本意在体现利用价值。然而在一般控制区生态严重受损时，也应该进行及时的变更，使其升级成强制意味更加浓厚的核心保护区。

再以大熊猫国家公园为例，该公园重点保护稀有的野生动物，考虑动物的流动性，在动物面临繁衍需要以及气候改变等的情况下，应该基于现实状况作出变更，以适应当前的发展现状，如此国家公园才能够维持可持续健康发展。

（三）分区管控的管理机构存在较强的依附性

分区管控部门属于国家权力机构，具备管理所辖区域公共事务的权责，可以按照现行法律与政策使用手中的职权，以保证社会秩序的稳定，故国家公园的可持续健康发展在很大程度上取决于国家公园管理部门的权利行使过程和结果。按照当前国家公园地方立法里面的条款，各地方针对国家公园的管理设立了不尽相同的部门（见表5-4）。

---

〔1〕 参见何跃君：《关于三江源国家公园体制试点的做法、问题和建议》，载《中国生态文明》2016年第6期。

表 5 -4　国家公园管理机构

国家公园	管理机构
云南省国家公园	省林业部门承担监管职责，和标准化主管机构共同商定管理标准；尽管组建了国家公园的专职管理部门，然而该部门需要接受同级林业部门的指示
武夷山国家公园	组建了国家公园管理部门，由省政府实际掌控，承担维护、建设和管理该国家公园的职责，省政府负责为该部门的工作提供指导和帮助
神农架国家公园	省政府组建该公园的管理部门，承担园区里面生态环保和自然资源开发等方面的事务，公园管理部门的权责列表由省政府确立
三江源国家公园	三江源管理局充当主要的管理部门，负责对园区里面的事务进行处理，此外组建管理委员会具体管理、细化事务
海南热带雨林国家公园	公园管理部门是主要的管理机构，政府和社会组织提供辅助作用和支持，不同参与方各司其职，互相配合，协同完成国家公园的所有事务
四川省大熊猫国家公园	公园管理部门具备园区内所有事务的管理职责，承担整合园区内原有自然保护地、国有林场、国有林区等管理职能，完成生态资源管理、国土资源管制、特许经营许可、社会参与协调以及品牌推广等工作，承担协调政府机关和社区关系的职责。 公园管理机构承担主体权责，政府负责提供协同支持，所有部门和机构各司其职，互相配合，共同完成国家公园的各项事务

根据表 5 -4 可知，国家公园地方立法都制定了专门的园区管理部门，然而该部门的权力与义务未得到统一，当前只有三江源国家公园采取由管理局主管、其他部门配合的管理方式，其余的国家公园均实行公园管理部门由省政府和林业主管部门领导的机制。

上述管理方式由政府扮演主导角色，政府决定了实施方案及其细则，在这种模式的作用下，国家公园事务管理的行政意味更为浓厚，这就导致国家公园无法达到独立状态。同时，在现实中，由于涉及门类众多，难免发生多头治理的乱象，导致政府工作负担加重。因此，该类国家公园管理模式无法对园区生态环境形成全面到位的保护。[1]

（四）分区管理制度不够完整和统一

国家公园的管理牵扯到多个主体，而不同的主体往往采取的是不同的规定和标准，导致分区管理机制的破碎化。

1. 跨地域存在管理上的区别

国家公园注重体现生态环境的完整，会产生地域上的跨度，举例来讲，大熊猫国家公园牵扯四川、甘肃以及陕西等省份。每个省份都会因地制宜制定管理细则和执行措施，此外公园管理部门的协作水平较低，这主要反映为未能同步监测并互享迁徙候鸟的相关数据信息。

2. 各地区差异化的权责机制使利益目标产生偏差

就跨省份国家公园的管理而言，由于不同省份的利益诉求存在差异，故各省份在维护生态系统完整性上的关注点存在区别。举例来讲，武夷山国家公园涉及福建以及江西两省，其中福建省针对国家公园的管理构建起了比较健全的执法机制，然而江西省在这一方面有所滞后，同时国家公园还可能存在由多个市县联合管理的现象，[2]而不同地区在经济发展水平等方面存在差距，导致其在执行政策方面会顾及自身的利益。由此可见，就算是建立了统一化的法规制度，如果缺乏共同的权限规定，那么管理问题就在所难免了。[3]

第三节 国外国家公园分区管控制度借鉴

一、合理规定国家公园的管理区域划分

（一）确定基础分区

现有法规指出，国家公园分区管理的一个重要前提就是设置基础分

---

〔1〕参见戴秀丽、周晗隽：《我国国家公园法律管理体制的问题及改进》，载《环境保护》2015年第14期。

〔2〕参见陈君帜、唐小平：《中国国家公园保护制度体系构建研究》，载《北京林业大学学报（社会科学版）》2020年第1期。

〔3〕参见王蕾、卓杰、苏杨：《中国国家公园管理单位体制建设的难点和解决方案》，载《环境保护》2016年第23期。

区。基于此，功能区的分区可以适当作出调整。表5－5给出了美国国家公园的分区管理制度和模式，由该表可知，美国最早实行的是二分法分区模式，随后经历了三分法、四分法直至当前的户外游憩资源评价委员会（ORRRC）分区模式，通过变更和改进分区方法，以满足美国国家公园种类多样、资源丰富的特点。

表5－5 美国分区管理制度

模式	美国分区管理制度
二分法分区模式	保护区、游憩区
三分法分区模式	保护区、带状缓冲区、游憩区
四分法分区模式	自然区、史迹区、公园发展区、特殊使用区
ORRRC分区模式	自然景观区、特殊景观区、高密度游憩区、普通户外游憩区、原始环境区、历史文化区

（二）基于基础分区确立功能区

表5－6给出了意大利国家公园的功能分区保护等级列表，由该表可知，该国国家公园功能分区保护等级分为A、B、C、D四个等级。

表5－6 意大利国家公园功能分区保护等级

功能分区保护等级	意大利多洛米蒂国家公园次级功能区
A区（严格保护区）	—
B区（生态保育区）	包括B1和B2类型
C区（保护区）	提供放牧和游憩功能
D区（发展区）	提供旅游服务以及资源开发功能

为细化分区管理，可以基于上面的四个基础分区做二次细分。举例来讲，意大利多洛米蒂国家公园按照保护等级把B类生态保育区进一步细分成B1和B2类别。此外，要求C类保护区提供放牧和游憩功能，D类发展区提供旅游服务以及资源开发功能。基于基础分区做二次细分的方式能够为国家公园根据实际状况实现精准细致管理提供便利。

（三）将国家公园周边区域纳入管控范围

美国建立的界外管理体制和法国《国家公园法》，使国家公园的区划由旧管理体制下的“核心区 + 外围区”转变为新管理体制下的“核心区 + 加盟区”。核心区以恢复生物多样性和保持生态平衡为主要目的，边缘区以自然资源开发为主线，以旅游来吸引人口和创造经济效益为目的，而加盟区就是国家公园附近的小区直接或者间接投入其中，完全尊重小区的自愿性并妥善处理保护区和非保护区的关系以达到二者良性互动。法国国家公园加盟区社区管理以“生态共同体”为核心理念，强调加盟区和核心区是一个整体。

二、强化对保护区域的管理

（一）对相关人类活动实施审批

为维护国立公园美丽的生态系统以及美丽的自然景观，需要加强这些区域的保护和治理，同时做好这一方面的工作需要建立完善的管理制度。日本《自然公园法》要求在国立公园这一特殊区域开展法律所要求的人类活动必须向有关部门申请并经环境大臣批准方可实施，擅自从事损害自然环境活动的，要承担相应法律责任。[1]

（二）重视监管力量的合理配置

在日本，环境省根据区域建立自然保护事务所来管理所辖国立公园。其中自然保护官是自然保护所的管理者，他们在各个单位都发挥着举足轻重的作用，肩负着大量的日常管理任务。应协调好本地地方团体和公园内土地所有者与周边居民的关系、增强公众意识、对旅游者进行解说服务、为旅游者创造有利的游览条件，这些都起到积极的促进作用。[2]

同时借助“自然公园教官”的协助管理。自然公园指导员主要由在自然保护所工作过的经验丰富或者知识背景丰富的专业技术人员担任。主要负责督促来访人员按照相关条款、规程进行活动，帮助管理人员维

---

〔1〕参见日本《自然公园法》第20条：在特别地域内（特别保护地区除外）从事下列行为的，国立公园应当取得环境大臣的许可、国定公园应当取得都道府县知事的许可。（1）新建、改建或扩建工作物；（2）砍伐树木和竹子……（18）除上述各项规定外，政令规定的其他可能影响维护特别地域风景的行为。

〔2〕参见张谊佳、彭蓉、赵依丹等：《日本国立公园分区规划与管控的经验及启示》，载《北京林业大学学报（社会科学版）》2021年第2期。

护公共秩序与安全，负责上报公园设施损坏情况。[1]

三、充分实现科教、游憩功能

（一）公园设施管理和维护制度完善

按照日本《自然公园法》，日本每一个国定或者国立公园都必须制定一个自然公园计划（我国称规划）。[2]依据计划确定了自然公园内部设施类型与配置，保护程度与强度等状况，并通过建立科学的管理制度与有效执行，加大了国家公园内部基础设施建设与保护力度。具体来讲，自然公园的规划主要有两类：一是保护规划，二是利用规划。保护规划包括对生物多样性的保护；对历史文化遗产的保护，对自然景观的保护；利用规划又是指以游客群体为对象，设计和发展起来的系列服务设施及与之有关的旅游项目。

（二）访客管理制度健全

1. 针对访客规定必要的管理措施

在美国，由于游客需求攀升导致人流量扩大，它是全球最忙的区域。公园是美国人心目中休闲游憩的场所，所以是很多游客的乐园。但是，越来越多的人走进了这座天堂，却未受到应有的关注，导致部分国家公园负荷困难。为了解决访客数量倍增所产生的管理成本问题，必须建立一套符合本国国情的管理办法，以提高管理效率。为此美国政府在2001年制定了《访客管理计划》确保访客能够合法、合规地参与游憩项目并避免与其他访客冲突。这一规划要求政府各机构将各社区加以分类、划分区域范围、明确各类人群的权利和义务、合理地享有相关游憩服务等。[3]

---

〔1〕 参见国家林业局森林公园办公室、中南林业科技大学旅游学院编著：《国家公园体制比较研究》，中国林业出版社2015年版，第185－186页。

〔2〕 参见日本《自然公园法》第7条：国立公园的公园计划，由环境大臣听取相关都道府县及审议会的意见后决定。国定公园的公园计划，环境大臣根据相关都道府县的申请，听取审议会的意见后决定。

〔3〕 参见廖凌云、杨锐：《美国国家公园与原住居民的关系发展脉络》，载《园林》2017年第2期。

2. 建立游憩带谱系制度

新西兰保护部采取总体规划与分区相结合的方针。规划充分考虑了儿童、老年人、残疾人、旅游者、外来移民和其他群体等不同类型人的现实。通过构建良好的基础设施体系保障每个人都能安全方便地出入公园，并依据区域保护程度和游客体验需求对旅游活动进行配置。比如，新西兰汤加里罗国家公园接待设施由内而外依次是生态小屋、房车营地、汽车旅馆、星级酒店、旅游小镇。[1]

四、保障社区及原住居民的可持续发展

（一）开展合作治理

美国国家公园管理局与原住居民联合制定合作管理协议作为国家公园管理中的一项重要内容，开展了积极而有效的探索与实践。确认原住居民对原本土地的所有权、增进与原住居民的交流、构建稳定利益联结机制、鼓励原住居民共同参与国家公园开发建设、发挥其生物多样性保护功能。

与此同时，原住居民还需要严格落实国家公园管理规划并履行相应义务以保障其权益。合理开发、利用森林、湿地、草原等资源，不破坏国家公园生态环境。

（二）鼓励原住居民参与

鼓励原住居民参与到国家公园管理的决策过程和国家公园的具体事务的管理。如澳大利亚西部的占安达森林国家公园，管理者选择旅游最优化管理模型——TOMM（Tourism Optimization Management Model）。该模型突出了利益相关者参与程度，具有很强的可操作性。[2]例如，加拿大班夫国家公园为原住居民提供就业机会、拓宽公众参与渠道，充分考虑原住居民保护自然文化遗产，保护环境的愿望。

---

〔1〕 参见国家林业局森林公园办公室，中南林业科技大学旅游学院编著：《国家公园体制比较研究》，中国林业出版社 2015 年版，第 142－143 页。

〔2〕 参见袁南果、杨锐：《国家公园现行游客管理模式的比较研究》，载《中国园林》2005 年第 7 期。

（三）规范特许经营活动

在某一地区推行特许经营活动进而达到资源优化配置与可持续发展，这已成为国际社会的共识。界定特许经营范围，制定明确准入规则。例如，法国国家公园特许经营制度需要利益相关方遵循“严把竞争关，合理分配利益和责任”的原则，详细的行业划分与行为清单设置、严格的监管体系，共同确保其有效运作。[1]

第四节 完善我国国家公园分区管控制度的对策

一、国家公园法律体系对分区管控的统一规范

我国2019年发布的《关于建立以国家公园为主体的自然保护地体系的指导意见》明确了自上而下管理方式是国家层面管理模式，建立国家公园一定要各级政府从自身实际出发，唯有如此，才能够让国家公园发挥作用。据此，中国国家公园立法应以中央为主、地方为辅，构建中国特色国家公园管理体制。

一是我国应在这方面将《国家公园法》列为上位法，因为其事关我国今后自然资源资产管理体制与生态文明建设体制的改革，因此，分区管控制度应在《国家公园法》上予以明确规定，以便为具体实施方案提供法律依据。二是国家公园地方立法应由所在地省人大制定或修订、统一命名规则、并根据地方特色划分功能分区、定位于国家公园法律体系实施性地方立法。三是构建以国家公园为主的自然保护体系并使其与区域发展规划相协调，从而达到可持续发展的目的，区域发展规划对国家公园来说是一项基础性工作，它是促进国家公园发展的一个重要途径，所以国家公园体制改革不是一个单独的改革，它是覆盖自然保护地体制改革下的一个综合体制。就此而言，我国自然保护地法律体系还应当规定国家公园内有关分区管控制度等具体内容。因此，需要对国家公园进

---

〔1〕参见陈叙图、金筱霆、苏杨：《法国国家公园体制改革的动因、经验及启示》，载《环境保护》2017年第19期。

行不同级别功能区的分类和管理，使国家公园的生态服务价值得到有效开发，进而推动国家公园事业健康、有序地发展。

二、完善功能分区的划分制度

国家公园分区管控制度采用“管控与职能”的两级分区模式，前一种模式是通过确定各个地区的功能定位，达到保护区自然资源利用方式和管理措施的合理规划。

（一）明确一级管控分区标准

清楚地划定管控分区，确定核心资源在这一范围中的类别，地位和保护力度，建立相关管理制度以清晰地指导人类活动，避免过度开发对生态环境的破坏，把严格保护国家公园落到实处[1]。这不仅解决了我国国家公园地方立法缺乏规范的难题，同时显示出功能上的差异性。

具体做法是按人的活动来划分禁止与限制，但也要考虑各区域自然环境千差万别的特点及人们对自然资源的开发与利用程度。一般控制区位于国家公园核心保护区之外，因其本身拥有得天独厚的地理区位条件，生物多样性特征丰富和社会经济状况优越，故一般控制区亦应属国家公园一级管理范围，并可在保证此范围环境良性发展之同时适当进行某些活动，如教育、游憩及科普行为。

（二）保留二级功能分区特色

以控制为基础划分功能、发挥资源利用功能、经过对各类自然资源和相关产业开发建设的分析和研究，明确了各区功能定位，并根据“因地制宜”原则科学划分了重点功能区。即在核心保护区与一般控制区内分别建立核心保护区、缓冲区与实验区，以实现国家公园内生态保护与经济价值。

核心保护区侧重于环境保护功能，即以环境保护为手段进行二次划分，保证其生态系统服务稳定，同时发挥使用功能，也就是利用非破坏环境这一手段，来实现改善当地居民生活，提高环境质量[2]，由此带动本

---

〔1〕 参见秦天宝：《论我国国家公园立法的几个维度》，载《环境保护》2018 年第 1 期。

〔2〕 参见王梦君、唐芳林、张天星：《国家公园功能分区区划指标体系初探》，载《林业建设》2017 年第 6 期。

地区内或本地区外社区之开发，带给大众游憩，教育与研究之功能。

如表5-7所示，这一分区既能让资源保护与利用更加科学，进而考虑生态系统生态价值与经济价值，又能让国家公园分区管控制度真正得以实施。[1]

表5-7 国家公园分区管控制度的划分

管控分区	功能分区	含义
核心保护区	严格保护区	以封禁、自然恢复进行保护
	生态保育区	对受到损害的生态环境，实施必要的生态保护和修复工程进行保护，严禁他人为之活动
一般控制区	科教游憩区	具有游憩、科普、教育等功能
	传统利用区	原住居民从事生产和居住的地区允许在这一范围内可持续性地使用资源

（三）划定外围管控缓冲区域

每一个国家公园都可根据本国国家公园所处地理位置和资源属性的特点在功能区划分上分为不同的保护区或者缓冲区，同时，结合各自国家公园功能和管理要求，确定了对应边界宽度。具体可以参照法国“加盟区+核心区”模式，从规划编制、资金筹措、监管力度上加强指导，督促各级政府等部门。形成外围区域配套建设国家公园、内缘区域带动国家公园不断发展的局面，并通过对各类生态用地范围进行科学圈定，保障生态安全、生物多样性免遭损害，从而达到自然保护地与人类社会经济活动的和谐统一。基于此，立法上也应当对外围管控区域功能定位进一步界定。

（四）设置分区动态调整机制

每个地区之间应既独立又边界分明，以免资源过度竞争和互相干扰，与此同时，地区间还应进行合理的边界划分，以防因管理不到位造成资源浪费。构建“一核多片”结构体系，确保不同功能区间能有效互动和沟通，严格核心区禁入制度并强化重点区域监管。例如，在核心保

---

[1] 参见刘超：《国家公园分区管控制度析论》，载《南京工业大学学报（社会科学版）》2020年第3期。

护区、禁止人类活动地区发现新物种或能够给人类带来重大科研和观赏的物种，则应准许该区域在维持生态平衡等条件下动态调整为科教游憩或传统利用区，以发挥该区域更大经济价值，并通过实行全面管制措施以保证生态系统整体的健康、稳定。构建国家公园内实时监测体系的动态调整机制和生物多样性整体融入综合评价指标体系，以公众参与的形式提升公众的参与度和居民保护意识。[1]

三、严格核心保护区域的管理

（一）建立相关人类活动的“正面清单”制度

我国现行国家公园禁限制度多采用“负面清单”，即对有潜在危险，危及当地小区和周边居民健康等严重潜在风险或可能导致严重后果者予以严格限制。借鉴域外国家同时建立核心保护区域禁限制度“负面清单”和“正面清单”的经验，根据中国国情，建立符合国情的国家公园“反面清单”制度。明确应当经国家公园管理机构授权或者批准，方可进行人类活动。

（二）健全执法机制

为发挥园区执法队伍管理成效，应健全执法机制。一是重点确保一线执法人员编制。在保持现有人员不变动的情况下，与行政机关分离开展专门培训工作，以此为基础进一步完善园区执法队伍结构布局、提升专业素质、加强基层民警能力建设。二是构建公园执法和地方执法相协调的机制。国家公园是我国自然保护地体系中的重要组成部分，其资源价值与生态功能得天独厚，是我国进行生物多样性保护和旅游发展的关键地区，要密切配合，深入开展国家公园执法队伍的组织机构改革。同时通过立法确保国家公园执法队伍自主运作，运用法治思维与法律方法促进“一法两制”实施，建立完善高效的执法联动与协作机制。具体而言，建立联席会议制度、成立执法机动队、统一领导和分工负责的结合等。

---

〔1〕 参见赵鑫蕊、何思源、苏杨：《生态系统完整性在管理层面的体现方式：以跨省国家公园统一管理的体制机制为例》，载《生物多样性》2020 年第 3 期。

（三）明确管理机构

作者提倡国家公园统一管理机构对国家公园进行监督和管理，以避免相互推诿或“九龙治水”。[1]此外，国家公园要划清重点保护资源范围，并明确管理强度。

四、规范科教、游憩区域的管理

（一）明晰科教、游憩资源的利益分配机制

为实现国家公园游憩、宣教功能，必须完善宣教游憩功能实现过程中的利益分配机制。在进行游憩活动时，所涉及的原住居民草原承包经营权和林地承包经营权均属土地财产权的范围，应当对其进行有效保护，以维护国家公园原有的自然资源和使用结果。土地所有权和经营管理权分离，土地承包权以建设生态公益林为主，林地经营权是用益物权，应当纳入国家公园体系统一立法规范，对有偿使用中涉及上述权利的，应当依法予以赔偿。[2]尤其对于自然资源产权权属比较复杂的地区，确权登记颁证工作有助于保障国家公园生态系统的安全。对于自然资源产权权属比较清晰但存在争议的地区则更是如此，可以考虑在集体林权改革试点先行一步的基础上逐步推广，并在明晰产权权属利益分配机制的前提下，进一步促进相关配套政策的出台。[3]

（二）健全科教、游憩服务制度

一方面要健全志愿者服务制度，由国家公园管理机构统一安排志愿者服务；另一方面要确立游憩谱系制度。国家公园管理局要加强同社区居民及其他社会团体的沟通，联合制定相关管理规则，并融入日常工作，结合本地生态系统及资源类型分布，有重点地在不同环境状态下进行不同游憩活动。[4]

---

[1] 参见黄宝荣、王毅、苏利阳等：《我国国家公园体制试点的进展、问题与对策建议》，载《中国科学院院刊》2018 年第 1 期。

[2] 参见黄冬杰：《国家公园分区管理法律问题研究》，辽宁大学 2021 年硕士学位论文。

[3] 参见刘佳奇：《国家公园建设中的核心法律问题研究》，辽宁大学出版社 2020 年版，第 122－123 页。

[4] 参见詹晨、李丽娟、张玉钧：《美国国家公园志愿服务管理经验及其对我国的启示》，载《世界林业研究》2020 年第 4 期。

（三）规范访客的科教游憩行为

一方面，建立访客预约机制以及限额管理机制。与此同时，国家公园管理局有必要定期发布游客人数和游览路线，从而保证游客能及时掌握其对资源需求的真实状态。另一方面，制定访客“黑名单”制度。对严重违反法律法规和违反规定进行非法营利行为者，国家公园管理局除追究当事人责任外，还可对其进行警告，同时也要在个人诚信档案中记录个人信息，并以此为依据对日后违法进行追究。同时也应借鉴失信联合惩戒机制加大对违法违规问题的治理，从根本上防范违法违规行为，促进我国旅游资源的高效开发。[1]

五、加强对原住居民生产生活区域的管理

（一）明确原住居民的生产生活边界

国家公园内，首先要对居民生产生活区域边界进行清晰划定。国家公园管理部门应当对不同功能区采取差别化监管措施，推动各类型保护区协调联动发展。具体来说，国家公园管理机构应当根据国家公园的规划和功能定位，通过建立以“分类指导，分级承担”为原则的管理模式，依法划定生活、生产和生态空间管控界限，划定原住居民生产生活区域，保证不突破原红线并严格履行属地管理责任，加大管护力度，确保人民生命财产安全，以免生产生活建设对园区生态环境造成威胁。

与此同时，对国家公园边界以外与城镇人口聚居区相邻的地区，可考虑把原来在当地生活的居民搬迁到新居住地集中安置，使其成为围绕国家公园而展开的社会和经济发展的主体之一。要对周边人口社区、特色小镇进行合理规划和建设，促进城市功能和自然生态系统的协调共生，对保护区、缓冲区等敏感区域进行科学圈定，避免人为过度开发对自然环境造成破坏。

（二）规范配套设施建设

一方面要注重组织原住居民在生产、生活区域开展相应的环境基础

〔1〕 参见张文昌：《国家公园管理体制与运行机制研究》，载《农业科技与信息》2022 年第 9 期。

设施建设。加强自然保护区（点）及周边水域的生态保护，健全饮用水水源和涵养林体系，增强生态系统服务功能，实现国家公园集镇垃圾污水的全部收集和处理。另一方面要对原住居民的生产生活设施建设、民生发展等方面的活动进行调控。

（三）建立原住居民和社区参与制度

一方面，提高原住居民的实质性参与。国家公园管理机构和相关部门要建立健全社区参与机制，采取多种方式增强原住居民重视程度。与此同时举行经济发展商讨会、成立社区磋商小组、联合研究制订切合当地实际的旅游发展计划、强化原住居民对国家公园特定事务管理的参与。以政府为主导，发挥社会力量推动国家公园管理体制创新。

另一方面，可参考各个试点国家公园，在立法中确保原住居民有足够的知情权、参与权、表达权以及受教育权，在国家公园建设与发展过程中，积极引导本地居民参与其中，强化居民维护自身利益意识，并加强宣传，提升群众生态环境保护意识和责任感。

第六章　国家公园自然资源资产确权登记制度

第一节　国家公园自然资源资产确权登记制度概述

一、国家公园自然资源资产确权登记制度的内涵

随着中国特色国家公园体制的建立，国家公园正式被作为独立登记单元进行划定，并据此开展了国家公园内的自然资源资产确权登记工作。自然资源资产确权登记，是指登记机构依法对与自然资源资产有关内容进行记录的进程和结果，大体内容主要是对自然资源资产的自然状态、权属情况、管理权状态及影响这些状态的有关内容进行记录的进程和结果。但值得注意的是，国家公园确权登记制度所面向的对象即自然资源资产，应当与自然之物和自然资源有所区分，简单而言，“自然资源”是指可以为人类技术所允许研发利用的特殊自然物，在此基础上，能够为人类稳定开发或利用并且具有经济效益或生态效益的自然资源才是“自然资源资产”。因此，要正确理解国家公园自然资源资产确权登记制度的内涵，依法界定登记范围，准确区分登记对象，严格调查与核实自然资源资产状况。

二、国家公园自然资源资产确权登记制度的特征

（一）强调公法保护责任

国家公园自然资源资产确权登记制度不同于私有属性的不动产登记制度，并非追求资源经济效用的实现，其为实现国家公园的总体生态效益给予公法保护。借助国家公园这个集体外壳，对不能径直被私法管制的自然资源资产展开登记，并将国家公园生态保护的管理义务和要求授予登记的权属主体，明确国家公园生态保护与监管的边界与范围，厘清不同层级政府行使所有权和履行保护义务的边界，故国家公园自然资源资产确权登记制度体现出强烈的生态保护的义务性。

（二）以实现国家公园的整体生态价值为目标

国家公园是一个总体性生态系统，其生态效益具有无法分割性、公益性，保卫这一自然生态系统原真性、完整性是国家公园的首要目标，而自然资源资产确权登记制度作为推进国家公园建设的基本制度之一，其也应服务于这一目标。此外，国家公园自然资源资产确权登记制度以国家公园整体为登记单元，对国家公园内集体所有的自然资源资产也会一同给予登记和标注，这是对山水林田湖草生命共同体理念的贯彻落实，有利于实现对国家公园的整体管理和保护，最终实现发挥国家公园整体生态价值的作用。

（三）登记内容更加深入

自然资源资产确权登记的目标是在明晰自然资源的产权主体之后，进而确定相应的监管主体，合理划分不同责任，明确监管条件，最终实现有效监管。[1]国家公园作为国家重点保护和优先划定的独立登记单元，更具备能够实现有效生态监管的基本条件，因而在进行国家公园确权登记的过程中，除必备的登记项目之外，更有必要补充登记项目的细节信息，详细描述有关自然资源资产特征，同时记录不同区域登记对象的管理要求、用途管制等内容，满足后续生态监管的需要。

---

〔1〕 参见《自然资源统一确权登记暂行办法》第1条：为贯彻落实党中央、国务院关于生态文明建设决策部署，建立和实施自然资源统一确权登记制度，推进自然资源确权登记法治化，推动建立归属清晰、权责明确、保护严格、流转顺畅、监管有效的自然资源资产产权制度，实现山水林田湖草整体保护、系统修复、综合治理，根据有关法律规定，制定本办法。

（四）登记对象更加广泛

虽然现行的《自然资源统一确权登记暂行办法》将登记对象主要分为九大类，以及此前部分省份试点的确权登记工作也基本未超过九大类范围，但国家公园具有特殊的性质，其登记对象远不止于这九大类资源。[1]以东北虎豹国家公园为例，它除了具有丰富的森林、山岭等资源，其更有代表性的特征是具有十分珍稀的野生东北虎、东北豹等物种资源，这些也正是东北虎豹国家公园成立的保护初衷。故在进行以珍贵物种资源为主要保护对象的国家公园的确权登记时，物种资源便十分有必要被吸纳进登记范围，否则其后续的监管与保护便无从谈起。

第二节　国家公园自然资源资产确权登记制度现状及问题

一、国家公园自然资源资产确权登记制度的现状

现有的关于国家公园自然资源资产确权登记制度的规定主要体现于《自然资源统一确权登记暂行办法》、《自然资源确权登记操作指南（试行）》和《国家公园法（草案）》（征求意见稿）之中。《自然资源统一确权登记暂行办法》对自然资源统一确权登记的目标、原则和登记机构等内容在总则部分做了概括式规定，并且对自然资源的登记簿、登记单元、登记一般程序以及登记信息管理与应用的有关内容分别具有相应规定。根据《自然资源统一确权登记暂行办法》第 13 条[2]和第 14 条[3]

---

〔1〕 参见《自然资源统一确权登记暂行办法》第 3 条：对水流、森林、山岭、草原、荒地、滩涂、海域、无居民海岛以及探明储量的矿产资源等自然资源的所有权和所有自然生态空间统一进行确权登记，适用本办法。

〔2〕 参见《自然资源统一确权登记暂行办法》第 13 条：自然资源统一确权登记以自然资源登记单元为基本单位。自然资源登记单元应当由登记机构会同水利、林草、生态环境等部门在自然资源所有权范围的基础上，综合考虑不同自然资源种类和在生态，经济、国防等方面的重要程度以及相对完整的生态功能、集中连片等因素划定。

〔3〕 参见《自然资源统一确权登记暂行办法》第 14 条：国家批准的国家公园、自然保护区、自然公园等各类自然保护地应当优先作为独立登记单元划定。登记单元划定以管理或保护审批范围界线为依据，同一区域内存在管理或保护审批范围界线交叉或重叠时，以最大的管理或保护范围界线划定登记单元，范围内存在集体所有自然资源的，应当一并划入登记单元，并在登记簿上对集体所有自然资源的主体、范围、面积等情况予以记载。

可知，在自然资源登记确权过程中，国家公园作为独立的登记单元并且具有优先性。《自然资源确权登记操作指南（试行）》则更详尽地规定了确权登记工作的全流程内容，从资料的收集、工作底图的制作、资源调查到登记资料的管理等不同步骤的工作，均作出规定，能有效指导实践。此外，《国家公园法（草案）》（征求意见稿）第三章是关于国家公园的保护管理，其中第23条亦重申了国家公园作为独立自然资源登记单元的地位，还对国家公园内全民所有与集体所有的自然资源资产的管理主体与管理方式等做了规定。

二、国家公园自然资源资产确权登记制度存在的问题

（一）立法方面——与《民法典》自然资源国家所有权豁免登记的矛盾

《自然资源统一确权登记暂行办法》授予了自然资源国家所有权登记能力，并且还规定了自然资源登记簿上需记载的主体包含所有权主体、代表行使主体和代理行使主体，规定既登记所有权主体又登记行使主体，其目的是清晰产权归属和实现有效监管。但是，《民法典》物权编第209条第2款却规定“依法属于国家所有的自然资源，所有权可以不登记”。虽然从字面意思看，自然资源国家所有权之登记能力没有被《民法典》硬性排除，即“可以不登记”亦意味着“可以登记”，但该表述却使自然资源国家所有权存在登记豁免的空间，与《自然资源统一确权登记暂行办法》推进的“确权登记法治化”有所矛盾。若《民法典》未能就国有自然资源资产所有权登记给予支持，仅仅是《自然资源统一确权登记暂行办法》这一部委规章层级的立法对国有自然资源资产统一确权登记予以规定，则国有自然资源资产登记权限的正当性不足。

（二）机制方面——公众参与机制未落实导致与自然资源集体所有者的矛盾

《国家公园法（草案）》（征求意见稿）第40条明确指出，“国家公园管理机构应当积极吸纳社区居民、专家学者、社会组织等参与国家公园的设立、建设、规划、管理、运行等环节”，然而在实践发展中，该

多方参与机制基本没有得到完全落实。比如在国家公园的设立环节，相关工作人员在界定国家公园边界时因为欠缺对自然资源产权归属的明晰认知，未能做到征求利益相关者的意见，本属于集体所有的自然资源资产被过度地划归国家公园区域，使这部分自然资源集体所有者后续开发利用资源的权利受到极大限制，无法正常开展社会经济活动以获取经济利益，极易引发社会矛盾，不利于国家公园接下来的登记确权和管理工作有序开展。

（三）平台方面——国家公园自然资源确权登记平台与其他平台的融合困境

依据《自然资源统一确权登记暂行办法》第 30 条[1]的有关规定，国家公园自然资源资产确权登记平台需要与不动产登记信息管理基础和自然资源资产确权登记数据库这两个平台达成融合。不过对比来看，无论是国家公园体制建设还是自然资源资产确权登记仍位于发展初期，但不动产登记业务已经实施多年，于各个方面都已经建立起成熟范式。如果将发展速度不一致、触动机制不相同的这几种业务设置在同一个平台上运转，关联受阻、功能失效的问题有可能在将来的某个时期暴发，并且现有不动产登记业务的稳定秩序也可能受到影响。

（四）操作方面——国家公园自然资源资产确权登记过程中遇到的操作难点

1. 调查过程中自然资源类型定义不清晰

在开展国家公园自然资源资产确权登记工作之前，往往需要先组织对国家公园内自然资源的摸底调查，其中重要的一项便是自然资源类型的调查。虽然国家已明确提出的自然资源类型有水流、森林、山岭、荒地以及滩涂等，但是没有阐明这几类资源的具体含义。在明确自然资源分类体系时，原国土资源部门和林业部门有着两种不相同的地类分类体

---

[1] 参见《自然资源统一确权登记暂行办法》第 30 条：在国家不动产登记信息管理基础平台上，拓展开发全国统一的自然资源登记信息系统，实现自然资源确权登记信息的统一管理；各级登记机构应当建立标准统一的自然资源确权登记数据库，确保自然资源确权登记信息日常更新。自然资源确权登记信息纳入不动产登记信息管理基础平台，实现自然资源确权登记信息与不动产登记信息有效衔接和融合。自然资源确权登记信息应当及时汇交国家不动产登记信息管理基础平台，确保国家、省、市、县四级自然资源确权登记信息的实时共享。

系，比如有的地类被林业部门判定为林地，但通过研究原国土资源部门的数据却发现该地类被认定为耕地或是其他地类。这种部门之间地类概念与分类体系的不一致，使确定自然资源类型的工作开展困难，相关工作人员需要耗费大量时间去探究相关定义，从而判定自然资源类型。自然资源类型定义不明使不同自然资源类型在空间上重合，比如森林资源与水流资源皆和山岭资源在空间分布上有交叉与重叠，这主要是由于森林、水流等多种自然资源类型均可覆盖于“山岭”之上。

2. 登记过程中自然资源质量评价标准模糊

在自然资源登记簿中，“质量”一栏被单独设置出来，不过就自然资源质量的填写要求与评价标准却没有详细说明。根据我国目前国家公园体制的试点经验来看，各国家公园试点区大多都对如何填写此项内容毫无头绪，不知从何下手；或者采取以偏概全，简单粗暴的做法，例如，轻易以林地的质量表示森林资源质量，用水质等级代替水流资源的质量，这完全违背了确权登记服务于生态监管的理念。故在操作方面，十分有必要建立一套符合规范的通行资源质量评价标准，而国家公园作为我国自然生态保护高地，应在此方面发挥典型示范作用，贡献宝贵实践经验。

（五）试点方面——国家公园试点建设暴露出的有关自然资源资产确权登记工作的问题

1. 土地权属复杂，部分国家公园集体土地比重较高

在推进南方集体林区国家公园建设工作过程中发现，南方集体林区分布着大量的集体土地，集体林权占比较大，且南方国家公园试点区人口密集，原住居民人口较多，故土地权属较为复杂。以钱江源国家公园试点区为例，其林地总面积为230.67平方千米，其中集体林地面积为183.33平方千米，占钱江源国家公园林地总面积的79.4%。[1]而国家公园体制具有明显的全民公益性的特点，鉴于集体林权的私有属性，为进一步朝着构建“权责明确，监管有效”的自然资源产权制度的目标努

[1] 参见汪家军、崔晓伟、李云等：《钱江源国家公园自然资源统一管理路径探索》，载《中国国土资源经济》2021年第2期。

力，在进行自然资源资产确权登记的前期准备工作过程中，须考虑尽可能将国家公园内集体土地的管理权收归国有，甚至降低集体土地比重以实现有效监督管理。

2. 确权登记工作涉及相关主体重大利益调整，工作过程复杂

如前所述，国家公园确权登记工作是服务于我国自然保护地“大一统”的管理格局的，以服务监管为目的，因此必须寻求途径以削减甚至化解集体土地的私有性，才可能推进确权登记工作实现其服务监管目的，更多发挥土地及其上的自然资源的公益属性，造福全民。而在通过土地征收、赎买或者地役权制度改革等方式实现集体土地国有化或者限制集体土地使用权的过程中，集体土地所有者的原权利必然受到限制，这个过程便涉及集体土地所有者的所有权转移或者使用权限制，而政府则需给予或者过渡部分经济利益。因此，相关人员在推进工作的过程中需综合权衡政府财政实力、集体土地所有者的意愿以及后续安置等多种因素，工作复杂，难度较高。比如，武夷山国家公园采用租赁或赎买等方式对集体林实行生态补偿，建立了生态公益林保护补偿等多项生态补偿项目，但这项政策的实施却也容易导致政府陷入资金不足的险境，极大加重地方财政负担，并且补偿标准也存在“一刀切”等诸多问题，容易引发矛盾。

3. 试点区缺乏确权登记工作的技术章程及指导

尽管我国目前已出台了《自然资源确权登记操作指南（试行）》，关于确权登记工作有了初步的技术章程及指导，但该文件还是较为原则和抽象，实践操作过程仅具备宏观的参考价值。且按照我国目前试点建立的 10 个国家公园来看，每个国家公园都有各自鲜明的特色，它们中任何一个的资源分布、资源种类、土地权属状况、人口规模等实际情况都不尽相同，因此统一的技术章程及指导很难真正做到因地制宜。比如，东北虎豹国家公园既具有丰富的珍稀野生动物资源，同时因其主要位于国有林区内，还有湿地资源、丰富多样的植物资源组成的重要森林生态系统等，因此其开展确权登记工作有其自身的特殊性和复杂性，难度较高，需要有专门配套支持的技术指导制度。故各个国家公园试点区有必要根据不同地区的具体情况结合实地考察来出台有针对性的技术章

程及指导，从而指导不同国家公园试点区的自然资源资产确权登记工作高效地开展。

4. 进行地役权改革过程中遇到的困难

在钱江源国家公园体制试点区，其率先开展了“集体林地保护地役权”改革，突破传统地役权的固有内涵，使当地居民能够借由保护地役权理念获得生态补偿资金，并通过这个过程向当地居民宣传了环保理念。虽改革初见成效，但钱江源国家公园在推进地役权改革过程中仍遇到不少困难与挑战，如立法缺失、补偿标准较低以及权属不清等。首先，在立法层面上，我国《民法典》物权编中关于地役权的规定仍指传统意义上的地役权，其规定设立地役权需存在需役地，以提高需役地的效益为目的，而保护地役权并不需要需役地的存在，故我国法律目前并不兼容保护地役权的概念。其次，在补偿标准问题上，钱江源国家公园内集体林地地役权改革生态补偿标准是每年48.2元/亩。[1]但由于该区域集体林地效益较好，且又位于经济发达地区，当地居民对生态补偿标准预期远远高于目前政府方给出的实际补偿标准，故难以有效调动社区居民参与国家公园生态保护工作的积极性，不过补偿标准较低的背后折射出的亦是国家公园资金保障不足的问题。最后，在权属问题上，钱江源国家公园内林地还存在边界划分不清和山林权证上面积与实际面积不符的现象，导致很难按实际林地面积确权到个人从而分摊保护地役权改革生态补偿金。另外，钱江源国家公园内不同省、不同村之间关于部分山林权属的纠纷由来已久，短时间内权属冲突问题很难解决。

第三节　国外国家公园自然资源资产确权登记制度借鉴

一、国外国家公园自然资源产权管理的借鉴

（一）建立国家公园前预先实现土地国有化

为防止因土地产权问题影响国家公园建立后的实际管理效果，各国

---

〔1〕参见汪家军、崔晓伟、李云等：《钱江源国家公园自然资源统一管理路径探索》，载《中国国土资源经济》2021年第2期。

在论证某地是否适合开展国家公园建设时，通常会将土地所有权的归属情况以及后续转让难易程度作为是否设立国家公园的重要参考标准。比如，美国在进行国家公园筹划的初期，会考虑拟建土地所有权的归属问题或是后续转让难易的程度，国有土地或者联邦政府可能通过转让获得的土地更有机会被美国国家公园管理局纳入国家公园规划建设体系之中。再者，以加拿大为例，一般只有当区域内土地的所有权和管理权均归属国有时，这块区域才可正式成为国家公园。因此，这些国家会采用征收、购买土地或者强制搬离等方式预先实现拟建设的国家公园土地国有化，以实现后续自然资源资产管理统一化。

（二）通过征收方式实现国家公园有效管理

征收是各国获得国家公园土地资源的主要方式之一。在通过征收实现国家公园土地国有化的过程中，有三个方面的问题值得注意：一是如何确定被征收土地的价格；二是如何在政府和被征收方之间建立良好的沟通渠道；三是如何保障被征收方的救济权。针对这三个问题，第一，美国政府在征收过程中，政府方需以“最高且最佳用途”的市场价格为参考标准评估被征收土地价格，并且需要向被征收方发送该价格评估报告。第二，政府和被征收方之间的沟通主要通过政府召开公开听证会这一方式进行，政府需在听证会上向被征收方说明征收的合理性和必要性，被征收方有疑问亦可提出。第三，当被征收方明确反对政府征收行为时，可通过司法诉讼途径进行救济；当被征收方无法和政府在被征用土地的补偿价格上达成一致时，通常也会最终交由法院裁判处理。

（三）通过保护地役权协议方式实现国家公园有效管理

当土地所有权人不愿意将土地转让给政府时，即无法采用征收、强制搬离等方式实现土地国有化时，政府方亦只能尊重土地所有权人的意愿，通过不改变土地所有权人的方式实现国家公园统一管理和监督。这种方式便是政府与土地所有权人签订保护地役权协议，所谓保护地役权协议，是指政府和土地所有权人就限制土地的开发利用以实现某种保护目标而达成的协议，其本质是为了实现私人土地上公共利益的保护。通过协议的签订，政府成为保护地役权人，而土地所有权人不变，但其对土地的使用权会受到限制。不过，该协议仍是一份自愿双赢的协议，土地所有权人的使用权虽受到限制，但可得到补偿或者税收减免，而政府亦可达到保护土地的目标。

二、国外国家公园自然资源资产确权登记制度的立法借鉴

基于不同的国情，各国关于自然资源资产确权登记制度的规定各有不同，立法特点和侧重方向亦有不同，但均有值得参考借鉴之处。新西兰实行自然资源综合立法，具有汇集多种不同资源规定的《资源管理法》，也因此在登记制度方面，具有更为完善的法律法规体系，对土地、草原、森林、自然保护地及国家公园的登记均有明确规定，在针对国家公园内不同类型自然资源资产进行确权登记时多能找到明确法律依据，减少了确权登记时无法可依的窘迫状态，有利于工作人员开展确权登记工作。而美国自然资源产权市场化模式较发达，其也拥有清晰的自然资源产权体系，但是并非通过自然资源综合立法的途径实现，而是高度重视自然资源资产管理，比如其农业自然资源保护局下设土壤调查处、资源评价处等，负责土壤资源评估，后续针对相关资源进行登记时能有明晰的标准参考，比如在自然资源登记簿上登记资源质量时，便能找到很好的登记依据。

三、国外国家公园自然资源资产确权登记平台建设的借鉴

（一）自然资源资产确权登记平台的内容基于土地，对土地建立完备档案

土地具有稳定性强的特点，因此常常成为自然资源的参照系，大部分自然资源如森林、水流、山川往往也被视为土地的一部分。在最开始进行自然资源资产确权登记时，由于登记范围广、登记难度高，各国不同类别的自然资源登记亦主要依托于土地登记。比如，美国对其国家公园系统每一块土地都设有公开可查的档案，通过档案可以查知每块土地的历史沿革和各类影响事件，包括自然资源权属、管理等各方面变化的记录或文件。通过土地登记系统，可以获取该块土地之上的矿产、森林及水流资源登记及状况等各类项目相关资料。

（二）针对不同人群设置相应的访问窗口和权限

在信息服务上，自然资源的权利人、律师、权属调查师等登录自然资源资产确权登记平台时，平台会根据不同人群的需要设置不同的访问窗口和权限。并且，普通社会公众也可登录查询可公开的信息，特别是对于归属国家所有的自然资源资产，在不需要考量其他所有权主体的利益情况下，要实现尽可能更大限度的信息公开。

第四节　完善我国国家公园自然资源资产确权登记制度的对策

一、修改《民法典》中自然资源国家所有权的登记规定

《民法典》物权编应赋予自然资源国家所有权登记能力的正当性。自然资源国家所有权不能交易，没有交易则不产生权利变动，所以不需要对其物权变动进行公示，但仍有必要通过登记实现确权，从而构建不同权利主体之间的产权秩序。另外，自然资源资产统一登记有助于厘清国家所有与集体所有资产之间的权利边界。在现行法上，森林、草原、荒地等自然资源可以同时属于国家所有或集体所有，在资源空间范围上，集体所有的土地和森林等资源与国有资源经常发生占有与利用上的重叠。现行法律为自然资源完成了公有的“国家宣誓”，而未完成排他性的确权。因此，只有修改《民法典》中自然资源国家所有权的登记规定，将物权编第209条第2款的规定修改为“依法属于国家所有或集体所有的自然资源，所有权应当登记”，才可以实现自然资源排他性的确权，改变国有自然资源事实上处于“产权真空”的无序占有状态。[1]

二、落实公众参与等社区发展机制

在国家公园的设立、建设、规划、管理、运行等不同环节分别畅通公众参与渠道，着重向产权相关主体宣传有关公众参与机会，可通过听

〔1〕参见郭洁：《自然资源统一登记的物权法问题及其破解》，载《法学》2020年第3期。

证会等形式听取公众意见，特别对于国家公园内的自然资源集体所有主体的意见必须予以考虑，不管采纳与否都要给予回复意见，通过公众参与着重解决有关产权争议事项。

三、借助专业技术，实现系统平台功能融合

以目前已相对成熟的不动产登记信息管理基础平台为基础，搭建国家公园自然资源资产确权登记数据库，研发确权登记信息模块，涵盖权籍调查、权属确认、登记发证、数据交换、信息共享、建档管理、意见反馈等多种功能。依靠一体化建库等专业技术，实现各个系统在同一平台环境下的高效运作，并做到系统入口统一、用户身份认证统一，便利用户操作。

四、操作方面——明确自然资源类型定义与质量评价标准

（一）细化自然资源类型划分，统一自然资源类型定义

自然资源类型的调查与确定工作应充分借鉴目前的行业标准，以及国土资源、水利、林业等不同部门专家意见。自然资源类型的确定应尽量避免与实践中的管理状况相冲突，且应尽量满足当地将来的管理需求，降低当地管理成本。建议按照《自然资源统一确权登记暂行办法》，统一自然资源地类分类。在满足规定的一级类基础上，可以根据第三次国土调查成果进一步细化自然资源类型划分，细分出二级、三级类。

对各类自然资源的类型定义应该统一。比如不同类型的自然资源在空间分布上是否可实现分层或重叠管理，对登记单元内不属于自然资源的地类需如何处理进行一致说明。由于滩涂和山岭资源已在湿地、森林等登记单元中有所体现，故《自然资源统一确权登记暂行办法》和《自然资源确权登记操作指南（试行）》皆不着重强调滩涂资源和山岭资源，只在适用范围处有所提及，没有将这两类资源归入登记工作范畴，即允许滩涂和山岭资源在自然资源统一确权登记工作中不被作为自然资源类型进行定义。

（二）以完整性、原真性作为自然资源质量的评价维度[1]

以完整性、原真性维度破解自然资源质量评价难题。国家公园建设是贯彻生态保护理念的成果，其自然资源价值亦主要体现在生态效益的供给上，而生态系统的有效运作依赖于其本身的完整性和原真性。故而，可试着从这两个维度思考，进一步探究自然资源质量评价标准。所谓完整性，是指当生态系统受外部因素干涉时仍能保持本身结构、过程和功能的完整性；而原真性可理解为自然生态系统靠近原始状态的程度。以这两方面作为衡量尺度，构建自然资源的质量评价体系是科学的和富有指引意义的。若遵循该评价思路，问题则转变成自然生态系统“完整性”和“原真性”的评价标准。依照生态学观点，“完整性”可从生态系统的组成、结构和功能等方面出发，分不同方面设立评价标准，设定权重分值，最终产生量化依据；“原真性”则按照生态系统的演变阶段分层级评价。不过需注意的是，由于对生态系统进行评价需运用专业的生态学知识，故有关立法机关在商议制定国家公园资源质量评价标准时除专业法律人才参与外，还应多吸纳其他专业专家如生态学学者等参与讨论。

五、吸收国家公园试点实践中的成功经验及对存在问题的解决思路

（一）武夷山国家公园——建立有利集体林统一管理的资源管理体制

南方林区普遍集体林权占比较大，在国家公园试点区对集体林展开符合生态保护要求的统一管理是一大难题，武夷山国家公园结合不同区域特点，通过资源有偿使用、保护地役权改革、商品林赎买等组合方式在集体土地比重大的地方进行了有益探索。第一，完善资源有偿使用机制。该机制可在土地具有多重效益的区域进行试点，实行“山林所有权归当地村民，使用管理权归国家公园管理机构”的“两权分离”管理机制。有偿使用费以国家公园门票收入及双方另行协商确定的条件为支

---

〔1〕 参见张小鹏、唐芳林、曹忠等：《国家公园自然资源确权登记的思考》，载《林业建设》2018 年第 3 期。

付依据。第二，建立保护地役权管理机制。该机制可在土地具有生态效益的区域进行试点推行，与有意愿的林权所有者签订保护地役权协议，按照双方协商结果给予停伐补助，而后由国家公园管理局实行统一管理。第三，创新商品林赎买机制。该机制可在财政充裕的区域进行试点，在林农自愿的基础上，对重点区域商品林进行赎买，按照国有生态公益林进行保护管理，禁止砍伐。

（二）钱江源国家公园——完善地役权改革工作流程

为顺利推进钱江源国家公园集体林地地役权改革，从开化县委、县政府、各乡镇、各村到各承包小组，层层递进，由上到下组建专门的工作领导小组，召开不同层级的地役权改革动员会或工作部署会，传达工作精神，宣传政策，分派地役权改革任务，讨论通过相关地役权改革决议，由上到下达成统一共识，推动地役权改革工作流程清晰化和高效化。

首先，开化县委、县政府组建专门的工作领导小组，在全县范围内召开地役权改革动员会，分摊确定其下属各乡镇的保护地役权范围、面积等工作任务，并开展业务培训等。其次，各乡镇再设立工作小组，召开村两委人员动员会，以村为单元分派并部署相应工作任务。复次，各村组建工作组，并由各村组织召开村民代表会，依据有关要求讨论通过《××村集体林地地役权补偿金使用管理办法》等文件。最后，以承包小组为单位再召开户代表会，讨论是否通过有关决议，若无异议后续则由政府安排工作人员入户签署《集体林地地役权改革委托书》，而钱江源国家公园管理局则负责与各村签署《集体林地地役权设定合同》。

（三）针对试点中暴露出的问题的解决方案构思

目前，开展国家公园内自然资源资产确权登记工作过程中遇到的问题前文已经有所叙述，主要有集体土地比重过高、土地权属复杂、地役权改革面临挑战及具体技术章程等制度规范缺乏的问题。针对集体土地比重高的问题，武夷山国家公园和钱江源国家公园试点区均有尝试推进集体林权地役权改革，这不失为平衡各方主体利益以及兼顾经济效益和生态效益的好方案。但地役权改革亦面临不少困难与挑战，因此需要各方发力，从立法上赋予保护地役权内涵，从资金保障上由国家或省级政府加大生态补偿资金投入和引入社会公益基金，从执行上与相关科研团队开展合作，完善人才队伍培训等。

此外，针对技术章程等规范缺失问题，不同国家公园应根据当地区域特色，在《自然资源确权登记操作指南（试行）》等上位法的指导下，因地制宜推进确权登记的工作流程、资源调查、技术标准等一系列制度规范，并进一步建立健全自然资源资产确权登记工作机构。

第七章　国家公园自然资源利用制度

第一节　国家公园自然资源利用制度概述

目前，学界有关国家公园与自然资源利用制度相结合的学术研究成果较为有限，鉴于此，我们尝试从《国家公园法（草案）》（征求意见稿）中自然资源利用制度入手，结合其他政策性文件包括《关于建立以国家公园为主体的自然保护地体系的指导意见》第17条“创新自然资源使用制度”以及第一批国家公园试点的有关规定进行分析，通过总结得出如下结论。

一、自然资源利用制度的内容

在中共中央办公厅、国务院办公厅印发的《关于建立以国家公园为主体的自然保护地体系的指导意见》中，其中第17条“创新自然资源使用制度”部分指出：要按照标准科学评估自然资源资产价值和资源利用的生态风险，明确自然保护地内自然资源利用方式，规范利用行为，全面实行自然资源有偿使用制度。

由此可以得出目前我国关于自然资源利用制度建设主要涉及三方面的内容：明确自然资源利用方式、规范自然资源利用行为、实行自然资源有偿使用制度。笔者认为，自然资源利用方式与自然资源利用行为具有极高的相似性，而有偿使用制度则是对过去肆意滥用自然资源行为的否定。关于资源有偿使用制度，国务院2016年发布的《关于全民所有自然资源资产有偿使用制度改革的指导意见》要求到2020年，基本建立产权明晰、权能丰富、规则完善、监管有效、权益落实的全民所有自然资源资产有偿使用制度，并针对土地、水、矿产、森林、草原、海域海岛等六类国有自然资源分别提出了建立完善有偿使用制度的重点任务。[1]

二、《国家公园法（草案）》（征求意见稿）有关自然资源利用的条款分析

关于利用方式与利用行为，从《国家公园法（草案）》（征求意见稿）来看，尚未形成专章规定，有关表述散见于不同章节，比如在第23条第2、3款：国家公园管理机构统一管理国家公园范围内全民所有自然资源资产，负责国家公园范围内自然资源经营管理和国土空间用途管制。国家公园范围内集体所有土地及其附属资源，按照依法、自愿、有偿的原则，通过租赁、置换、赎买、协议保护等方式，由国家公园管理机构实施统一管理；以及在第27条第1款第2项中规定：原住居民和其他合法权益主体，在不扩大现有规模和利用强度的前提下，开展必要的种植、放牧、采集、捕捞、养殖、取水等生产生活活动，修缮生产生活设施。因此，从《国家公园法（草案）》（征求意见稿），尤其是第27条第1款第2项中强调的"不扩大现有规模和利用强度"可以得出，对于国家公园自然资源的利用是让位于资源保护的，即对国家自然资源的利用实际上是进行了较为宏观的限制，至于利用方式或利用强度目前尚未形成具体规定，对于有偿利用则作为原则倡导。

三、自然资源利用的价值导向

从资源利用的价值追求来看，笔者认为在当今中国，自然资源的利

---

〔1〕参见廖虹云：《我国资源高效利用制度建设进展和建议》，载《中国发展观察》2021年第18期。

用主要有两层价值导向。其一，从自然资源利用制度来看，我国一直着重强调资源的可持续利用，由此得出，国家公园在自然资源利用方面亦会受之影响，即追求资源可持续利用是建立国家公园的应有之义。那么，所谓可持续利用，就是指人类活动不超出资源承载能力，要以可持续的方式利用自然资源，对于可再生资源要在保持它的最佳再生能力前提下利用，对于不可再生资源要保存和以不使其耗尽的方式利用，实现资源的公平配置，实现经济效益、社会效益和环境效益的最优化。

其二，资源利用制度同时强调高效利用，党的十九届四中全会审议通过的《中共中央关于坚持和完善中国特色社会主义制度　推进国家治理体系和治理能力现代化若干重大问题的决定》明确指出："全面建立资源高效利用制度。推进自然资源统一确权登记法治化、规范化、标准化、信息化，健全自然资源产权制度，落实资源有偿使用制度，实行资源总量管理和全面节约制度。健全资源节约集约循环利用政策体系……推进能源革命，构建清洁低碳、安全高效的能源体系。"由此可见，推进资源高效利用亦为资源利用的另一价值追求。即在利用自然资源的过程中，从代际公平的维度来看，利用自然资源既要满足当代人的需求又能不损害后代人满足其需求的发展，同时，从利用的方式来看，要尽可能以较小的环境牺牲获取较大的自然资源利益，两种价值追求在一定程度上能够相互促进。

第二节　国家公园自然资源利用制度现状及问题

一、国家公园自然资源利用制度建设中的问题

从《国家公园法（草案）》（征求意见稿）来看，毋庸置疑的是该草案对破坏自然资源的行为予以明令禁止的态度已是彰明显著，但目前我国有关国家公园自然资源具体的利用制度构建尚缺乏明确具体的规则来保障实施，换言之，由于《国家公园法（草案）》（征求意见稿）并未专章规定自然资源利用制度，这导致了在我国这一制度的落实方面显得有些捉襟见肘。

为了更进一步明确不同国家公园在自然资源利用方面的制度现状，后文将从具体的国家公园规定入手，尝试获取不同国家公园相关制度规定中有关自然资源利用的具体规定，从而具体分析其中的问题。

在国家公园的制度设想逐步落实的过程中，我国于《生物多样性公约》缔约方大会第十五次会议上，公布了第一批国家公园，包括祁连山国家公园、三江源国家公园等5个国家公园。目前，我国已有10个国家公园。从管理主体上来看，这10个国家公园分别成立了相关公园管理局；从具体的制度规定来看，在这些国家公园内，有关自然资源的利用制度常见于不同国家公园的总体规划，如《祁连山国家公园体制试点方案》《三江源国家公园条例》《香格里拉普达措国家公园体制试点区试点实施方案》等。其中，2017年6月2日通过的《三江源国家公园条例（试行）》是国家首个公园条例，该条例在2020年7月22日由《青海省人民代表大会常务委员会关于修改〈青海省预算管理条例〉等五十四部地方性法规的决定》进行修正，将第16条中的“经济和信息化、教育、财政、民政、国土资源、环境保护、住房城乡建设、交通运输、水利、农牧、文化新闻出版、林业、商务、科技、旅游”修改为“工业和信息化、教育、财政、民政、自然资源、生态环境、住房城乡建设、交通运输、水利、农业农村、文化和旅游、林业草原、商务、科技”。同样的变化见诸修正后的《神农架国家公园保护条例》即原有的“国土资源、环境保护”被替换为“自然资源、生态环境”关于自然资源的提及可见在国家公园制度下，自然资源得到了更高程度的重视。

以《三江源国家公园条例》为例，虽然在第四章规定了资源保护，但更倾向于对资源的管制而非利用，整部条例中提及资源利用的条文较少，且表述均以限制利用为导向，正如《国家公园法（草案）》（征求意见稿）第3条规定：国家公园是我国生态系统中最重要、自然景观最独特、自然遗产最精华、生物多样性最富集的部分，生态过程完整，具有全球价值、国家象征、国民认同度高，在维护国家生态安全中发挥关键作用。基于此，出于保护自然资源的必要考虑也不得不对自然资源的利用有所限制，但笔者认为这样的限制仿佛为国家公园区域内的自然资源戴上了难以合理利用的“枷锁”，自然资源具有经济价值这是不可否认的，而在当今环境法学科中，人类中心主义占据主导地位的今天，如果只强调限制，而对利用避而不谈未免有些因噎废食。

相比较而言，出台相对较晚的《四川省大熊猫国家公园管理办法》则在一定程度上弥补了这一缺陷。具体而言，于2022年5月1日起施行的《四川省大熊猫国家公园管理办法》提出了划分管护区域的管理思路，将不同区域划分为核心保护区域和一般管控区域，实行差别化用途管制，这体现了后出台的管理办法对在先出台的管理办法所暴露的缺陷的弥补。其中，核心保护区是指维护以大熊猫为代表的珍稀野生动物种群正常生存、繁衍、迁移的关键区域，采取封禁和自然恢复等方式对自然生态系统和自然资源实行最严格的科学保护。原则上核心保护区禁止人为活动。此外，一般控制区是指实施生态修复、改善栖息地质量和建设生态廊道的重点区域，是大熊猫国家公园内原住居民、管理机构人员生产、生活的主要区域，是开展与大熊猫国家公园保护管理目标相一致的自然教育、生态体验服务的主要场所。《四川省大熊猫国家公园管理办法》明确，一般控制区除满足国家特殊战略需要的有关活动外，原则上禁止开发性、生产性项目建设活动，仅允许对生态功能不造成破坏的有限人为活动。在资源管理方面，办法明确，大熊猫国家公园内全民所有自然资源资产属于国家所有，集体土地在充分征求其所有权人、承包权人意见基础上，采取租赁、置换等方式流转或协议保护，由管理机构统一管理。管理机构行使大熊猫国家公园及其毗邻自然保护地全民所有自然资源资产管理职责，落实自然资源有偿使用制度。此外，该办法第五章专门规定了利用管理制度，在这一部分的利用主要覆盖的是第三产业，即围绕旅游服务行业的具体利用规定。由此可见《四川省大熊猫国家公园管理办法》已经将资源利用主体明确为该国家公园管理局，但却未对原住居民的自然资源利用行为进行规定。

二、国家公园自然资源利用制度落实过程中的问题

以普达措国家公园为例，我们通过实地走访了解到，自普达措国家公园挂牌以来，园区内存在由于开发不全面导致的自然资源利用监

管不到位的问题。具体而言，在香格里拉旅游业飞速发展的情况下，普达措国家公园园区所覆盖的尼汝村吸引了大量徒步爱好者前来旅行，而尼汝村并非普达措国家公园的主要游览区域，普达措国家公园的主要游览区域集中在蜀都湖和碧塔海以及弥理塘，尼汝村和已开发的三景点之间距离较远且交通不便，这样的现实使尼汝村并未得到普达措国家公园管理局的重视。这就导致了普达措园区内，以尼汝村为代表的区域存在开发不完全、自然资源利用不受监管、旅游业乱象丛生。尼汝村旅游业开发的速度远不及游客增长的速度，当地交通不便，几乎没有正规的酒店或民宿，大批游客的到来使村民将住宅房作商用房利用，在徒步线路上时不时就能看到被丢弃的垃圾，而园区内包括的珍稀野生动物很有可能因为误食垃圾受到影响。在此过程中，无论是当地原住村民还是游客对资源的利用方式、行为都未能得到有效约束，也完全不符合资源有偿利用的要求，更无法做到自然资源可持续或高效利用，这样的自然资源利用方式在旺季会急剧增加普达措国家公园的环境负荷。

因此，通过分析这些现有规定可以得出，从理论上来看，目前国家公园自然资源利用制度整体呈现强调限制、注重保护，而忽视利用的特征，反映出了在自然资源利用的制度构建方面仍需要进一步地完善。而从实践层面来看，以普达措为代表的国家公园存在更严重的生态补偿不到位、开发不完善所致的监管不到位从而疏于管理小部分区域自然资源利用行为的问题。

第三节 国外国家公园自然资源利用制度借鉴

一、日本国家公园自然资源利用制度

日本国家公园定义为：发展和人类活动被严格限制以保存最典型、最优美的自然风景的地区。根据日本的《自然公园法》规定，日本的自然公园分为三大类型：国立公园、国定公园（准国家公园）、都道府县立公园。国立公园被视为严格意义上的国家公园，是自然公园体系的核

心。在日本自然公园体系中，国定公园往往也和国立公园一起，被视为广泛意义上的“国家公园”。[1]

在自然资源市场准入方面，主要资源由内阁府、国土交通省、农林水产省、经济产业省、法务省、环境省六个中央部门进行管理。从中央到地方保持一致。并且不同资源的利用又都制定了专门的部门法予以规定。根据日本国土厅土地白皮书统计，国有土地和共有土地占37%，私有土地占63%，国有土地主要用于公益目的，由于自然资源贫乏，日本政府更加注重对自然资源的保护和合理利用。其中，日本的《森林法》将林地分为国有林和民有林，所有的国有林均为保护林，部分民有林属于保护林，其采伐和开发都会受到限制，采取许可准入的方式，也因此可以受到政府给予的减免税等补贴政策。

在国家公园制度层面，日本国家公园的分区保护制度将国家公园划分为普通区域、海域特别区域、特别区域。特别区域又分为三级特别区域和保护特别区域。而三级特别区域是根据《自然公园法施行规则》设定的次核心区，具体分为以下三个级别：Ⅰ级特别地区是指维持其自然生态系统和自然风貌必要性最高，且需要极力保护的地区；Ⅱ级特别地区是指农林渔业活动对维持自然生态系统和自然风貌有一定影响，需要协调相关活动的区域；Ⅲ级特别地区是指维持自然生态系统和自然风貌必要性较低的地区，农林渔业活动对其影响较小的地区。普通区域是指国家公园中的海域特别区域和特别区域以外的区域。日本的《自然公园法》明确了不同区域的完全禁止性活动、不完全禁止性活动，以及合理外情形。而根据这样的分类，对这些行动的限制也各有不同，比如不完全禁止型活动需要向环境省或都道府县申报，经申报批准，确定不超过法定标准才能实施。

二、美国国家公园自然资源利用制度

美国国家公园建立的出发点实际上在于保护自然景观和物种多样性与完整性，即一切以保护国家公园资源为前提和根本目的，并且在以后

〔1〕 参见谢一鸣：《日本国家公园法律制度及其借鉴》，载《世界林业研究》2022年第2期。

的发展中都始终坚持这一原则。分区技术是美国应用于国家公园规划比较成熟的技术手段，在分区的基础上制定各区域的资源保护、开发利用和管理制度。在美国国家公园制度中，由于美国秉持“环境保护至上”的理念，因此自然资源的利用与保护并非核心矛盾。对资源的保护优于对资源的利用。

美国国家公园的管理权在国家公园管理服务局，其主要负责国家公园的特许经营，至2003年11月，国家公园管理服务局以及土地管理局、垦务局、鱼类和野生动物管理局的评估职能收归美国内政部成立的自然资源评估服务办公室。而根据1998年《国家公园管理局改进特许经营管理办法》的规定，特许经营的资金80%用于资助公园开展优先级高的、紧要的管理运营活动，20%用于支撑整个国家公园体系的活动。

在理论上，美国国家公园基于可接受改变的极限（limits of acceptable change，LAC）理论、基于游客体验与资源保护的管理（visitor experience and resource protection，VERP）、休闲机会图谱（recreation opportunity spectrum，ROS）等处理国家公园自然文化资源的保护与游憩利用间的关系。[1]其中LAC理论主要是用来在绝对保护和无限制利用之间寻求一种妥协和平衡，目的在于确定可以接受的资源使用方式。而这一理论也在不同国家的国家公园体系中得到了运用，可见这一理论具有较高的借鉴价值。

三、加拿大国家公园自然资源利用制度

通过文献检索可知，相比于美国和日本，加拿大国家公园与我国具有更为相近的人地关系与设立目标，即人地关系层面上均具有保护面积大、地广人稀、存在部分原住居民的特点。[2]加拿大国家公园的建立是为了保护和展示加拿大39个自然地区中具有代表性的自然生

---

〔1〕 参见刘芳、刘家明、付华：《我国风景名胜区与美国国家公园资源保护与利用的对比研究》，载《商业经济》2015年第8期。

〔2〕 参见马骏：《加拿大国家公园体系的建设经验与启示》，载《城市建筑》2022年第15期。

态系统及自然景观，并在长期实践中通过对多领域生态完整性的维护与恢复方法的探索，形成了基于生态监测与气候变化影响预测，以物种保护、生态系统保护和恢复、原住居民协调管理为主体的可持续生态保护体系。[1]

在自然资源利用方面，加拿大国家公园不仅形成了层级清晰的管理模式与法律体系，而且为实现自然保护，而划定了严格保护区、重要保护区、限制性利用区以及利用区。在满足游憩需求的目的下，划分了特别保护区、荒野区、自然环境区、户外游乐区以及公园服务区。其中涉及自然资源利用的，通过分区模式划定了限制性利用区与利用区。这一点能够为我国国家公园的分区保护提供借鉴思路。另外，为落实可持续性生态保护，加拿大国家公园通过生态监测关注保护地内重要的生态系统。这也为我国国家公园自然资源利用制度的完善提供了具有借鉴意义的思路。

第四节 完善我国国家公园自然资源利用制度的对策

与其他国家相比，中国国家公园的特殊性还在于肩负区域内居民的生活保障，为保障居住在国家公园区域内居民的民生大计，就不得不考虑国家公园内居民对自然资源的利用，但在实践中，国家公园原住居民生产生活造成的生态环境破坏和对国家公园的保护利用也是国家公园体制发展中需要慎重调和的一对突出的矛盾。

一、完善自然资源利用制度的立法原则

基于国家公园以保护具有国家代表性的大面积自然生态系统为主要目的的价值追求，建议将自然资源法的部分基本原则融入国家公园自然资源利用制度的原则中。其一，建议明确“保护优先、可持续利用原

[1] 参见马骏：《加拿大国家公园体系的建设经验与启示》，载《城市建筑》2022 年第 15 期。

则”，因为该原则符合国家公园的设立目的，应当作为首要原则以强调在国家公园范围内对资源的保护优先于利用，同时不排除对资源的利用，强调可持续的要求。其中，可持续利用原则强调经济、社会、环境效益相统一，在国家公园尤其要注重环境效益与社会效益，社会效益能够促进社会发展和社会进步，提高人的素质，从实践层面来看，发挥国家公园的游憩功能，让人们在自然环境中陶冶身心不失为一种实现社会效益的有益举措。

其二，建议明确“节约集约利用原则”，由于自然资源的稀缺性以及我国人均资源占有量少，目前资源节约集约利用水平不高，实行这一原则能够推进资源总量管理、科学配置、全面节约、循环利用，全面提高自然资源利用效率。

其三，建议明确“市场机制与宏观调控相结合原则”，市场反应模型预测对资源稀缺作出的经济反应将导致价格上升，这会造成对资源的需求下降或供给增加，或者两种情况同时发生。那么在市场机制的作用下，最直接的选择是不同国家公园可以根据公众游憩的淡旺季选择不同的定价方案，在旺季提升票价，在淡季降低票价，基于 LAC 理论平衡客流量，避免旺季因服务业的发展对自然资源造成严重的破坏。

二、实行自然资源有偿使用制度

自然资源的使用要考虑权利主体的不同，依据自然资源所有权归属的主体不同，全民所有的自然资源可以参考日本国有林的有关规定予以保护，主要是为了公益目的强调发挥其生态功能与社会功能。而国家公园范围内集体所有的自然资源则可以参照日本的民有林准予限制性利用，实行自然资源有偿使用即向直接利用资源的单位和个人收取自然资源使用税费，提高利用资源行为的成本，增加保护资源行为的收益，以实现资源的可持续利用。

国务院《关于全民所有自然资源资产有偿使用制度改革的指导意见》明确了全民所有自然资源主要包括土地、水、矿产、森林、草原、海域海岛等六类。目前，我国在土地、矿产、海域海岛有偿使用制度上已经进行了一些尝试，森林、草原也被纳入了自然资源有偿使用的范围。但配套的生态补偿机制并未跟上，因此，在实施自然资源有偿使用制度的同时也要落实生态补偿机制。对生态系统本身保护或破坏的成本进行补偿或追缴，通过经济手段将经济效益的外部性内部化；对国家公园范围内的原住居民因放弃发展机会而提供补偿。为此，要加大中央财政转移支付力度，逐步增加对重点生态功能区、自然保护地的转移支付；完善以地方补偿为主、中央财政给予支持的生态补偿制度。《四川省大熊猫国家公园管理办法》所规定的“集体土地在充分征求其所有权人、承包权人意见基础上，采取租赁、置换等方式流转或协议保护，由管理机构统一管理”，可供国家公园法借鉴。

三、构建自然资源利用管理体制

为了保障自然资源的合理利用，需要对资源利用的多方面进行管理，因此，形成统一有效的管理体制势在必行。尽管我国已公布的10个国家公园多通过地方行政管理或立法的方式规定了各自的管理模式，在资源保护、利用方式方面有所不同，相同管理主体职权不尽一致，但这也反映出了不同国家公园本身具有各自的特征。因此，要在尊重不同国家公园差异的基础上，对共性问题作出规制，如国家公园管理局的职责、权利与义务，而不应为了追求立法的一致性忽视个性问题导致削足适履。对此，笔者认为在行政主体代理行使资产所有权的情况下需要明确管理主体及其职责以及权力边界，如前所述，在分区管理等章节已提出了由国家公园管理局行使管理职责，在此基础上仍需要建立有效的监督机制，避免地方官商勾结导致自然资产流失。具体而言，可由国家公园专门委员会在地方的分支机构进行监督，具体以自然资源底本为参考，定期向国家公园管理局上报资源变化情况以便于监督。

四、建立公众参与机制

由于目前我国划定的首批国家公园在地域范围内仍有居民居住，因此这些居民同时作为自然资源的利用者，必然会受到自然资源利用制度的影响。结合我国的现实情况，通过对比日本、美国、加拿大的国家公园自然资源利用制度可见，笔者认为应当将区域范围内的公众意见与公众监督纳入制度完善的考量之中，一方面要开辟公众监督以及意见反映渠道；另一方面也要确保反馈机制能够有效实施，避免制度不符合国家公园范围内居民的实际需求。具体而言，在相关规则的制定过程中，应当尽可能多地吸纳公众意见和建议，因为生于斯，长于斯的当地居民既是自然资源的利用者同样也是美好环境的受益者，同时，考虑遇到偏远地区对政策改变的接受程度可能较低，因此应当在制定过程中对公众不理解的制度和政策，应当举行立法听证会，由相关人员进行论证说明，对相关环境资源保护的内容进行法律普及。

五、衔接环境违法行为惩罚机制

在确定了自然资源分区合理利用的前提下，为确定利用国家公园自然资源行为的界限，需要对有关的行为设置边界以明确可利用的范围，如若对国家公园范围内的自然资源利用不当，则应当通过法律手段要求行为人承担相应的法律责任。也就是说准许利用自然资源但并不意味着能够滥用自然资源。如果发现滥用自然资源导致严重后果的，行为人也应当承担相应的法律责任。以前述的普达措国家公园尼汝村资源利用存在的问题为例，一方面需要对当地居民进行普法教育，明确自然资源的权利归属；另一方面，对当地居民不当利用自然资源的行为也要进行规劝，如通过行为罚或名誉罚予以警示，若造成了更严重的后果导致自然资源收到了不可逆的损害那就要衔接有关刑事罪名予以制裁。从发现违法行为的角度来看，诺贝尔经济学奖得主加里·S. 贝克尔（Gary S. Becker）提出，违法成本高于违法收益的时候，行为人就不会实施违法行为，但同时还要考虑违法行为被发现的可能，因为环境违法行为被发现概率只有 10%。如果处罚重而被发现的概率低，则违法行为发生率依然高发，这也就意味着，行为人对“违法行为被发现”的敏感度实际上是高于对“受处罚”的敏感度的。强调这一理论的意义在于国家公园整体上面积广阔，地广人稀，更有可能覆盖多种地貌地形，在人为监控方面可能存在障碍。

基于这样的现实情况，就应当利用大数据时代的便捷，通过红外线探测来监督自然人在国家公园范围内的活动，但值得注意的是要以尊重隐私权为限。另外，从资源保护的角度来看，诸多国家公园已经在资源总量检测等方面作出了合理妥善的布局，随之需要高度重视的就是检测国家公园自然资源的动态变化情形，形成自然资源资产负债表，监督是否存在因为人类活动或人类对资源的不当利用而导致的自然资源浪费的情形，从而科学合理地保护自然资源。

此外，还要注重制裁的比例，即考虑比例原则，制裁的比例要与自然资源所遭到的破坏程度成正相关比例，不应仅从事后着手，而应注重预防为主。实现好的执法战略，需要基于证据、数据进行执法，也就是说在目前大数据背景下，为了更好地与惩罚机制相衔接，也应当发挥大数据的检测功能，明确管控行为，在环境执法和旅游执法的过程中做好衔接工作。

我国计划在 2025 年健全国家公园体制，习近平总书记在《关于〈中共中央关于全面深化改革若干重大问题的决定〉的说明》中指出："健全国家自然资源资产管理体制是健全自然资源资产产权制度的一项重大改革，也是建立系统完备的生态文明制度体系的内在要求。"〔1〕这就需要完善自然资源监管体制，统一行使所有国土空间用途管制职责，使国有自然资源资产所有权人和国家自然资源管理者相互独立、相互配合、相互监督。中共中央、国务院《关于加快推进生态文明建设的意见》中也明确，要有序推进国家自然资源资产管理体制改革。探索编制自然资源资产负债表。

立足中国特色社会主义的国家公园本质特征的基础上，考虑我国国家公园的特殊性，同时借鉴日本、美国、加拿大等国家公园自然资源利用制度优势，针对目前国家公园自然资源保护与利用之间的矛盾问题，可以考虑构建国家公园分区管理模式，形成公众参与机制以发挥公众的积极性，提高公众的参与感，同时与惩罚机制相衔接，对违法行为予以限制，从而为实现 2025 年国家公园体制的目标添砖加瓦。

---

〔1〕 参见习近平：《关于〈中共中央关于全面深化改革若干重大问题的决定〉的说明》，载《人民日报》2013 年 11 月 16 日，第 1 版。

第八章　国家公园特许经营制度

第一节　国家公园特许经营制度概述

一、国家公园特许经营制度的相关概念

（一）国家公园特许经营

当前，法律法规尚未对国家公园特许经营的内涵进行统一性的规定。而在此之前，《三江源国家公园经营性项目特许经营管理办法（试行）》的定义仅对特许经营进行了过程性描述，其在第2条规定："本办法所称三江源国家公园经营性项目特许经营，是指在三江源国家公园管理局的统一规划和规范管理下，按照有关法律法规，通过竞争性的准入机制，依法授权公民、法人或者其他组织，通过签订特许经营合同，在一定期限、范围内，投资建设运营并取得合理收益的行为。"除此之外，部分学者也对国家公园特许经营的内涵进行了界定。如耿松涛等认为，国家公园特许经营是指在不破坏生态与环境资源的前提下，为提高公众生态旅游、环境宣教质量，由政府经过竞争程序优选受许人，依法授权其在政府管控下开展规定期限、性质、范围和数量的非资源消耗性经营服务活动，

并向政府缴纳特许经营费的过程。[1]而诸如三江源国家公园等在其特许经营相关规范性文件中回避了对特许经营的根本性特点进行界定，故无从明确其对于国家公园特许经营的制度目的与价值的理解。而前述学者则明确了国家公园生态价值的优先顺位，更加强调特许经营提供公共服务的功能，也即更加看重特许经营的公益性。

对于国家公园特许经营的定义和理解体现着一国对于该项制度承载功能的价值判断。尽管各国在经济、文化、社会发展等方面存在较大差异，但其国家公园管理目标中却均包含了保护自然生态系统和为访客提供游憩机会这两层内容，[2]这一倾向也为我国立法者所采纳并体现在《国家公园法（草案）》（征求意见稿）中。但值得注意的是，我国立法对于国家公园涉及的各项价值与利益的关切仅停留在一种倡导式的宣传，其具体规定对于国家公园特许经营各项价值的排序仍然模糊。

（二）国家公园特许经营项目

国家公园特许经营项目是特许经营制度的客体，其内涵和外延决定了国家公园特许经营实践的深度与广度，也涉及国家利益、公共利益与各国家公园原住居民利益的平衡。2017 年发布的《建立国家公园体制总体方案》明确了“鼓励当地居民或其举办的企业参与国家公园特许经营项目”。[3]对于国家公园特许经营项目，有两个基本问题需要厘清：一是“特许经营项目”与“经营性项目”的关系；二是“特许经营项目”的规范定义。

“经营性项目”与“特许经营项目”是包含与被包含的关系。2019 年出台的《关于建立以国家公园为主体的自然保护地体系的指导意见》明确要“制定自然保护地控制区经营性项目特许经营管理办法，建立健全特许经营制度”。[4]也即特许经营仅是“经营性项目”运行的一种方式，并非所有“经营性项目”均以特许经营的方式运行。

---

〔1〕 参见耿松涛、张洪霞、严荣：《我国国家公园特许经营分析与运营模式选择》，载《林业资源管理》2021 年第 5 期。

〔2〕 参见张平华、侯圣贺：《国家公园特许经营权的性质》，载《山东社会科学》2021 年第 2 期；孙菲菲：《制度可持续性视角下英国国家公园体制建设和管治模式研究》，载《旅游科学》2015 年第 3 期。

〔3〕 参见《建立国家公园体制总体方案》第六部分第 19 条。

〔4〕 参见《关于建立以国家公园为主体的自然保护地体系的指导意见》第四部分第 17 条。

而鉴于国家公园相关制度的建设和实践呈现“自下而上”“由个别试点到逐步推广”的特点，故而当前法律对“特许经营项目”的定义尚未统一，“经营性项目”的范围也由各国家公园特许经营管理机构相应法律规范制定。随着三江源国家公园、大熊猫国家公园、东北虎豹国家公园、海南热带雨林国家公园、武夷山国家公园等国家公园的建立，各国家公园均相继在创新自然资源使用制度方面展开个性化探索，由于各国家公园的资源禀赋和环境状况各有特点，各管理机构对于“特许经营项目”的理解不尽相同，作为国家公园特许经营项目客体的“特许经营项目”缺乏规范定义和共识性理解。

二、国家公园特许经营机制及其运行

国家公园特许经营机制主要包括两方面问题：一是特许经营相关法规政策的制定；二是特许权的事权分配。

在政策制定方面，从特许经营政策法规制定权的归属看，我国特许经营似乎采取中央与地方并行管理的模式，但不乏模糊之处。一方面，国务院林业草原主管部门将享有对国家公园特许经营的规章制定权。如《国家公园法（草案）》（征求意见稿）第45条明确了特许经营的具体办法由国务院林业草原主管部门制定。另一方面，鉴于《国家公园法（草案）》（征求意见稿）对国家公园规划事权的分配呈现分流态势，两者权限范围的边界却不慎明晰，涉特许经营权的专项规划批准权归属尚存模糊。具体而言，国家公园规划分为总体规划和专项规划两类，专项规划以总体规划为基础。国家公园总体规划由国务院林业和草原主管部门会同省级人民政府编制并由国务院林业和草原主管部门批准。专项规划由国家公园管理机构编制，由国务院林业和草原主管部门或省级人民政府批准，但《国家公园法（草案）》（征求意见稿）并未明确特许经营专项规划批准权的最终归属。此外，《国家公园法（草案）》（征求意见稿）规定特许经营费用按财政预算管理，但其究竟是归入中央财政预算还是地方财政预算亦不明确。

在特许经营的许可方面，特许经营作为自然资源利用模式的一种以所有权权属明确为前提，而由于国家公园体制下存在两套所有权的行使模式，故而我国国家公园特许经营的管理也分别形成两套模式。在自然资源所有权行使方面，国家公园范围内全民所有自然资源所有权由中央人民政府直接行使或者委托省级人民政府代理行使，并分别在国务院林业草原主管部门和国家公园所在地省级人民政府设立管理机构。与之相对应的，对特许经营者的挑选、特许经营合同签署和监督管理分别由国务院设立的国家公园管理机构或省级人民政府设立的国家公园管理机构负责，但对于特许经营权的授予立法上亦存在一定的模糊，《国家公园法（草案)》（征求意见稿）第 6 条虽然规定了国家公园管理机构负责特许经营管理，但对于“特许经营管理”所涵盖的事项是否包括特许经营权的授予则有待进一步明确。

第二节　国家公园特许经营制度现状及问题

一、国家公园经营性项目特许经营制度的现状

当前，我国国家公园特许经营的实践已经走向经验总结阶段，需要对其进行考察，总结共性和差异，发现规律从而为国家公园领域相关立法提供有力支撑。本节主要对三江源国家公园、香格里拉普达措国家公园、海南热带雨林国家公园试点的特许经营法规体制进行考察，从特许经营政策制定、特许经营范围、特许权授予及费用、特许经营对当地居民的优惠情况等角度对当前各国家公园特许经营制度规定进行了归纳总结。

（一）三江源国家公园特许经营实践现状

目前，三江源国家公园经营性项目特许经营制度以地方性法规、其他规范性文件和政策为主，主要由《三江源国家公园体制试点方案》《三江源国家公园条例》《三江源国家公园总体规划》《三江源国家公园经营性项目特许经营管理办法（试行)》等组成。前述法规及政策共同构成三江源国家公园经营性项目特许经营的制度基础，其中《三江源国家公园经营性项目特许经营管理办法（试行)》对三江源国家公园特许经营进行了具体规定。

详言之，首先，三江源国家公园管理局对特许经营的范围持谨慎态度，其将特许经营范围限制在中藏药开发利用、有机畜产品及其加工产业、文化产业、支撑生态体验和环境教育服务业等领域营利性项目。并将其限制在轻工业、第三产业之中，而园区内相关设施的建设活动则被完全排除在特许范围之外。其次，三江源国家公园管理局身兼多重角色，是特许经营具体规则的制定者、特许经营项目的决策者同时还是特许经营协议的一方当事人。《三江源国家公园经营性项目特许经营管理办法（试行）》由三江源国家公园管理局制定，其中规定由管理局制定《特许经营项目计划》及其实施方案，采用招标方式挑选特许经营者并与之签订最长不超过10年的特许经营协议。同时，《三江源国家公园经营性项目特许经营管理办法（试行）》为国家公园内社区居民设置了特许经营优先权，即前述国家公园内社区居民可在招标过程中，在同等条件下优先取得特定经营性项目的特许经营权。该项规定进一步落实“鼓励原住居民或者其主办的企业参与国家公园范围内特许经营项目”的政策导向，是对环境保护和保障民生两项价值平衡之后的制度性举措。最后，三江源国家公园特许经营授权收入纳入省级财政，实行收支两条线。为了确保特许经营费用的用途明晰，《三江源国家公园经营性项目特许经营管理办法（试行）》明确特许经营收入仅能用于生态保护、社区发展、民生改善三种特定目的，但该三重价值之间存在一定的矛盾与张力，需要进一步明确实现顺位，必要时应斟酌损益以确保生态保护的核心追求获得充分保障。

（二）香格里拉普达措国家公园特许经营实践现状

香格里拉普达措国家公园特许经营的制度基础由《香格里拉普达措国家公园体制试点实践方案》《云南省迪庆藏族自治州香格里拉普达措国家公园保护管理条例》《香格里拉普达措国家公园总体规划（2019—2025年）》《香格里拉普达措国家公园特许经营项目管理办法》（已废止）等构成，其中《香格里拉普达措国家公园特许经营项目管理办法》（已废止）对香格里拉普达措国家公园特许经营进行了具体规定，本书主要考察特许经营的范围、特许权授予、特许优先权及特许费用收支与用途、优先续约权等情况。

首先，就特许经营的范围而言，普达措国家公园特许经营的范围相对更广，除了产品加工、森林康养业及教育等服务业，还将投资、建设、运营经营服务设施或者运营、维护已建成的经营服务社会纳入其中。此外，《香格里拉普达措国家公园特许经营项目管理办法》（已废止）第4条第3款还设置了兜底条款来用以约束国家公园内特许经营项目的开发，确保其不被用于开展工业化、城镇化的开发活动，从而坚守环境保护和提供公共服务的根本职能。

其次，在特许经营权的授予方面，由三江源国家公园管理局选择特许经营者对其进行授权，并作为特许经营合同的一方主体与特许经营者就特定经营性项目签订特许经营协议。但与三江源国家公园特许经营体制有所不同，《香格里拉普达措国家公园特许经营项目管理办法》（已废止）由云南省林业和草原局、省财政厅联合制定，特许经营项目应由国家公园所在地州人民政府批准，故而普达措国家公园管理局在特许经营方面的职权相对有限，仅作为特许经营项目的管理者和执行者，而没有特许经营规则和项目的制定权。

再次，为贯彻落实“鼓励原住居民或者其主办的企业参与国家公园范围内特许经营项目”的政策号召，《香格里拉普达措国家公园特许经营项目管理办法》（已废止）也为原住居民从事特许经营相关活动进行了特别规定，可以概括为特许经营优先权、特许费用减免及特许经营项目的优先受雇权。一是该办法第15条明确对于不具有固定资产性质的特许经营项目，国家公园所在地居民可在同等条件下优先获得特许经营权；二是该办法第33条规定对从事国家公园户外导览、生态产品销售等微利项目的原住居民特许经营者可以进行特许经营费用减免；三是该办法第31条在同等条件下，明确特许经营项目的经营者应当优先雇用国家公园所在地原住居民。但对于特许经营优先权和特许经营项目的优先受雇佣权存在共同的模糊之处，即办法对于“国家公园所在地”的具体界定不清晰。如果此范围过于狭窄，则恐难达到惠及原住居民的效果；而如果此项范围过于宽泛则将损伤市场活力和特许经营的公平性。

与此同时，普达措国家公园同三江源国家公园一样，特许经营授权收入纳入省级财政，实行收支两条线。但相比于三江源国家公园特许经营费用需要兼顾多种用途而言，普达措国家公园特许经营收入用途更具有针对性，仅限于用于国家公园的保护与运营。

最后，办法第 24 条第 2 款额外规定了“优先续约权”这一制度，即就特定项目，满足特定条件的原特许经营者优先取得该特许经营项目新的特许经营权。事实上，该项制度为在国家公园体制的创始国家美国所采用，后由于该项制度制约了特许经营的充分竞争，既不利于构建充满活力的特许经营市场也于提供优质公共服务无益，故在 1998 年被取消。我国立法者亦需借鉴美国的实践经验与教训，审慎考虑优先续约权的设置。

（三）海南热带雨林国家公园特许经营实践现状

海南热带雨林国家公园特许经营的制度基础由《海南热带雨林国家公园体制试点方案》《海南热带雨林国家公园条例（试行）》《海南热带雨林国家公园总体规划（2022—2030 年）》《海南热带雨林国家公园自然资源资产管理办法（试行）》《海南热带雨林国家公园特许经营管理办法》等构成，其中《海南热带雨林国家公园特许经营管理办法》对海南热带雨林国家公园特许经营进行了具体规定，在此主要考察特许经营的范围、特许权授予、特许优先权及特许费用收支与用途等情况。

首先，海南热带雨林国家公园特许经营的范围亦相对较广，除了产品加工、森林康养业及教育等服务业，还将建设、运营经营服务设施及场地设备租赁活动纳入其中。

其次，在特许权的授予方面，海南热带雨林国家公园管理局的角色被定位在特许经营执行者的角色上。相比于三江源国家公园管理局，其权限被限缩在挑选特许经营者和签订特许经营协议等特许经营授权具体事项的执行方面，而无权涉足政策制定和规划拟定等领域，避免了国家公园管理机构“既当运动员又当裁判员”的问题，不失为一种谨慎的做法。此外，《海南热带雨林国家公园特许经营管理办法》为国家公园内原住居民从事特许经营活动提供政策性优惠。该办法第 4 条第 2 款允许利用自有或者本集体经济组织及其成员的房屋开展餐饮、住宿、商品销售等经营服务活动，以及国家和省人民政府规定的其他经营服务活动的原住居民不通过竞争性方式获取特许经营权。而该办法第 18 条第 2 款第 1 项则规定了对开展餐饮、住宿、商品销售等经营服务活动或从事游憩导览的原住居民特许经营者可以进行特许经营费用减免。对于特许经营项目的优先受雇权，办法设置了呼吁倡导性条款，鼓励特许经营者通过向原住居民分享特许经营收益、聘用原住居民等方式，促进居民增收，该种做法与普达措国家公园有所不同。

最后，办法未明确热带雨林国家公园特许经营所获收入的用途，需要在今后的立法或政策制定中予以明确从而确保特许经营收入用途的合理性和合法性。

二、国家公园特许经营制度存在的问题

我国国家公园体制建设及其实践起步较晚，无论制度法规建设还是试点运行时间都处于探索初期。现有研究基于前一阶段的实践探索，对我国国家公园特许经营制度的研究主要集中在：管理机构事权划分和产权关系、法规制度建设、国家公园公益性保障及社区协同与补偿四个方面。

首先，我国国家公园对特许经营中权力划分不明，管理职责没有明确的统一规定。[1]一方面是中央与地方事权划分不清，权责关系不明晰或不相适应；[2]另一方面则是管理权和经营权分离执行不到位、不彻底。其次，特许经营授权缺乏规范度和透明度。一方面，国家公园特许经营缺乏统一法律规范指导；另一方面，特许经营项目缺乏规范的管理指南，流程缺乏公正公开。[3]最后，原住居民在特许经营机制下相对弱势，未分享相应权益，特许经营对原住居民优先权保障不足：国家公园的经济收益对原住居民的分配不足。[4]本书通过考察当前我国各国家公园特许经营的实践现状，发现法律法规制度建设过于概括化和原则化，这种做法尽管可以为特许经营的监管提供大体的规则，但对于国家公园

[1] 参见张平华、侯圣贺：《国家公园特许经营权的性质》，载《山东社会科学》2021年第2期。

[2] 参见陈雅茹、刘洋、张多等：《国家公园特许经营制度在生态产品价值实现路径中的探索与实践》，载《环境保护》2019年第21期。

[3] 参见黄宝荣、王毅、苏利阳等：《我国国家公园体制试点的进展、问题与对策建议》，载《政策与研究管理》2018年第1期。

[4] 参见鲁冰清：《论共生理论视域下国家公园与原住居民共建共享机制的实现》，载《南京工业大学学报（社会科学版）》2022年第2期。

特许经营的问题缺乏针对性、体系化地解决。

既有研究多从微观层面关注当前国家公园特许经营面临的问题，而对根本性的问题缺乏讨论。故本节在对国家公园经营性项目特许经营相关制度进行实证考察之后认为有以下两大根本性的问题亟待明确：一是特许经营制度的根本价值取向及其设立目的有待厘清，理由在于当前国家公园特许经营试点实践产生诸多问题的根源在于对特许经营的制度目的的理解不统一，甚至产生一定的理解误区。二是国家公园特许经营缺乏对既有试点经验的系统性总结和有力的上位法支撑。国家公园试点过程中不乏许多共性问题需要立法统一回应，如特许政策制定、特许权授予等事权划分问题，特许流程标准化问题及特许经营费用使用管理等都需要立法给予指导和明确行为边界。

第三节　国外国家公园特许经营制度借鉴

一、美国国家公园经营性项目特许经营制度

美国是世界上最早建立国家公园的国家，其虽然没有统一的国家公园法，但经过近两百年的实践，已经形成了完备的法规体系和成熟的组织机构。

其国家公园制度由联邦法律、法规、行政命令以及国家公园管理局主任和内政部长制定的政策构成。就特许经营而言，1916 年颁布的《国家公园管理局组织法》规定内政部长有权授予期限不超过 20 年的特权、租约和许可来为国家公园、纪念碑及其他自然保护地的游客提供住宿服务。[1] 在此期间，美国国家公园的管理一直遵循着不以营利为目的的自然资源保护的管理思路。[2] 与此相对应，《国家公园管理局组织法》

---

〔1〕 See U. S. C. Title 16, Sec. 3. He may also grant privileges, lease, and permits for the use of land for the accommodation of visitors in the various parks, monuments, or other reservations herein provided for...

〔2〕 参见吴建、王菲菲、余丹等：《美国国家公园特许经营制度对我国的启示》，载《环境保护》2018 年第 24 期。

对特许表述为“Privilege”而非“concession”，由此可知，此时的特许是一种特权而非当下意义的特许权，其是一种由公权力衍生出的特殊利益。随着美国国家公园管理观念的转变，国会于1965年颁布《特许经营政策法》，该法确定了国家公园内实施特许经营的两大基本原则，即公众使用必要且恰当原则和最高可行限度保护原则〔1〕，并明确国家公园管理局应采取适当措施鼓励有关团体或个人通过特许经营向公众提供商业服务。

但由于1965年《特许经营政策法》对于特许经营的规定过于严格，特许经营的制度活力未被充分激发，为进一步促进国家公园特许经营制度的活力并增强竞争性，国会于1998年颁布《改进国家公园管理局特许经营管理法》，该法对1965年《特许经营政策法》作出了四点改进：第一，削减优先续约权的适用情形；第二，对特许经营费收入的分配比例进行变更；第三，增加新的竞争性投标的要求；第四，加强监督与问责。〔2〕而特许经营的细节性规定则由《联邦法规》加以规定。《联邦法规》第36章第51条对特许经营合同的招标流程、合同的设立与流转、合同优先权等进行了系统性规定，并明确特许经营合同的签订是为了授权个人在国家公园内向公众提供游客服务。而为了实施前述的法律法规，国会授权美国国家公园管理局制定相应政策的权利以确保前述法律法规的落地。

从美国国家公园管理组织架构来看，其采用中央政府主导的模式。内政部下属的国家公园管理局负责制定特许经营的具体执行政策并拥有对特许经营招投标的最终决定权。而地方国家公园管理局则是特许经营的授权主体，负责各国家公园特许经营项目合同签署、管理、费用收取等日常管理工作。除此之外，第三方机构的参与作为确保公众参与国家公园管理和监督的重要部分在美国国家公园管理体制中发挥了重要作

---

〔1〕 See Public Law 89 - 249, It is the policy of the Congress that such development shall be limited to those that are necessary and appropriate for the public use and enjoyment of the national park area in which they are located and that are consistent to the highest practicable degree with the preservation and conservation of the areas.

〔2〕 参见美国国家公园管理局网，https：//www. nps. gov/subjects/concessions/law - regulation - policy. htm。

用。《国家公园综合管理法》要求内政部设立特许经营管理顾问委员会，作为特许经营的第三方监督主体，定期向内政部秘书处提供特许经营管理的咨询建议。[1]

刘翔宇等将美国国家公园特许经营制度的特点归纳为如下三点：第一，特许经营制度是以中央政府为主导的制度设计；第二，特许经营制度是以充分竞争为导向的制度设计；第三，特许经营制度是一项重要的保护融资机制。[2]事实上，美国国家公园特许经营制度的产生与发展以美国国家公园对以游憩休闲为主的公共服务的逐步重视为前提，以中央政府为主导的制度设计需要特许经营来增强市场竞争以保障公共服务的质量，而对特许经营费用的定向分配则可约束管理机构对开发行为的把控从而确保不因过度开发而损害生态环境。[3]总体来说，美国国家公园特许经营的核心作用在于实现生态保护价值和公共服务价值的平衡。

二、新西兰国家公园特许经营制度

新西兰同美国一样，其特许经营模式也属于中央集权型。中央集权型国家公园管理的特点是公园内的土地、矿产、河流等资源所有权属于国家，自中央政府至国家公园层面分级设立国家公园管理机构，实行垂直管理。[4]在新西兰，所有国家公园都由自然资源保护部进行管理和维护。具体而言，新西兰国家公园特许经营具有以下特点：

1. 管理目标清晰，优先顺位明确

新西兰 1987 年《保护法》明确指出："保存并保护自然资源和历史遗迹，是保持其内在的价值，为公众提供欣赏和休息娱乐，并为子孙后

---

〔1〕 参见鲁冰清：《论共生理论视域下国家公园与原住居民共建共享机制的实现》，载《南京工业大学学报（社会科学版）》2022 年第 2 期。

〔2〕 参见刘翔宇、谢屹、杨桂红：《美国国家公园特许经营制度与启示》，载《世界林业研究》2018 年第 5 期。

〔3〕 参见美国国家公园特许经营费的 80% 留在公园，按照规定用途使用；20% 则用于国家公园管理局对商业服务项目的管理。

〔4〕 参见李宏、石金莲：《基于游憩机会谱（ROS）的中国国家公园经营模式研究》，载《环境保护》2017 年第 14 期。

代的权益。"[1]从这个角度看，新西兰国家公园同时兼顾生态保护和公共服务两大功能，该种做法与美国一致。与之相对应，其特许经营的目的是保护与游憩两大功能协调发展，新西兰国家公园特许经营体系的第一目标是保护自然与人文环境和生态环境；第二目标才是为游客提供适当的游憩设施、服务保证游憩者享受自然利益。[2]

2. 法律体制较为完善

新西兰政府将60多部有关资源管理的地方部门法律法规统一成《资源管理法》，解决了地方在资源管理上的混乱，理顺了地方经济发展和环境保护的关系。[3]与此同时，《保护法》第三章与《国家公园法》第49条则成为特许经营的法律基础，特许经营的具体实施内容则由政策和规划进行规定。

3. 保护机制结合本国实际

在机构设置上，新西兰国家公园将新西兰自然资源保护部作为特许经营权的授权主体，这与其采取的中央集权治理模式一脉相承。而国家管理机构是新西兰政府的非营利机构，主要职责为自然资源和文化遗产的保护与管理，日常开支由新西兰政府拨款解决。在管理体制上，新西兰的保护管理体系是在美国的统一保护管理体系基础上，在新西兰生态系统较为脆弱的公众保护意识较强的国情下，形成的双列统一管理体系。[4]即在议会的统一领导下，形成政府管理和非政府管理两条线，公众参与更为充分，全民环保意识得到提高，环保热情得到充分释放。

总体而言，新西兰国家公园在处理特许经营事权划分和公众参与建设方面的做法是值得思考和借鉴的。此外，其在法律制度构建方面，我

---

〔1〕 杨桂华、牛红卫、蒙睿等：《新西兰国家公园绿色管理经验及对云南的启迪》，载《林业资源管理》2007年第6期。

〔2〕 参见王丹彤、唐芳林、孙鸿雁等：《新西兰国家公园体制研究及启示》，载《林业建设》2018年第3期。

〔3〕 参见杨桂华、牛红卫、蒙睿等：《新西兰国家公园绿色管理经验及对云南的启迪》，载《林业资源管理》2007年第6期。

〔4〕 参见杨桂华、牛红卫、蒙睿等：《新西兰国家公园绿色管理经验及对云南的启迪》，载《林业资源管理》2007年第6期。

国国家公园特许经营的立法目前也处于统一整合的阶段，为此可以借鉴新西兰统一《资源管理法》的做法，从而理顺经济发展与环境保护之间的关系，让生态文明建设不只是停留在政策号召阶段。

三、加拿大国家公园特许经营制度

加拿大国家公园建设也经历了以经济利益为主的国家公园创始阶段，注重生态保护的发展阶段和以生态完整性为目标的完善阶段三个阶段，[1]对国家公园的功能性定位存在由单一趋向向追求价值多元化转变。1998年的《国家公园机构法》规定“国家公园应实行政府治理同社会治理相结合的治理模式，在确保生态系统完整性的基础上为游客提供休憩机会”，说明长期以来加拿大国家公园的特许经营制度体现了浓厚的生态属性。[2]2009年发布的《国家公园商业条例》明确将特许经营目标转变为“为加拿大人民提供利益、教育和娱乐服务等，增加公众的休憩参与机会”。[3]由此可见，加拿大国家公园管理及特许经营进一步由原有的生态属性向多元属性拓展。而更值得一提的是加拿大国家公园处理其与原住居民关系的做法。

总体而言，加拿大国家公园对于原住居民经历了从最初排斥，到发展中期的经济召回，再到发展后期与原住居民合作协同三个阶段，[4]而加拿大对原住居民态度的转变与其在建设和管理国家公园过程中对原住居民与国家公园之间关系认识的不断优化密切相关。具体来说，首先，加拿大最初将原住居民排斥在国家公园体系之外，认为原住居民是国家公园建立和管理的阻碍。在这一阶段，原住居民由于生存困难和生计习惯，一方面会较为频繁地进入公园，获取其中的野生动植物资源，成为

---

〔1〕 参见刘鸿雁：《加拿大国家公园的管理及其对中国的启示》，载《生态学杂志》2001年第6期。

〔2〕 参见朱洪革、赵梦涵、朱震峰：《国内外国家公园特许经营实践及启示——以东北虎豹国家公园为例》，载《世界林业研究》2022年第1期。

〔3〕 See Nicholas O. Soverel et al., *Characterizing the Forest Fragmentation of Canada's National Parks*, 164 Environmental Monitoring and Assessment 481 (2010).

〔4〕 参见陈莉、Wu Wanli、Wang guangyu：《加拿大国家公园与原住居民互动演变历程和经验启示》，载《世界林业研究》2021年第6期。

偷猎者；另一方面则扩大了狩猎区域，使国家公园不得不调整其保护范围。[1]可见排斥原住居民的做法并未有辅助实现国家公园保护环境的目的，反而成为阻力。而后，旅游引发的对原住居民生活的关注与好奇，使很多原住居民被邀请返回到国家公园里，通过跳舞、打鼓和衣着装饰来吸引愉悦游客。[2]随着这一趋势的不断发展，原住居民成为国家公园旅游休憩的重要参与者被重新接纳。而到了协作时期，加拿大对于原住居民与国家公园关系的认识进一步加深，其开始重视原住居民在国家公园治理中的主体性作用，在国家公园相关政策制定、国家公园管理和特许经营项目运营等方面进行全面赋权和充分的能力建设，如 2002 年加拿大公园管理局建立了原住居民协商委员会，推动了原住居民历史文化建设，为原住居民创造教育、培训和就业机会。[3]

在我国国家公园特许经营的试点过程中，过于轻视或过于偏重对原住居民利益保障的现象同时存在，其根本的原因就在于对于原住居民在国家公园体系中所处的位置缺乏重视和系统性研究，从而使相关政策的科学性有所欠缺，力度把握不当。故而应当借鉴加拿大在原住居民参与国家公园建设方面的有益经验并吸取其教训，从法律上保障原住居民建设国家公园的主体性。

第四节　完善我国国家公园特许经营制度的对策

如前所述，当前我国国家公园特许经营制度从制度目的到细节尚且存在诸多未尽之处，亟待通过专门性立法对当前特许经营实践中面临的共性问题进行统一回应。依据前述对国家公园特许经营制度现状的分析和对域外国家公园特许经营制度的考察，笔者为完善我国国家公园特许

---

〔1〕 See Binnema T. & Niemi I. M., *Let the Line be Drown Now*: *Wildness Conservation and the Exclusion of Aboriginal People from Banff National Park in Canada*, 11 Environmental History, (2006).

〔2〕 See Hamilton G., *The Shady Past of Parks Canada*: *Forced out Indigenous People are Forging a Comeback*, 8 The National Post (2017).

〔3〕 See Annual report, Ottawa: Parks Canada, 2002—2003.

经营制度，提出以下建议：

一、国家公园特许经营制度旨在生态保护和提供公共服务

需要看到的是，特许经营制度是国家公园体制中的一个组成部分，因此对于特许经营制度在国家公园体制中承载的价值和发挥的作用需要运用系统思维看待。首先，应明确国家公园特许经营制度根源于国家公园提供公共服务的职能，目的是通过引入市场化的竞争机制确保公众所享受的公共服务质量。理由在于我国环境保护立法秉持“人类中心”主义的观念，人类社会可持续发展是保护生态环境问题的根本性价值，故而国家公园本身即具有提供公共产品和服务的职能。

其次，应认识到特许经营仅限于生态保护，并服务于生态保护价值。理由在于特许经营天然具有营利性，与国家公园的公益属性存在一定的冲突，需要从价值层面明确特许经营的底线和边界进而为后期立法发展出一套系统的审查制度提供顶层设计和方向指引。关于特许经营所要面临的公益性和营利性之间关系的权衡，已经引起了学界的讨论。如徐雷等认为，一方面，社会资本本身带有营利动机，由于当前国家公园法律制度不完善，缺乏社会资本准入的审核标准和规范审查程序，容易对国家公园公益性根本目的形成威胁。另一方面，一些存在不正确政绩观、发展观的政府，会放松对特许经营项目公益性目的的审查，不当扩大经营性项目的外延，甚至将项目收入作为引入、确定经济指标的优先考虑。[1]如普达措国家公园在实践中被赋予了“增加地方财政”和“发展地方经济”两项使命，迪庆州政府把普达措国家公园视作全州最好的国有旅游资产之一，授权大型国有旅游企业垄断经营景区内的门票、观光车等项目，并以此为平台进行资本运作，获取区域旅游开发与社会经济发展的资金。[2]因此，应当明确国家公园特许经营的行动边界以不损

---

〔1〕 参见徐雷、刘静、刘莉：《我国国家公园特许经营存在问题及法律对策研究——以公益性与营利性的法律关系为分析视角》，载《西安建筑科技大学学报（社会科学版）》2021 年第 3 期。

〔2〕 参见田世政、杨桂华：《中国国家公园发展的路径选择：国际经验与案例研究》，载《中国软科学》2011 年第 12 期。

害国家公园生态环境为限，具体也可以特许经营制度实施前后特定国家公园的生态环境状况为基准对象。

最后，应明确国家公园特许经营设立的目的不应包含经济发展和民生改善。在对各国家公园法规制度进行考察的过程中发现，一些国家公园管理机构对于“鼓励原住居民或者其主办的企业参与国家公园范围内特许经营项目”存在一定程度的错误理解。一是部分国家公园忽视特许经营的公共服务属性和生态保护属性，将其进行过度经济开发，甚至存在将园区项目整体转让以换取经济利润的情况。这就要求立法对其予以明确禁止，加强法律层面的监督和处罚。二是部分国家公园特许经营过度依赖社区发展，存在损伤特许经营活力和公平性的潜在风险。上述三家国家公园均在其特许经营管理办法中为当地原住居民设置一定的优惠政策，主要以特许经营优先权、特许经营费用减免、特定项目免于通过竞争性方式获取及特许经营项目优先雇用当地居民。对于该类措施，立法应当从措施的必要性、合理性、合法性三个方面考量，考察国家公园所在地经济状况、评估国家公园建设对原住居民生产生活的影响，在不背离生态保护主题和不影响特许经营有序运转及市场活力的前提下适当为国家公园所在地一定范围内的原住居民从事特许经营相关活动提供优惠措施。

二、明确事权分配，厘清部门职权

如前所述，当前我国国家公园特许经营在事权划分方面面临着“央地矛盾”，导致前述情况出现的主要原因即在于各地对于国家公园体系建设目的理解得不到位和事权划分方面的模糊性。具体而言，“央地矛盾”的实质在于国家公园生态保护优先于地区经济发展需求之间的冲突。诸如三江源国家公园、普达措国家公园等国家公园所在地经济发展状况相对落后，这也导致了前述国家公园所在地政府习惯性地将经济发展放在优先顺位，在这种决策惯性下，国家公园难免被视作获取经济来源的工具，而无从实现其保护生态环境的根本职能。同时，考虑我国国家公园特许经营实践处于制度整合与总结的过渡阶段，宜采用“渐进式”的权力整合方式，通过“法律保留”的立法技术，效仿新西兰通过整合国家公园法律法规并建立统一“保护部”的做法逐渐实现国家对自然资源所有权的直接行使，由中央对各国家公园管理机构实现垂直管理，赋予国家公园管理机构行政主体资格，国家公园管理机构职权独立于地方政府。

三、以生态保护为核心，兼顾多方利益诉求

如前所述，当前我国各国家公园特许经营在实践中对于原住居民都采取了不同程度的补偿措施，如特许经营优先权、招标豁免、优先受雇权、优先续约权及特许经营费用豁免。但从这些优惠措施的设计理念看，存在两大问题需要立法加以回应：一是既有实践缺乏对原住居民参与国家公园治理主体地位的认识；二是相应的优惠补偿措施缺乏必要性和合理性方面的审查。

不可否认的是，国家公园体制的实行极大地影响了原住居民的生产生活方式，具有补偿的必要性。但对于原住居民的补偿救济应当坚持整体观点，系统看待。应当认识到在进行直接经济补偿方面，生态补偿机制作为一项相对成熟的生态补偿方案已经较为完善，核心在于及时高效地落实补偿款。而特许经营优惠政策仅作为国家公园生态补偿机制的补充，在已有生态补偿的基础上发挥辅助作用促进原住居民对新生产生活方式的适应。因此，需要注意特许经营优惠政策的倾斜力度，避免由于过多向原住居民倾斜而减损特许经营制度的活力。

其一，应当明确特许经营优先权或豁免权适用的特许经营项目范围限于零售、导览等微利项目。一方面，鉴于我国地域文化的多样性，对部分能够展现当地传统或风俗的项目适用特许经营优先权或豁免权，既有利于增强游客体验，又起到了惠及原住居民的效果。另一方面，将特许经营优先权限于部分微利项目，有助于避免当地旅游集团垄断旅游资源。如果对特许经营优先权或豁免权的适用范围不加限制，则可能产生当地旅游集团借由优惠政策逃避竞争，进而形成隐形垄断的不利后果。其二，应明确禁止设置优先续约权。从我国国家公园试点的实践来看，

国家公园特许经营尚未完全摆脱既往由当地大型旅游集团垄断旅游资源的局面，特许经营市场发展并不充分，竞争活力有待进一步激发，如在普遍规定对原住居民特许经营优先权等优惠政策的基础上设置优先续约权，将存在巨大的垄断风险。其三，对于特许费用减免、特许经营项目优先雇用当地居民等政策，需要从必要且合理的角度进行考察，避免给特许经营者造成过多负担从而打击其积极性。

四、明确国家公园“特许经营制度”的规范定义及其范围划定原则

通过对三江源国家公园和海南热带雨林国家公园特许经营专门性规定的共性总结（见表8－1），可以总结出当下不同国家公园对特许经营所具有的六大特点：（1）参与方式的竞争性；（2）营利性；（3）特许经营活动是必要且恰当的；（4）特许经营活动有利于社区发展；（5）与国家公园体制目标的协调性和一致性；（6）活动范围的有限性，仅在一般控制区内开展。

表8－1　国家公园试点特许经营范围

专门性规定	条款	内容
《三江源国家公园经营性项目特许经营管理办法（试行）》	第2条	三江源国家公园经营性项目特许经营通过竞争性方式开展
	第3条	三江源国家公园内中藏药开发利用、有机畜产品及其加工产业、文化产业、支撑生态体验和环境教育服务等营利性项目特许经营活动适用本办法
	第9条	特许经营项目必须符合国家公园定位、建设发展总体规划和资源环境保护目标，对国家公园资源、价值、生物多样性的影响要最小化，与自然资源、文化资源及其景观相协调，有利于促进社区发展
《海南热带雨林国家公园特许经营管理办法》	第2条	海南热带雨林国家公园一般控制区内的经营服务活动实行特许经营，核心保护区禁止开展经营服务活动

黄茂荣指出：在我国国家公园特许经营制度的具体实践中，国家公园特许已经将其所拟描述或规范对象之特征穷尽列举的设定之存在基础，并不真在于概念的设计者已完全掌握该对象之一切重要的特征，而在于基于某种目的性的考虑，就其对该对象所已认知之特征加以取舍，并将保留下来之特征设定为充分而且必要，同时将事实涵摄于概念之运作中，把其余之特征一概视为不重要。[1]具体到国家公园特许经营，本书认为以下三个特征是核心：（1）市场化，即特许经营项目以市场化机制运行，通过竞争性方式选择特许经营者且目的在于营利；（2）必要且适当，即特许经营项目的设立是提供公共服务必要且适当的，禁止开展城镇化和工业化开发利用活动且应以对国家公园资源、价值、生物多样性影响最小化的方式进行；（3）协调性，即特许经营项目的确立和运行必须与国家公园生态环境保护的核心职能及当地自然及人文特色传统相协调。

基于前述分析，本书初步将国家公园特许经营项目定义为：以守护生态和服务社会为目的，在国家公园一般控制区内设立且具有营利性质的，与开展工业化、城镇化的开发利用活动无关的，对自然资源的必要且适度的非消耗性使用活动，包括国家公园内基础设施的建设、运行与维护；生态体验、旅游、康养产品与服务；文化、体育、生态环境教育科普产品与服务；餐饮、交通、住宿服务等。

此外，如前所述，特许经营范围规定灵活空间较大，许可范围不一，设置规则不明确需要立法予以统一的明确指引。事实上，在各国家公园的实践过程中，部分国家公园也尝试厘清特许经营范围，如美国《特许经营政策法》中的“公众使用必要且恰当原则”和“最高可行限度保护原则”在美国《国家公园管理局管理政策》（NPS Management Policies）得到了进一步展开。其将对国家公园内资源的使用活动细化为“恰当使用”（appropriate use）、“不可接受影响”（unacceptable impact）和“损害性使用”（impairment），并分别对这三类概念的内涵和外延进行了阐述并分别明确了相应的情形，该种做法是值得加以借鉴的。

---

〔1〕 参见黄茂荣：《法学方法与现代民法》，中国政法大学出版社2001年版，第39页。

五、明确特许经营收入用途限于国家公园建设运营和生态保护

如前所述，国家公园的特许经营涉及众多利益相关者，各方利益间的博弈都会对特许经营的方向产生影响进而影响特许经营制度目的落实。特许经营费用的用途分配是国家公园特许经营制度目的的集中表现，明确将特许经营费用限于国家公园建设运营和生态保护有利于避免特许经营的异化，防止政府将国家公园变成纯商业服务，进而实质扭曲特许经营制度的根本目的。因此，应当在保护生态环境与提供公共服务理念的共同指导下形成对于国家公园特许经营收入的专项收支计划和审计体系以确保特许经营收入取之于国家公园，用之于国家公园。

第九章　国家公园全民共享制度

第一节　国家公园全民共享制度概述

一、国家公园全民共享制度的内容

国家公园全民共享，即通过让全社会都有权利享受和利用国家公园的惠益。全民“共享”的主体是全民，作为一个集合体或者整体，横向来看，共享主体包括不同的社会群体，如志愿者群体、游憩群体、社区群体、科研群体等，根据共享的主体和国家公园所在地远近和利益相关性强弱，可划分为国家公园所在地居民和公众两大类；从纵向上来看，共享主体不仅包括当代的社会群体，还包括后代所有群体的公共利益，这同时也是可持续发展原则重大代际公平理念。

“共享”的客体主要是国家公园的多元价值，除了国家公园的经济价值，更多的是国家公园生态系统服务功能、社会功能和溢价功能，即为全民提供生态服务、自然教育、生态体验、游憩休闲以及科研教学等公共服务。国家公园的全民共享，绝不是简单“共享”国家公园的经济价值，而是涉及国家公园的生态、科学、历史、文化和艺术等价值，是“共享”国家公园的多元价值体系。[1]

国家公园的全民共享意味着我们每个人都有享受国家公园多元化价值的权利，需要承担起保护和发展国家公园的责任和义务。国家公园所提供的是生态体验和自然教育，不同于简单的到此一游、人山人海的旅游体验。国家公园所追求的体验更倾向于一种生态的体验、是一种学习的体验，是一种精神触动的体验。为确保国家公园全民共享的实现，需要将全民共有和全民共建也纳入全民公益性理念的内涵之中。

居民的共享主要是对国家公园体制建设所带来的经济利益的共享，应当在"国家公园法"中将特许经营收入定投、发展特色产业、开发绿色产品、生态补偿等确立为"共享"方式。公众的共享，主要是对国家公园的生态、科研、历史、文化和艺术等价值的共享，应该在"国家公园法"中予以分别确认。对生态价值，可以通过设置专门的游憩体验路线，让游客亲临体验国家公园的自然之美。对科学研究价值，可以在符合一定条件的基础上，允许科研人员在国家公园内开展科考活动。对历史、文化和艺术价值，不仅可以用传统文字表述的形式静态呈现，还可以使用现代的科技手段或者情景剧场的形式动态展现。

二、坚持国家公园全民共享制度的必要性

国家公园全民共享的必要性主要体现以下几个方面：

首先，从国家公园的定义来看，强调国家公园为公众提供更多的机会，其中包括精神享受、科研、教育、游憩以及参观的机会，使他们能最大限度上地从中获益，国家公园全民共享意味着中国的国家公园是每个人的国家公园，属于全民、服务于全民。公益性是基本要求。每一个公民既是国家公园的受益者，也应为国家公园承担义务、作出贡献。

其次，强调将全民共享作为我国国家公园全民公益性理念的核心要义，也是基于对我国自然保护地建设经验教训的总结，自 1956 年我国第一个自然保护地——广东省鼎湖山自然保护区建立以来，我国各类自

---

〔1〕 参见刘超：《国家公园分区管控制度析论》，载《南京工业大学学报（社会科学版）》2020 年第 3 期。

然保护地的总数超过 12 万处，面积超过 200 万平方千米，约占整个国土面积的 20%。[1]但现有的自然保护地体系存在的主要问题之一就是社会公益属性不够明确。具体表现就是将原本属于不特定多数人非排他性使用的、天然存在的、自然环境和自然资源划定成各类自然保护地后，再将其打造为旅游谋利的载体，大力发展“圈地式的门票经济”，[2]从而产生了“第二种公众共用物悲剧”，即过度地进行排他性占有而使公众可以自由活动的地域和空间急剧减少甚至缺失。[3]正是基于这些经验教训，在生态文明理念指导下的国家公园体制改革，应当强调国家公园的全民公益性，强调全民共享。

再次，环境公平理论包括代际公平和代内公平。其中代内公平是指同代人之间都有权利享受生态利益，即对自然资源的利用和享受干净、美好的环境都有平等的权利。全民都有权利平等享用国家公园的多元价值。

最后，为了深入贯彻落实党的十八届三中全会提出建立国家公园体制这一重点改革任务，建设国家公园是为了给予人民以美好生活体验，同时，国家公园建设也离不开民众的支持与参与。这其中既要纳入地方视角，考虑国家公园建设当地人的利益，实现绿水青山就是金山银山；又要从宏观层面设计参与政策和渠道，使国家公园真正成为最生动的自然教育平台。[4]

第二节　国家公园全民共享制度现状及问题

一、国家公园全民共享制度的现状

《国家公园法（草案）》（征求意见稿）的第四章和第五章明确了社

---

〔1〕 参见欧阳志云、杜傲、徐卫华：《中国自然保护地体系分类研究》，载《生态学报》2020 年第 20 期。

〔2〕 参见杜群：《三亚市山体保护地方立法的拓展和生态法治创新》，载《南海法学》2017 年第 2 期。

〔3〕 参见与之相对的“第一种公众共用物悲剧”是指，天然存在的自然环境和自然资源因人们的不当利用和管理而严重退化。参见蔡守秋：《公众共用物的治理模式》，载《现代法学》2017 年第 3 期。

〔4〕 参见《国家公园：全民共享、世代传承》，载《中华环境》2019 年第 9 期。

区发展和公众服务。对扶持社区居民生产生活转型、参与国家公园保护管理、社区建设等方面进行了规定，确保周边地区与国家公园保护目标相协调；第44条通过科研宣教、游憩体验等制度设计，体现国家公园的全民公益性；建立志愿服务机制，拓展公众参与的制度渠道。

截至2022年9月，全国各地共颁布了十部国家公园地方规范性文件（见表9－1）。通过对这十部国家公园地方立法，可以看出国家公园全民共享制度主要体现在以下几点：

表9－1　国家公园地方立法及规范性文件

规范名称	颁布机构	颁布时间
《普达措国家公园保护管理条例》	迪庆藏族自治州人大常委会	2013年9月
《云南省国家公园管理条例》	云南省人大常委会	2015年11月
《武夷山国家公园条例（试行）》	福建省人大常委会	2017年11月
《神农架国家公园保护条例》	湖北省人大常委会	2019年11月
《南山国家公园管理办法》	邵阳市人民政府	2020年5月
《三江源国家公园条例》	青海省人大常委会	2020年7月
《海南热带雨林国家公园条例（试行）》	海南省人大常委会	2020年9月
《山东省国家公园管理办法》	山东省人民政府	2021年12月
《钱江源国家公园项目管理办法（试行）》	钱江源国家公园管理局开化县人民政府	2022年1月
《四川省大熊猫国家公园管理办法》	四川省人民政府	2022年4月

1. 国家公园规划制度

规划手段将国家公园划分为不同区域，例如，普达措、山东省、神农架、南山四部国家公园地方立法专门设置了“游憩展示区”，《武夷山国家公园条例（试行）》则设置了“生态修复区”，海南热带雨林、大熊猫、钱江源三部国家公园地方立法则设置了“一般控制区”。山东省国家公园管理办法则规定了“一般控制区”和“核心保护区”，实行差别化管理。此外，武夷山、神农架、大熊猫这几部国家公园地方立法还要求针对科研监测、科普教育、游憩体验等活动编制专项规划。

2. 标准制度

即关于科研监测、科普教育、游憩体验等国家公园享用活动的标准。如三江源、武夷山两部国家公园地方立法要求国家公园管理机构制定此类标准。

3. 保障制度

主要包括提供信息服务、设施建设以及门票与访客管理三种保障制度。信息服务是指通过展览展示、讲解咨询、发放手册、网上服务等方式向访客提供自然资源、保护管理、科研监测、科普教育、旅游路线等信息，建立健全信息公开制度，构建综合信息平台。三江源、神农架、钱江源这三部国家公园地方立法规定了此类内容。设施建设是指由国家公园管理机构或由其联合地方政府负责建设园区内外的交通、电力、通信、水利、环保及医疗救护、科研监测、宣传教育等基础设施和公共服务设施。例如，除普达措、云南省的国家公园地方立法之外的其他八部国家公园地方立法都为相关政府部门设定了该项义务。门票与访客管理主要是指对国家公园的门票实行政府管理和低价制度，这为公众享用国家公园降低了门槛。普达措、三江源、神农架、钱江源四部国家公园地方立法确立了此制度。此外还要根据国家公园的环境承载能力和生态监测结果，对国家公园的访客进行容量控制，并对访客行为作出规范调整。除普达措、武夷山、神农架之外的其他七部国家公园地方立法均采取了这种做法。

4. 补偿制度

即建立一种国家公园体制改革成果惠益分享机制，主要包括社区发展和生态补偿。社区发展要求将特许经营收入用于当地的民生改善，发展当地的特色产业，通过定向援助、产业转移、社区共建等方式引导当地的居民参与国家公园体制建设活动等。除《四川省大熊猫国家公园管理办法》外，其他九部国家公园地方立法都作出了这些规定。生态补偿则要求在国家公园的森林、草原、湿地等多个重点生态领域，建立以资金补偿为主，技术、实物、安排就业岗位补偿为辅的多元生态补偿方式。除普达措、云南省、大熊猫国家公园地方立法外，其他七部国家公园地方立法皆引入了这项机制。在"共有"方面，普达措、云南省、武夷山、大熊猫四部国家公园地方立法要求"设立国家公园应当以国有自然资源为主"，并通过"提高国家公园国有自然资源占比"来强化国家公园的全民"共有"目标，具体实施方式包括征收、赎买和置换等。其他几部国家公园地方立法基本上都表明了国家公园自然资源国有和集体所有相并存的立场。对于国有自然资源，一般将其确权至国家公园管理机构并由其统一行使管理职责。对于集体所有的自然资源，一方面在依法、自愿、有偿原则的指引下转化为国有；另一方面则在不改变集体所有状态的前提下，通过合作、地役权、入股联营、承包租赁等方式实行用途管制，并以此来凸显全民对国家公园的"共有"特征。

神农架国家公园地处湖北省西北部，拥有得天独厚的生态系统，吸引着世界各地的游客来旅游休闲。近三年，神农架国家公园主要科普场馆累计服务教育活动 44,127 次，2019 年神农架国家公园接待游客 1828.5 万人次，实现旅游经济总收入 67.6 亿元，其中研学团体游增长迅速，带动了当地餐饮、住宿、向导等相关行业发展，促进了神农架社会经济的健康发展。武夷山国家公园通过开发生态观光旅游茶文化体验旅游，引导村民发展森林人家、民宿的发展。此外，依托于武夷山的生态条件，政府引导村民积极发展绿色生态采摘园，农业收入达到 400 万元，村庄人均可支配收入接近 4 万元。此外，为了平衡林农权益和生态保护，武夷山国家公园创新了森林景观赔偿制度，对武夷山主景区内的 7.76 亩集体山林实行"两权分离"管理，即山林所有权归村民，使用管理权归国家公园管理机构，对林权所有者实行补偿，补偿额度随着游憩收入增长联动递增。在祁连山国家公园体制试点范围内，许多牧民都成为保护生态的践行者——生态管护员，推行了“村两委+”的共管模式是以村委会、村支部为依托，结合国家公园体制试点工作安排，挖掘“村两委+”在生态保护、宣传动员、党员带动等方面的工作潜力。“村两委+”工作模式涵盖党建、宣传、自然教育、保护模式等内容，简单来说，就是让全民参与国家公园建设和保护。

二、国家公园全民共享制度存在的问题

国家公园属于公共物品范畴，但是生态产品的供给有限，因而又具有一定程度上的排他性和竞争性，可归于准公共物品。政府公共物品供给能力主要受制于经济发展水平。国家公园建设在我国尚处于起步阶段，国家公园建设面临资金、人才、管理经验缺乏的问题，政府单一供给模式无法满足现代化国家公园建设和运营以及利益相关者多样化需求。我国国家公园全民共享制度存在的问题主要体现国家公园利益相关方效益共享机制还有待完善、周边区域公众参与不够、政府管理能力不足以及缺乏相关的共享途径模式。[1]

1. 国家公园的保护和管理难以形成合力

国家公园的保护和管理需要政府、企业、社会组织和公众等多个利益相关方，不同利益相关方对国家公园的认识存在明显差别，导致国家公园的保护和管理难以形成合力，也直接导致国家公园难以实现共享。2019年6月，中共中央办公厅、国务院办公厅印发的《关于建立以国家公园为主体的自然保护地体系的指导意见》中指出，国家公园存在重叠设置、多头管理、边界不清、权责不明、保护与发展矛盾突出等问题。国家公园作为保护自然遗产和保障生态安全的重要区域，需要共同加强保护，让人民群众享受优质生态安全的重要区域，需要共同加强保护，让人民群众享受优质生态产品。但是，在“绿水青山”的经济效益未能充分显现时，地方政府、企业和当地社区居民对国家公园建设带来的重要效益没有清醒的认识，不舍得放弃眼前短期的经济利益，不断地侵占

---

〔1〕参见程立峰、张惠远：《实现自然保护地共建共享的路径建议》，载《环境保护》2019年第19期。

自然公园，最终导致生态系统破坏和生态功能退化，国家公园的效益难以实现。

2. 国家公园的共建共管能力不足

《关于建立以国家公园为主体的自然保护地体系的指导意见》指出，要突出自然保护地体系建设的社会公益性，发挥政府在国家公园规划、建设、管理、监督、保护和投入等方面的主体作用。但是，一方面，国家公园的全民公益性和公共管理职责不够明确，地方政府对全民公益性的理解不到位，土地及相关资源产权不清晰，全社会参与国家公园保护管理效能不高；另一方面，地方政府共建共管的能力还比较缺乏，国家公园得不到高度重视，资金和技术投入也很难满足实际需要，导致国家公园管理不到位。

3. 公众参与度不够

国家公园的保护对象是生态是自然，但是它的治理对象是社区和人。国家公园建设和当地周边的社区发展统筹性质不够，社区居民容易处于被动甚至是和国家公园对立的地位，容易加剧环境与发展、开发和保护之间的矛盾，导致地方政府建设国家公园的积极性不高，居民对国家公园也因理解不到位而产生抵触情绪。《建立国家公园体制总体方案》中强调“国家公园坚持全民共享，着眼于提升生态系统服务功能，开展自然环境教育，为公众提供亲近自然、体验自然、了解自然以及作为国民福利的游憩机会”，为了实现国家公园全民共享，需要探索完善国家公园周边社区居民参与监督机制。目前，国家公园管理信息公开不够，相关的公众参与监督机制也不够健全。

4. 缺乏具体行之有效的参与途径

《建立国家公园体制总体方案》提出加大财政支持力度，广泛引导社会资金多渠道投入。《关于建立以国家公园为主体的自然保护地体系的指导意见》中提出探索公益治理、社区治理、共同治理等保护方式。但是目前这些治理方式尚未形成一定规模。首先，我国在国家公园治理的非政府组织等社会组织参与方面发展还不成熟；其次，周边社区居民参与度不高；最后，需要建立相应的绿色社会基金会来支持国家公园建设，但是目前还缺乏相应的运作机制。此外，最严格的生态保护制度还没有建立起来，最严格的监督执法还不到位。[1]

所以在我国的国家公园体制建设中，其一，一定要注重社区的治理，在人口密度高的地区建设国家公园必须充分考虑社区的生计，让国家公园里面的原住居民在生态保护第一的前提下，有着体面的、有尊严的生活。其二，尽可能使原住居民更多地参与国家公园的保护治理，设置生态管护岗、一户一岗。如果考虑原住居民的利益，我们有可能形成一个人与天谐、天人共美以及原住居民自愿地支持国家公园的一种现象。

第三节　国外国家公园全民共享制度借鉴

一、美国国家公园的公众参与机制

美国的黄石公园是世界上第一个国家公园。美国在国家公园建设中十分重视公众力量，建立了完善的公众参与机制。美国国家公园管理局始终将公民共享的理念贯穿于国家公园的设立、规划、决策、管理等各个环节，并针对不同的参与主体，设计了不同的参与路径和形式，如政府机构可通过联席会议参与国家公园规划设计。[2]而普通公众可参加讨论会或座谈会，利益相关者可以参加决策会议积极发表意见和建议，从而影响国家公园的规划决策。此外，美国国家公园建立了“规划、环境和公众评议”（PEPC）网，实现对所有规划项目的管理、内外交流和数据统筹。公众可以通过访问 PEPC 的外网，充分参与国家公园规划项目。

美国国家公园实行低廉或免费的门票制度，将园内服务设施收费与门票收费联系起来为部分特殊群体减免优惠，也为一般群众提供多样化的收费优惠方案。总体上看，门票价格相对稳定，也会随着经济发展进行调整，调整需要征求利益相关者意见，并受到美国国会的制约监督。

---

〔1〕参见程立峰、张惠远：《实现自然保护地共建共享的路径建议》，载《环境保护》2019 年第 19 期。

〔2〕参见张振威、杨锐：《美国国家公园管理规划的公众参与制度》，载《中国园林》2015 年第 2 期。

通过立法将国家公园门票收入的80%用于本公园维护和运营，20%用于帮助其他公园，有效地反哺了国家公园的可持续运营。在社会参与方面，通过吸纳多元主体共建共享，保障公益性实现。发展目标及规划、项目审批、经营行为的规范不仅受到法律的制约和指示，而且源于多方利益相关者协同参与决策，一定范围内的公众表决能够决定国家公园政策是否符合公共利益。通过特许经营形式吸纳企业、社区居民等参与经营性项目，与多方利益相关者合作，保障其基本收益权，将国家公园融入可持续的生态、文化和社会经济体系中。

二、澳大利亚国家公园的社区共管机制

澳大利亚在1879年的时候成立了世界第二个国家公园——皇家国家公园。其国家公园共享制度的成功之处在于和原居民之间建立了国家公园社区共管机制。主要包括以下三个方面：

1. 保障原住居民的基本权利

澳大利亚政府赋予原住居民占用和使用土地的权利。比如卡卡杜国家公园社区共管过程中就十分注重保障原住居民的土地所有权。卡卡杜国家公园租赁协议包括了原住居民使用和占用土地的权利的相关条款，以及22个用来促进和保护原住居民的利益、传统、就业、咨询和联络的具体契约。[1]通过土地管理协议等行为将原住居民和国家公园管理机构合作关系予以制度化。[2]除此之外，《环境保护与生物多样性保护法》明确规定国家公园由政府和原住居民共同管理，卡卡杜国家公园设立了国家公园委员会，其作用在于解决原住居民在管理国家公园中存在的问题以及协调国家公园和社区的共同发展。在完善的法律制度下，实现了国家保护生态与原住居民拥有实际权、责、利之间的平衡，对原住居民的权利和文化给予了保障。

---

〔1〕 参见杨金娜：《三江源国家公园管理中的社区参与机制研究》，北京林业大学2019年硕士学位论文。

〔2〕 参见薛云丽：《国家公园建设中原住居民权利保护研究》，兰州理工大学2020年硕士学位论文。

2. 鼓励原住居民积极参与国家公园的决策和规划

为了让原住居民更好地参与到国家公园管理中：其一，会确保原住居民拥有和政府方相当的决定权，在管理过程中充分考虑原住居民的传统文化、地方性知识以及生存技能。其二，政府支持鼓励原住居民参与旅游经营，允许其独资或合资旅游企业、建设文化中心以及开展解说服务等。例如，在乌卢鲁·卡塔曲塔国家公园和卡卡杜国家公园中，原住居民担任公园巡警与领路导游、提供文化景观解说服务、经营文化旅游项目并投资建设游客旅社，该方式不仅维护了原住居民的文化和遗产，还推动了当地社区文化、生态旅游与经济的发展。

3. 对原住居民进行相关技能的培训

国家公园刚成立，原住居民可能存在语言以及识字算数方面的困难，而无法在国家公园的管理中提出具有建设性、实操性的建议。为了确保原住居民能够更好地参与国家公园的管理，政府开展了针对原住居民的管理技能的培训。比如，为儿童提供环境教育，意图帮助原住居民更好地理解传统文化和自然环境，从而在管理和保护文化遗产和生态自然中发挥作用；为年轻人提供工作技能培训，完成相应的课程获得培训证书然后持证上岗，为其增加护林员、维护基础设施及自然资源管理等方面的就业机会。[1]

三、加拿大国家公园的科学管理机制

加拿大国家公园的管理机构是国家公园管理局，自治权力比较完备。国家公园管理局可以自行制定人力雇佣机制，自由支配国家公园体系的所有收益。此外，国家公园建设和运行的资金主要源于联邦政府财政拨款而不是国家公园的门票收入。

加拿大对国家公园的管理不是简单地“一刀切”，而是充分兼顾科学保护和社区发展的需要来开发利用国家公园。例如，加拿大落基山国家公园群中的班夫国家公园就是从以下四个方面来平衡科学保护

---

〔1〕 参见侯艺、许先升、陈有锦等：《澳大利亚国家公园社区共管模式与经验借鉴》，载《世界林业研究》2021 年第 1 期。

和地区发展：

1. 控制当地的城镇发展

班夫国家公园是一个较为成熟的国家公园，但其发展速度、常住人口以及城市边界的区划都是由国家管理局严格规定的，当地居民没有土地所有权，住房以及生产需要用到土地都需要向国家公园进行租借。

2. 完善国家公园的基础设施建设

除了通过限制公路的运行来限制游客分布，对加强保护的区域禁止公路建设，对已经投入使用的公路采取根据需要按季节开放；班夫国家公园还根据野生动物的行为监测结果修建野生动物通道以防止公路阻碍野生动物的自由活动。

3. 列出游客的负面行为清单

在对国家公园进行生态系统调查以及重要的物种进行检测后，列出需要保护的物种以及会对游客造成危险的项目。比如，班夫国家公园常有棕熊出没，需要提前告知游客进行防护。

4. 利用科研成功推动经营转型

以班夫公园内的圣路易斯湖的滑雪场为例，游客在冬季对滑雪市场的需求量较大，夏季则是淡季，为了更好平衡游客量，滑雪场通过对周边的生态系统和物种进行了专业的调查和研究，发现了一些植被被破坏之后反而会提升植物种类的多样性，从而吸引了更多棕熊来滑雪场觅食，游客夏季也可以选择乘坐缆车观光棕熊。

总结各地国家公园体制建设试点经验，在实现全民共享的保障方面，一般采取的“共享”保障措施包括降低门票价格、实行政府定价，从而降低共享的门槛，吸引更多公众参与其中；为各类“共享”方式的科学化运行编制专项计划、技术规范和标准；给各类“共享”方式的常态化运转提供配套信息服务和基础设施建设等。上述“共享”保障措施，只是对现阶段在各地方国家公园体制建设当中采取的“共享”保障措施的试点经验总结。它们之间本质上并不存在优劣之分，而仅需要从“实用性”角度来评价，只要结果有利于实现全民对国家公园多元价值的“共享”，就值得我们借鉴学习。

第四节　完善我国国家公园全民共享制度的对策

总结国外国家公园共享制度的成功经验，我国国家公园全民共享制度的可以通过以下途径来优化改进：

一、政府加强管理

首先，政府对于国家公园应该以制度的形式明确保护投入责任，以形成保护的资金保障。对于门票，应该立法确定门票的定价依据和管理方案。门票定价需要体现全民共享的福利性，考虑人均收入，从低价门票逐渐过渡到免费，还需要考虑对于特殊群体的门票优惠政策，比如卡卡杜国家公园，对学生团体实施免费入园。除了门票收入，也可以参考国外国家公园的募捐和其他资金来源，完善社会捐赠制度，成立基金会。可以参考三江源保护基金会的经验，在成立及今后应该根据法律和章程公开透明运行，严格履行基金项目的运行情况以及收支情况年度报告和公示制度。

其次，可以结合当地特色，在保护国家公园生态环境的前提下发展特色产业，开发生态产业观光项目以及生态旅游业。逐渐形成生态产品、生态产业、生态体验一体的完整生态产业链，进行产业化经营，实现当地人民收入稳定增长，改善当地人口生活水平，达到生态、经济有机统一。充分发挥市场化机制的作用，积极探索市场化机制建设，探索水权交易、排污权交易以及碳汇交易制度，[1]发展新型的经济发展方式，提高资源配置效率，通过农民参股企业方式，使农户能够和市场经营主体共同经营，调动当地群众的积极性，实现发展成果与群众共享。

再次，可以设立生态管护公益岗位，对当地的牧民、农民进行生态管护培训。一方面可以节约另外聘请人员的费用，另一方面可以充分发

---

〔1〕　参见方伟春：《国家公园体制试点区生态补偿机制建设研究——基于开化县钱江源国家公园的调查》，载《安徽农业科学》2019年第11期。

挥当地居民管理、建设国家公园的主体作用，通过设立管护岗位能够维持原住居民基本的收入来源，避免农牧民对生态资源的过度消耗。

最后，以当地国家公园为依托，突出区域性的文化特征，完善当地的基础设施。一方面，要不断完善交通基础设施，根据现有的交通路线，进行科学的规划，构建现有的交通体系，扩大区域内的居民和外界的沟通交流，发展生态旅游。旅游产业作为国民经济的支柱产业，发展过程中不可忽视生态建设问题。[1]要把旅游和生态建设更好地结合起来。并且不断完善当地配套的基础设施。另一方面，探索互联网电商模式，依托网络平台，开拓新的发展途径。开展网络营销，突破地域的限制，实现当地产品能够销售到世界各地，提高特色产品的共享价值，同时也能够给当地增加经济效益，提升当地人民的生活水平。要始终坚持保护为主的原则，科学化、规范化开发，凸显当地文化特色，传播特色文化，促使国家公园建设成果能够惠及更广泛社会群体。

二、促进公众参与

完善公众参与制度，明确公众参与制度的内容。国家公园管理机构可以将公众对于国家公园建立的意见反馈作为确定国家公园成立的必经程序之一。在规划编制以及实施方面，其一，需要通过法律明确国家公园规划编制的公开程序，并将规划编制公示情况作为国家公园建设考核情况的参考。其二，规定公众对于规划编制参与意见反馈的时间、途径等程序性细则，并规定要对公众意见采纳情况进行反馈。

1. 拓宽公众参与的渠道

促进社区参与的广度。从国家公园保护、建设和管理全过程拓展社区参与广度。通过立法明确居民社区参与的知情权，确保社区居民了解国家公园的建设管理信息，建立信息畅通机制。此外，建立社区委员会，由社区居民选举一定数量的代表加入社区委员会，并由国家管理局负责对代表进行国家公园运行方面的知识培训。建立社区可持续发展机

---

〔1〕 参见吴若云、马宝建、张玉钧：《地方性知识需求、地方依恋与环境责任行为关系研究——以三江源国家公园为例》，载《中南林业科技大学学报（社会科学版）》2019 年第 3 期。

制，比如法国国家公园加盟区建设模式，制定我国国家公园同周边的原住居民之间的社区发展指南——针对不同类型的国家公园，提出因地制宜的多元化社区发展机制。在国家公园现有的管理下，可以考虑以增加生态管护公益岗位和志愿者服务形式，引导原住居民直接参与工程建设、科研监测、巡查巡护等工作，提供餐饮和住宿服务；通过合作社模式，鼓励原住居民参与一些农畜产品加工、生态体验、环境教育、民族手工业等特许经营；提高社区参与意愿，鼓励其参与国家公园管理和利益分配，实现原住居民增收。

2. 促进公众参与的深度

可以参考澳大利亚国家，首先，为参与的非官方群体设立一个代表组织，并且保障其具有和官方管理机构相当的表决权。其次，设计科学的参与流程，并且提供线上平台，拓宽公众参与的渠道和空间。最后，当公众参与表决的结果和国家公园的保护目标相违背的时候，需要发挥管理机构的决策作用。依托于地方特色院校、高原科学与可持续发展研究院及相关知名企业，对国家公园社区开展分级分类培训，提升社区参与意识和参与水平；重点提高管护人员智能巡护、社区管理、宣传教育展示等综合性的专业技术能力水平，承担体验项目解说和环境教育课程领队工作；充分发挥国家公园的科研教学功能，积极探索资源合理利用的新途径。

一方面，国家公园拥有大量珍稀的动植物资源，是开展科研工作的天然实验室。国家公园为地质学研究、生态学研究、生物多样性保护研究提供了天然的平台，通过与科研机构合作、与高校合作，可以实现研究资源的共享，充分发挥国家公园的科研功能。另一方面，可以引入生态文明教育，树立正确生态保护意识。[1]通过自然教育向公众和国家公园的游客传授环境知识，提升环保意识，并且引导规范自身行为，比如，美国的北卡斯卡德国家公园就设立了专门针对解说和环境教育的组织——北卡斯卡德学院，专门针对中小学生、大学生以及社团开设了系

---

〔1〕 参见余梦莉：《论新时代国家公园的共建共治共享》，载《中南林业科技大学学报（社会科学版）》2019年第5期。

列环境教育课程，学生通过参与研究和保护等行动，学习历史知识，建立与生态系统的连接以及群体凝聚力等，此外还和西华盛顿大学合作开发了针对研究生的环境教育课程。国家公园作为没有边界的大学，发挥着重要的环境教育作用。我国国家公园建设中也可以借鉴这一模式，积极建立和公众的联系，让国家公园作为教育项目的天然课堂，培养公众对自然美的欣赏和热爱，提升环境意识，自觉参与到建设、保护国家公园中来，从而实现发展成果共享。

三、推动国家公园公益化

1. 公益优先

为公众提供公共福利性游憩的机会，提升游憩体验。一方面可以采取以一个较低的门票价格或者免门票运营，另一方面可以在保护生态环境的前提下面向游客开展增值服务以及专项的服务体验，进行专项游憩服务体验收费，不仅满足了游客的多样化需求，还可以筹集国家公园的保护资金。

2. 对访客活动进行管理

第一，在游憩需求旺季的时候，采取预约许可的方式限制游客数量，避免破坏环境的最大承载力度；第二，通过转移需求来应对游憩需求时空不平衡问题；第三，可以提出环境友好型的游憩方式，制定游客监测方案来减少对国家公园生态系统的破坏。

具体而言，对于全民“共享”国家公园的保障措施主要包括：首先，通过总体规划对国家公园进行合理分区，并根据每一区域的资源环境承载力、每种“共享”方式的适宜程度，决定每类“共享”项目的具体布局，且就各“共享”项目制定相应的专项规划和建设标准。其次，确立国家公园所在地的地方政府配合国家公园管理机构做好基础设施建设工作，配合国家公园管理机构做好信息服务工作的职责。最后，在根据生态监测结果控制访客容量的基础上，由政府来确定较低的门票价格，让更多民众有机会享受国家公园的好处。

第十章 国家公园综合执法制度

第一节 国家公园综合执法制度概述

一、我国国家公园综合执法制度的设立和发展

我国在 2013 年 11 月首次提出要建立国家公园体制，将其作为生态文明体制改革的重要内容之一。两年后，2015 年国务院批转《发展改革委员会关于 2015 年深化经济体制改革重点工作意见》提出，在 9 个省份进行国家公园体制试点工作，明确了为保护自然文化的完整性和原真性，要对国家公园实行统一和分级管理的要求。2017 年印发了《建立国家公园体制总体方案》，首次提出了在国家公园管理过程中实施统一事权、分级管理体制的设想。为了提高综合管理效率，整合相关自然保护地管理职能，规定由一个部门负责国家公园保护管理职责，进行必要资源环境综合执法。将生态环境保护管理、自然资源资产管理、自然资源监管所需的生态环境和资源保护结合起来，整合组建统一执法机构，协调串联当地政府、各个相关部门、周边社区的关系。由此，成立了国家公园管理局，负责统筹规划、建设和管理国家公园。

2018 年 12 月印发了《关于深化生态环境保护综合行政执法改革的指导意见》，明确提出要“有效整

合生态环境保护领域执法职责和队伍，科学合规设置执法机构，强化生态环境保护综合执法体系和能力建设”。2019年6月，印发了《关于建立以国家公园为主体的自然保护地体系的指导意见》，提出要严格国家公园内的执法监督，建立包括多个相关部门的统一执法机制，在自然保护地范围内实行生态环境保护综合执法。为推进统一生态环境保护综合执法改革，2020年3月印发了《关于生态环境保护综合行政执法有关事项的通知》，并进一步提出具体要求。2022年8月《国家公园法（草案）》（征求意见稿）则对相关机构的职责、国家公园管理机构的职权做了进一步明确，此外，正式批准了首批5个国家公园，包括三江源、大熊猫、东北虎豹、海南热带雨林和武夷山等。

近三年，我国国家公园综合执法制度得到了持续的加强和完善，执法能力和水平也得到了明显提升，为国家公园的保护和管理提供了有力支持。在国家公园执法队伍的组建方面，我国国家公园系统在这个时期内持续加强执法队伍建设，建立了一支专业化、高素质的国家公园执法队伍。同时，加强了执法队伍的培训和管理，提高了执法效率和水平。执法监管和力度得到强化，在这个时期内，我国国家公园系统持续加强了对国家公园内的违法行为的执法监管和处罚力度。加大对非法采伐、盗猎、捕捞、野外露营等行为的打击，加强对国家公园内生态破坏行为的监管。执法信息化建设持续推进，我国国家公园系统在这个时期内加强了执法信息化建设，建立了统一的执法信息化平台，实现了执法数据的共享和管理。同时，还推进了无人机、卫星遥感等科技手段在执法中的应用，提高了执法的精准度和效率。[1]拓宽执法合作渠道不断拓宽，我国国家公园系统在这个时期内加强了与其他执法机构的合作，如公安、林业、渔业等部门，建立了多层次、多方位的执法合作机制，共同推进国家公园综合执法工作。

二、我国国家公园综合执法制度的主要内容

我国大多数自然保护区已明确由管理局内设机构统一行使资源环境

---

〔1〕 参见龙文兴、杜彦君、洪小江等：《海南热带雨林国家公园试点经验》，载《生物多样性》2021年第3期。

协同执法职责，这是我国自然保护地生态环境保护监管制度的重要内容。各试点自然保护区均制定了相应条例或办法，并进行了不同程度的协同执法改革。具体而言，有两种分类：一类是管理局内设机构，如三江源等地的协同执法机构；[1]另一类是所在区域内市县协同执法局，如甘肃省内的协同执法局。这两种模式都有利于实现自然保护区内资源环境违规行为的有效查处和惩治，提高协同执法效率和水平。我国目前试点的自然保护区基本确立了由管理局内设分局（分队）统一行使保护区内的协同执行权。这样做既符合自然保护区“统一事权、分级管理”的要求，又能避免属地管理和部门管理之间的冲突和重复。

仍应注意到，只有海南热带雨林和云南普达措两个自然保护区仍由原有机构进行执行。在海南热带雨林中，管理局设置监督处负责指导、协调保护区内协同行政执行工作，并无独立执行权限。实践中仍延续属地管理传统，由地方政府设立执行大队，在各分局派驻人员，实行资源环境属地协同行政执行。森林公安则负责涉林执行工作。该规定违背了自然保护区“统一事权、分级管理”的要求，并容易导致地方执行保护主义，妨碍对保护区内资源环境违规行为的统一执行管理。

因此，在推进自然保护区协同执法改革过程中，应该借鉴成功经验，完善相关制度和规范，加强监督和评估，促进各级各部门之间的沟通和配合，提高自然保护区生态环境治理能力。

第二节 国家公园综合执法制度现状及问题

一、国家公园综合执法制度的现状

（一）《国家公园法（草案）》（征求意见稿）的顶层设计完善

在《国家公园法（草案）》（征求意见稿）出台后，相关机构的职能得到了进一步明确。《国家公园法（草案）》（征求意见稿）明确了一

---

〔1〕 参见苏红巧、王楠、苏杨：《三江源国家公园执法体制改革经验及其可复制性》，载《生物多样性》2021年第3期。

套相关机构的各自权能范围：对国家公园管理机构、海警、公安等一套机构作出了职权范围的划分。以第 52 条为例，规定了国家公园管理机构履行国家公园范围内自然资源、林业草原等领域行政执法职责，实行统一执法。这意味着国家公园管理机构具有在国家公园范围内进行行政执法的职责，并且要以统一的执法标准和程序进行执法。这样可以确保在国家公园范围内的行政执法工作能够有序开展，避免因不同执法部门之间的执法标准不一致而引发的执法不公问题。

此外，《国家公园法（草案）》（征求意见稿）第 52 条还规定了国家公园管理机构可以经国务院或者省级人民政府授权承担国家公园范围内生态环境等综合执法职责。这意味着国家公园管理机构有可能承担更广泛的综合执法职责，如生态环境保护等方面的执法职责。这样可以让国家公园管理机构更好地协调各个部门之间的执法工作，提高国家公园综合执法的效率和质量。通过赋予国家公园管理机构较强的行政执法权力和灵活的授权机制，可以提高国家公园内部治理效率和效果，防止权力分散和重复执法造成的资源浪费和利益冲突。

总体来说，《国家公园法（草案）》（征求意见稿）第 52 条旨在规范国家公园管理机构的执法职责，并且充分授权国家公园管理机构承担更广泛的综合执法职责，以提高国家公园综合执法的效率和质量。同时，该条规定也为未来国家公园的建设和管理提供了明确的法律依据。

（二）各个地方综合执法机构设立的落实实践

我国国家公园综合执法机构的建设逐渐完善。目前，我国国家公园综合执法机构已经初具规模，队伍建设、人员培训、执法装备配备等方面也在逐步加强。在实践中地方明确管理体制，展开了规范国家公园保护、建设和管理活动。如浙江省丽水市庆元县综合行政执法局以“大综合一体化”行政执法改革为契机，推进百山祖国家公园保护体系建设，打造“一支队伍管执法”改革样板。该局坚持党建统领，条抓块统，实现了执法人员统筹协调、联动监管提升效能、司法执法多跨协同和数字赋能多智等四个方面的创新。

位于湖南省邵阳市的南山国家公园出台了《南山国家公园管理办法》，并配套出台巡护、调查评估等制度、规程 60 余项。同时，出台

《行政授权外经济社会发展综合协调等事权划分》，划定权力边界，规范权力运行等。再以黄山风景区国家公园为例，黄山风景区国家公园是中国第一个以风景名胜区为核心的国家公园，其综合执法机构的建设已经初步形成。该机构的职责包括对公园内的各项管理和保护工作进行综合协调和管理，并负责公园内的综合执法工作。在执法机构建设方面，该公园已经建立了由公安、林业、环保、文化和旅游等部门的执法人员组成的执法队伍，实现了综合执法的目标。

另外，张家界国家森林公园综合行政执法局也是一个很好的实践典型，是负责张家界国家森林公园内行政执法、巡查监管、安全管理等方面的综合执法机构。该机构下设执法监督科、安全保卫科、森林资源管理科、旅游服务管理科等科室，由公安机关、林业部门、旅游管理部门等多个部门共同派员组成。由此可以得出我国在探索建立适应我国特色和需求的国家公园综合执法制度方面已经取得了一系列进展和成果。

二、国家公园综合执法制度存在的问题

（一）综合执法机构执法依据不足

虽然《国家公园法（草案）》（征求意见稿）规定了国家公园管理机构承担综合执法职责，但在实践中，还需要明确具体的执法机构和执法职责范围。当前，国家公园综合执法还缺乏一部完备的法律法规体系。尽管已有《国家公园条例》和相关部门的规范性文件，但在实际执法中，相关执法机构可能面临法律法规适用不明确、条例和规章缺乏可操作性等问题。[1]国家公园执法机构的执法标准和程序没有统一的法规规范，目前只是根据国家公园总体规划和专项规划进行执法。这样的规划可能存在不科学、不合理、不适应等问题，影响执法的公正性和合理性。目前，国家公园执法机构的执法协调和监督相关的有效机制尚未成型，当前仅支持其他部门在国家公园内设置派出机构，从而开展依法查处违法行为等工作。但由于执法依据不足，相关协调和监督工作的具体

---

〔1〕 参见夏云娇、黄珊：《国家公园资源环境综合执法研究》，载《安全与环境工程》2018 年第 4 期。

开展，可能存在不及时、不充分、不有效等突出问题，进一步影响执法的协同性和科学性。

（二）相关机构协作机制不顺畅

第一，国家公园综合执法的相关部门之间职责不清、标准不一。国家公园综合执法需要多个部门协同配合，在国家公园范围内，多个行政执法机构可能都有权对某一行为进行执法，如环保、水利、林业、农业等部门。[1]在实践中，存在不同执法机构之间执法权责界定不清、重叠或者缺乏明确的规定等问题，另外，由于不同部门之间的执法规范和标准不统一，可能出现不同部门对同一违法行为的处理不一致的情况，这就可能导致执法结果被质疑或者产生纠纷。生态环境保护综合行政执法队伍与相关部门之间的协调配合机制并不完善。

第二，国家公园综合执法涉及多个部门，需要各个部门之间进行协调配合，形成有效的执法联动。但在实践中，不同部门之间协调机制不完善，缺乏有效的协作机制，可能导致执法机构之间的协调配合存在问题，影响执法工作效率。在实践中，由于协调机制不完善等问题，存在执法协调不力的情况，这无疑会严重影响生态环境保护综合行政执法工作的成效。

第三，分散式基层国家公园执法体制不顺畅、监管执法碎片化。国家公园在全国范围内分布地域较大且相对分散，基层执法机构可能存在执法能力不足的问题。[2]由于国家公园管理机构与基层执法机构之间的联系薄弱，基层执法机构可能缺乏必要的技术指导和执法支持，难以有效地履行执法职责。从监管执法方面来看，各类保护地分属于不同的部门，执行相应的法律规章，监管体制不顺、权责不清，进而形成了监管执法碎片化、政出多门、分散执法的弊端，执法效能不高。

（三）执法人员队伍建设不完善

当前国家公园执法队伍存在人员数量不足的问题，执法队伍规模相对

---

〔1〕参见刘伟玮、朱彦鹏：《关于建立健全自然保护地生态环境综合执法的建议》，载《环境与可持续发展》2021年第3期。

〔2〕参见赵鑫蕊、何思源、苏杨：《生态系统完整性在管理层面的体现方式：以跨省国家公园统一管理的体制机制为例》，载《生物多样性》2022年第3期。

较小，人员数量不足，尤其是对于国家公园的面积较大、资源较为丰富的地区，执法队伍缺乏足够的人力支持。国家公园执法队伍的整体执法能力不高，执法队伍中一些执法人员的专业能力和业务水平相对较低，缺乏系统的执法培训和专业技能提升机会，对于复杂的执法工作难以胜任。

此外，国家公园执法人员的执法方式滞后，一些执法队伍中的人员执法方式比较传统，缺乏现代化执法手段的应用，如遥感、无人机、地理信息系统等技术手段的应用较为有限，导致执法效率较低。相对应的是激励机制不完善、执法队伍的工作保障不足的问题，包括资金、装备、交通工具等方面的支持不够，使执法人员在实际执法工作中面临很多困难和挑战。[1]

除此之外，执法队伍编制存在着混乱、不统一问题。执法队伍的来源呈现多元化，既有事业编制也有行政编制，还有协管人员。编制混乱不统一既存在编制庞杂的宏观问题，亦存在执法身份缺失的问题。这既不利于生态环境保护综合行政执法队伍的管理与建设，亦不利于调动工作人员的执法积极性。

（四）执法监管制度不健全

我国国家公园的行政执法监督平台还未建立，执法过程缺乏透明度和公开性，执法问题难以及时发现和纠正。虽然有关部门和单位会对执法人员进行培训和管理，但是因为缺乏一套完善的执法监管机制，所以无法对执法过程进行有效的监督和评估。此外，由于各个部门和单位之间执法权责不明确，也难以形成有效的执法监管体系。尽管有一些执法监管机构存在，但这些机构的执法力量相对不足，难以有效地监督和管理执法人员的行为。

由于国家公园面积广阔、地形复杂，执法监管也受到了一定的制约。当前执法监管主要依靠传统的监督方式，如巡查、检查、调查等，缺乏先进科技手段的支持，难以对执法过程进行全面监管。[2]同时，监

〔1〕 参见王尚慧、姜嫄、王泰棋等：《构建和完善国家公园人才保障体系研究》，载《林业经济》2022 年第 7 期。

〔2〕 参见李博炎、朱彦鹏、刘伟玮等：《中国国家公园体制试点进展、问题及对策建议》，载《生物多样性》2021 年第 3 期。

管手段单一也难以满足不同执法行为的监管需求。

另外，公众参与度不高也是监管缺乏的原因之一。在执法监管中，公众可以通过舆情监测、投诉举报等方式参与执法监管，但是当前公众对于国家公园执法的认知程度不高，更加难以形成有效的公众监督。对执法行为的监管不够主动、不够严格，更容易导致执法行为容易滑向宽松和失范。此外，中国国家公园执法机制中，地方政府和利益团体的影响力较大，有时候会影响执法监管的有效性。一些地方政府和利益团体为了追求经济利益，可能会干扰执法行为，这样就会削弱监管机构的权威性和有效性。

第三节　国外国家公园综合执法制度借鉴

一、美国的垂直管理机制

美国的国家公园实行独立于各州管辖的垂直管理体制。设置单一的机构对国家公园进行统一管理，防止其完全被私人利益侵占。国家公园的垂直管理体系避免了国家公园管理的碎片化，使其能有效履行相关法律法规确立的职权，实现对国家公园的有效管理，避免其职能的履行受到地方政府的不当干预。在此基础上，美国建立专门的国家公园执法部门，即国家公园管理局和公园警察局，明确了各自的职责和权力，同时也保证了执法机构的专业化和权威性。国家公园管理局负责管理美国的国家公园，保护其自然资源和文化价值；公园警察局负责国家公园内的治安、环境、资源等方面的执法工作，提高执法效率和专业性。[1]

除此之外，美国国家公园综合执法依据充足，执法机构可以依据《国家公园服务法》《公园警察法》等法律进行执法，并可以与其他执法机构联合行动，保证执法的有效性和合法性。在机构的合作方面，美国国家公园综合执法机构与其他执法机构建立了良好的协作机制，如与

〔1〕 参见郭楠：《他山之石与中国道路：美中国家公园管理立法比较研究》，载《干旱区资源与环境》2020 年第 8 期。

美国国土安全部、联邦调查局等联合行动，加强信息共享和执法衔接，提高了执法效率和效果。2020 年 10 月，美国国家公园管理局在约塞米蒂国家公园内发现了一名非法狩猎者的营地，并在其附近发现了一只被射杀的灰熊。灰熊是美国联邦法律保护的濒危物种，非法狩猎者面临着最高达 6 个月的监禁和最高达 10,000 美元的罚款。美国国家公园管理局和美国鱼类和野生动物局联合调查了这起案件，并在 2021 年 2 月起诉非法狩猎者，这是约塞米蒂国家公园有史以来第一次对非法狩猎者提起刑事诉讼，取得了良好的社会影响效果和环境保护作用。这一案例可以体现出美国国家公园相关机构之间良好的协作关系以及执法机构的明确权力和执行力，尤其是在司法制度的衔接层面，对我国有很强的启发作用。

二、日本的多方参与执法机制

日本国家公园的综合执法工作是通过多方合作完成的，包括自然环境局的工作人员、地方政府的官员和各类土地所有者等。这种地域制管理是对复杂土地权属的有效对策，同时也能在一定程度上降低执法管理成本。以日本的阿寒摩周国立公园为例，阿寒摩周国立公园拥有世界上最具代表性的火山地形之一，其景观和自然环境吸引着众多游客前来观光。然而，由于过度开发和游客不当行为，该国立公园的自然环境面临着日益严峻的挑战。为了保护阿寒摩周国立公园的自然环境，日本国家公园综合执法机构采取了一系列措施，包括加强巡视和监督，确保游客不违规进入禁止区域，不随意采摘和破坏植被等；对违规行为进行惩罚和处罚，如罚款和禁止进入公园；加强环境教育和宣传，提高公众对自然环境保护的意识和认知等。通过这些措施，日本国家公园综合执法机构成功地保护了阿寒摩周国立公园的自然环境，同时也提高了公众对自然环境保护的意识和认识。

类似于日本国家公园，我国大部分的保护地内也不可避免地会存在社区，土地所有权也多有集体成分。因此，在国家公园的管理中，可以采取协议保护的技术手段，增强社区居民的身份认同感，进一步提升其自发保护生态环境、积极参与公园管理建设的积极性与主动性。为了实现这一目标，可以考虑通过协议的方式，在不改变土地所有权的前提下，将土地附属资源的保护权作为一种权利移交给承诺保护的一方，明确资源所有者和保护者之间的责、权、利，构建由国家公园管理局、社区村委会、非政府组织和当地民间环保组织组成的多方合作协议保护模式。[1]在实践中，需要建立有效的协议保护机制，加强对社区居民的培训和教育，提高他们对国家公园的认知和理解，同时也需要建立完善的监测和评估机制，确保协议的执行效果，并及时发现和解决问题。除此之外，还应积极发挥非政府组织和当地民间环保组织的作用，推动社区居民参与国家公园的管理和保护工作，形成多方合作、协同发展的局面。

三、英国的合作伙伴制

英国的国家公园综合执法制度主要由国家公园管理机构、地方政府、警察、环境保护部门和私人土地所有者等多个主体共同参与完成。其中，国家公园管理机构是主要的执法和管理机构，负责对国家公园内的自然环境、文化遗产、游客行为等进行监管和管理。地方政府则负责地方的行政管理和协助国家公园管理机构进行执法。警察和环境保护部门则负责维护公共安全和环境保护。私人土地所有者也有责任参与国家公园的管理和保护工作。国家公园的巡警有权执行相关法律法规，如野生动物保护法、环境保护法、道路交通法等，并对违法行为进行调查和处罚。

在英国国家公园的综合执法制度中，除对违法行为进行处罚和惩戒外，还注重通过教育、宣传和协商的方式促进公众和社区居民的自觉遵守规定，提高公众对国家公园的认知和享受，促进人与自然和谐共生的发展之道，加强与私人土地所有者的合作，共同保护国家公园的环境和生态安全。以英国的湖区国家公园为例，它是英国最受欢迎的国家公园之一，也是英国不多的山区之一，2017年被列入世界自然遗产。湖区国家公园有自己的主管机构，不由当地郡议会管理，而受到一个由16名成员组成的委员会领导，其中6名成员由当地政府选出，6名成员由环境、食品和农村事务部任命，4名成员由湖区国家公园伙伴委员会提

---

〔1〕 参见秦天宝、刘彤彤：《央地关系视角下我国国家公园管理体制之建构》，载《东岳论丛》2020年第10期。

名。湖区国家公园管理机构的主要职责是保护和增强湖区的自然美景、野生动植物和文化遗产，同时促进其理解和享受，并支持经济和社会福利。通过这些措施，湖区国家公园管理机构成功地保护了湖区国家公园的自然环境，同时也促进了旅游业和当地经济的发展。值得一提的是，湖区国家公园管理机构还与其他机构合作，共同推动环境保护和可持续发展的目标，如推动可再生能源和可持续交通等项目。我国可以借鉴这一思路，建立广泛的社会参与机制，增强各方对国家公园的责任感和参与感，提升国家公园的社会价值和文化影响力。

四、瑞士的严格保护制

瑞士是一个以环保著称的国家，其国家公园执法制度也是相对完善的。在执法机构的确定上，瑞士的国家公园执法由国家公园管理机构负责。国家公园管理机构有自己的执法队伍，由专门的公园警察负责执法。这些公园警察通常是在瑞士联邦警察部队或地方警察部队中训练有素的人员，同时接受了国家公园特殊的培训。瑞士采取多元化、高科技的执法手段，瑞士的国家公园执法人员可以使用多种执法手段，包括法律、物理和技术手段。例如，他们可以检查车辆、登山设备和野营用具，使用无人机和卫星遥感等技术手段，以及安装摄像头和巡逻设备等。瑞士的国家公园执法人员可以对违法行为实施罚款制度。罚款额度较高，通常在几百到数千瑞士法郎，这也有效地防止了非法行为的发生。在执法合作方面，瑞士的国家公园执法机构与其他执法机构保持着紧密的合作。他们与当地警察、林业部门、动植物保护组织等合作，实现信息共享和资源整合，确保国家公园得到有效保护。

以瑞士国家公园为例，瑞士国家公园是阿尔卑斯山区最古老的国家公园，建于1914年，面积174.2平方千米。瑞士国家公园实行严格的自然保护，游客不允许离开远足小径，不允许采摘植物，不允许带狗进入，不允许露营和野餐。[1]瑞士国家公园由瑞士联邦政府和格劳宾登州

---

〔1〕 参见瑞士国家公园网，https：//www.myswitzerland.com/zh-hans/destinations/swiss-national-park/。

政府共同管理，由瑞士国家公园基金会负责运营。瑞士国家公园有专业的巡逻队员和志愿者，负责监督和执法，对违反规定的游客进行罚款或驱逐。中国可以借鉴瑞士国家公园的严格保护措施，加强对生态系统和野生动植物的保护，减少人为干扰和破坏。在执法队伍建设方面则可以借鉴瑞士国家公园的执法队伍，培养专业和志愿的巡逻人员，加强对游客的教育和引导，提高游客的环保意识和遵规意识。

第四节　完善我国国家公园综合执法制度的对策

一、加快立法步伐，形成有效执法依据

因法律的健全，美国联邦政府、内政部和国家公园局始终坚持有法可依、有法必依的规定，对国家公园的大小决策，大到发展目标的规划，小到园内相关项目建设的审批工作，都是严格按照法律程序进行的；与此同时，法律还赋予国家公园管理机构相应的权力，管理机构以“看护者”的身份管理公共资源。当前，要完成我国国家公园管理体制的顺利改革，就要立足于立法工作。首先，要在明确国家公园与其他自然保护地之间区别的基础上制定法律法规；其次，要对国家公园功能进行正确定位，明确管理的相关原则和保护的目标；再次，要明确国家公园的管理主体，区别中央与地方的职责，制定与之相匹配的法规，并注重与现行法律修改工作的衔接问题；最后，要加强对基础设施的建设，规划国家公园的总体方案，明晰对功能区进行分化和生态补偿等各方面的相关标准和自然资源评估、生物多样性等技术规程内容。

立法是执法的先导与前提，执法是立法的实施与实现，因此必须首先从立法层面保证国家公园资源环境综合执法行为有法可依。从立法层面明确保护区划分、保护对象、保护措施、违法行为和处罚等，执法才能更加严格高效。此外，可以从立法层面建立权责清晰的多方合作机制。可以借鉴日本的国家公园管理机制，建立国家公园管理局、地方政府、社区居民、非政府组织等多方合作机制，明确各方的权责，形成合

力。在多方合作机制下，可以实现公园管理、执法、巡查、监测等多个环节的协同合作，提高管理效率。

二、推动合作，促进相关部门协调配合

通过制度化强化各职能部门间的沟通协作、依法依规履行综合执法职责、积极推进国家公园工作，是完善国家公园管理机制的必然要求。强化协作机制、实现信息共享是解决综合执法问题的必要手段，这同样需要在国家公园资源环境综合执法改革中予以充分体现。公园管理机构应该建立一个信息共享平台，使各部门之间可以及时交换信息。这有助于加强执法协作和打击违法行为。协作机制应当关注综合执法及刑事司法衔接的问题，信息共享亦可从检察机关履行法律监督职能角度进行突破，代表性措施是检察机关针对履行不力所提起的环境公益诉讼。

在司法协作机制的保障方面，则可以由纪检监察、检察院、法院、公安、林草、国家公园等多部门参与，加强对国家公园执法的监督和支持。该项衔接机制的核心即在于建立生态环境保护综合执法队伍与公检法等司法部门之间的线索共享、联合调查、案情通报等协作配合制度，旨在实现环境污染与生态破坏案件中行政执法与刑事司法的无缝衔接。此外，可以学习日本，加强与地方政府、环保机构、慈善机构、社会组织的合作，降低执法成本，提高群众环保法治意识。

三、高效执法，提高执法队伍水平

为了提高生态环境保护执法工作的效率和质量，需要建立一系列制度来规范执法人员的行为和提高其专业素养。首先，应该建立持证上岗与资格管理制度。这一制度不仅是法治方略在生态环境保护执法领域的具体体现，而且是通过法律制度对执法工作人员的主体资格加以确认的重要方式。该制度可以帮助确保执法人员的资格合法，同时对其进行规范和监管，以提高执法质量和效率。其次，应该建立教育培训制度。生态环境保护执法人员需要具备专业素养和技能，包括法律法规、生态环保、文化遗产等方面的知识和技能，这需要通过教育和培训来提升。定

期的教育和培训活动可以帮助执法人员了解最新的法律法规和执法技巧，提高他们的专业素养和执法能力。[1]最后，应该建立考核奖惩制度。通过奖罚分明的激励机制，可以帮助广大生态环境保护执法人员凝心聚力，打赢污染防治攻坚战。在考核制度中，应该明确考核指标和标准，并将其与执法人员的奖惩挂钩。表现优秀的执法人员应该得到相应的奖励和晋升机会，而表现不佳的执法人员应该接受必要的培训和整改。例如，庆元县就建立了执法人员定期培训制度，分级分类组织开展政治素质、职业伦理、法律知识和实战技能等培训。

四、加强监督，促进执法监管制度的建立

解决中国国家公园执法机制中的监管不足问题，需要从多个方面入手，如加强监管部门的职责和权力，完善监管手段和机制，强化监管意识，建立独立的监管机构，引入第三方评估机制等措施，确保监管机制的有效性和实用性。在监管手段方面，可以加强对执法行为的审查和追责，建立完善的监管手段和机制，包括行政处罚、行政复议、行政诉讼等。建立信息公开平台，及时公布执法信息，加强社会监督，提高监管机制的透明度和公正性。加强相关部门的监管意识，提高监管部门的主动性和积极性，加强对执法行为的规范和管理。加强监管部门的培训和学习，提高其执法水平和监管能力，增强监管意识和责任意识。可以建立独立的监管机构，避免监管部门受制于地方政府和利益团体的影响，提高监管机构的权威性和有效性。同时，加强对监管机构的人员和经费支持，提高其执法能力和监管水平。引入第三方评估机制可能是相对有效的措施，对监管机构和执法行为进行评估和监督，增强监管机制的公正性和有效性。

---

〔1〕 参见邓小兵、武刚：《祁连山国家公园资源环境综合执法研究》，载《兰州文理学院学报（社会科学版）》2019 年第 5 期。

第十一章　国家公园多元化资金保障制度

第一节　国家公园多元化资金保障制度概述

一、国家公园多元化资金保障制度的概念

资金是国家公园体制建设中的重中之重，国家公园的各项工作都必须依靠资金的支持。对于国家公园多元化资金保障制度，目前尚无明确定义，结合现行法律法规，笔者认为，国家公园多元化资金保障制度指的是国家为实现国家公园生态保护和全民公益的目标而制定的与国家公园多元化资金投入和国家公园建设运营、生态补偿等资金支出相关的行动准则的总称。其意义在于建立一个多元化的资金保障机制，具体而言，国家公园多元化资金保障制度又可分为两方面的内容：资金来源和资金支出。[1]

二、国家公园多元化资金保障制度的特征

（一）公益性

国家公园设立的过程中，要求坚持全民公益性的

---

〔1〕 参见邱胜荣、赵晓迪、何友均等：《我国国家公园管理资金保障机制问题探讨》，载《林业研究》2020 年第 3 期。

理念，其原因在于设立国家公园旨在提升生态系统服务功能，为公众提供亲近自然、体验自然、了解自然的机会和游憩的便利。国家公园全民公益性的特征决定了国家公园具有公共产品的属性，即具有非排他性和非竞争性的特点，因此在资金保障制度方面，也同样要求公益性理念的贯彻，如果国家公园的资金保障制度以营利为目的，那么便会使国家公园的资金投入比例失衡，且如果过于强调投入产出比，则会出现过分侧重旅游基础设施投资、对游憩活动收取过高费用、生态补偿不足等现象。这不仅与国家公园保护生态环境为主的目标相违背，还会使国家公园这一公共产品产生排他性，进而丧失其公共产品属性。

（二）资金来源的多样性

国家公园的资金来源具有多样性。世界范围内，由于国情不同，不同国家的国家公园资金投入机制大相径庭，但总体而言主要存在两种模式：市场主导型和公共财政主导型。[1]市场主导型，主要存在于经济财政能力相对落后的国家；公共财政主导型，主要存在于高福利和高经济发展水平的国家。而无论采用市场主导模式或是公共财政主导模式的国家都不会完全放弃其他渠道的资金来源，各个国家的国家公园资金来源均具有多样性。我国同样如此，我国的国家公园资金保障制度同样明确了建立包括政府、市场和社会在内的多元化的资金投入机制的目标。

第二节　国家公园多元化资金保障制度现状及问题

一、国家公园多元化资金保障制度的现状

关于我国国家公园多元化资金保障制度的规定主要体现在《国家公园法（草案）》（征求意见稿）、《关于推进国家公园建设若干财政政策的意见》、《自然资源领域中央与地方财政事权和支出责任划分改革方案》三部文件中，《国家公园法（草案）》（征求意见稿）以专章形式对

---

〔1〕参见王正早、贾悦雯、刘峥延等：《国家公园资金模式的国际经验及其对中国的启示》，载《生态经济》2019年第9期。

包含财政保障、多元化资金来源、生态补偿在内的国家公园资金保障制度做了较为全面的规定，《关于推进国家公园建设若干财政政策的意见》在财政方面对国家公园财政工作的总体要求、重点方向、政策体系、保障措施做了详细的规定，《自然资源领域中央与地方财政事权和支出责任划分改革方案》的意义在于对央地事权的划分，在事权划分的基础上进而可确定支出责任，此外，十个国家公园试点区各自对国家公园资金投入、特许经营、生态补偿等事项作出的管理条例、专项规定等规范性文件以及其他相关法律法规也构成了国家公园多元化资金保障制度的重要组成部分。

（一）资金来源

《国家公园法（草案）》（征求意见稿）第48条第1款、第2款规定："国家建立以财政投入为主的国家公园资金保障机制，中央和地方财政按照事权与支出相适应原则分别承担支出责任。国家设立国家公园专项资金，用于国家公园保护、管理、建设等相关活动。"《关于推进国家公园建设若干财政政策的意见》在第一部分中提出："明晰支出责任，统筹多元资金。合理划分中央与地方财政事权和支出责任。"可见，我国国家公园资金投入机制采取了公共财政主导模式，明确以财政资金为主要资金来源，主要是本级政府财政拨款和国家财政专项资金，而中央和地方财政所要承担的资金的具体比例则需按照事权划分进行计算。

《国家公园法（草案）》（征求意见稿）第49条规定："探索多渠道多元化的投融资模式，建立健全政府、企业、社会资本和公众共同参与国家公园保护管理的长效机制……"同样地，《关于推进国家公园建设若干财政政策的意见》中也有类似表述。可见，在制度层面，我国将市场渠道和社会渠道的资金置于财政资金的补充地位，起辅助作用，同样构成了国家公园多元化资金来源的重要组成部分。而在具体实施中，市场渠道的资金主要源于两方面：一方面为旅游直接收入，主要是门票收入；另一方面为特许经营相关收入，国家公园管理机构与商家签订特许经营合同。允许商家开展特定经营活动，同时也可出租国家公园内相关设施或允许经营主体在一定范围内建造设施，促进社会资本投入国家公园建设的同时收取一定特许经营费用和租金，在旅游收入和特许经营收入之外，市场渠道的资金来源还包括罚款、电影拍摄许可费、碳汇交易收入等收益。社会渠道的资金主要源于个人或者组织的捐赠（包括实物、金钱等捐赠，但主要是金钱捐赠）。

综上可知，当前我国国家公园的资金来源主要包含三大方面：财政渠道、市场渠道和社会渠道。[1]

（二）资金支出

《关于推进国家公园建设若干财政政策的意见》在第二节中列明了包括国家公园创建和运行管理、生态系统保护修复、保护科研和科普宣教等在内的国家公园财政支持的重点方向，并在第三节对建立健全生态保护补偿制度进行了明确，《国家公园法（草案）》（征求意见稿）第50条和第51条也分别对建立和完善国家公园生态补偿制度和国家公园范围内的野生动物肇事损害赔偿制度作出了规定。可见，当前的资金保障制度下，我国国家公园的资金支出项目总体上可分为两个方面，分别是国家公园运营建设管理费用支出和补偿赔偿费用支出。其中运营费用支出包括国家公园内部工作人员薪资福利支出、项目建设费用支出、日常管理维护费用支出、科教宣传费用支出等，补偿费用支出的对象一般是在国家公园建设中投入资金、因环境保护而放弃发展机会进而遭受直接或间接损失的政府、企业以及个人，野生动物肇事赔偿的对象则主要是因国家公园范围内的人兽冲突而遭受损害的主体。

二、国家公园多元化资金保障制度的问题

（一）国家公园财政事权和支出责任划分不清晰

科学明确的国家公园事权划分是确定央地财政支出责任、保证资金制度顺利运行、开展国家公园体制建设的前提和基础。[2]《关于推进国家公园建设若干财政政策的意见》工作原则部分，《国家公园法（草案）》（征求意见稿）第五章第48条中均明确了中央与地方要按照事权

〔1〕参见樊轶侠、覃凤琴、王正早：《我国国家公园资金保障机制研究》，载《财政科学》2021年第9期。

〔2〕参见邓毅：《国家公园资金保障机制研究》，载《中国财政》2021年第10期。

与支出相适应原则分别承担支出责任。《国家公园法（草案）》（征求意见稿）在总则部分也以全民自然资源所有权的行使方式为依据确定了中央直接管理或者委托省级人民政府管理两种国家公园管理机构的设置方式并在各个章节中分别对相关国家公园事权划分作出了概括的规定。而《自然资源领域中央与地方财政事权和支出责任划分改革方案》作为事权划分的专门文件，其对国家公园相关各事权的划分是较为详细的，因此本节将主要以《自然资源领域中央与地方财政事权和支出责任划分改革方案》为准，分析国家公园事权划分中存在的问题。

首先，《自然资源领域中央与地方财政事权和支出责任划分改革方案》中关于纵向财政事权和支出责任的划分较为粗略，这主要表现为方案中规定了许多由中央与地方共同承担支出责任的事项，但方案并未明确如何对共同事权进行具体划分，这就导致了此类央地共同事权事项出现了支出责任不明确的问题。其次，方案中规定，各省级人民政府要参照本方案要求，结合实际，合理划分省级以下的自然资源领域财政事权和支出责任，表明方案未对省级以下国家公园财政事权和支出责任作出明确划分，也未对省级以下的事权划分提出指导性要求，易导致省级以下事权划分的不统一。最后，方案整体上重在划分纵向事权，未对同级政府各部门间横向事权的划分作出明确规定，而《国家公园法（草案）》（征求意见稿）中存在横向事权划分相关规定，但也仅声明“国务院其他有关部门按照职责分工承担国家公园相关工作”，仍未对横向事权划分进行具体明确。

总体来看，当前制度中的财政事权和支出责任划分具有不清晰的问题，仍需对事权划分体系继续进行完善。

（二）多元化资金投入机制尚未形成

国家公园多元化资金保障制度建立了以财政投入为主，以市场和社会渠道资金为辅的国家公园资金投入机制，但实践层面上，多元化资金投入机制的运行状况仍有待提升，这主要出于两个方面的原因：

1. 财政投入不足

资金保障制度将规定，财政投入是国家公园资金的主要来源，但就运行状况而言，各级财政对国家公园的投入总体上呈现总量不足且来源分散的特征。地方层面，许多国家公园处于偏远地区，地方政府本身财政收入较低，财政实力薄弱；中央层面，中央尚未建立国家公园专项资金，且中央整体支出力度与其应当承担的保护责任不匹配，此外，中央与地方之间的事权划分又存在不清晰的问题，以上原因导致大部分国家公园难以获得充足稳定的财政资金来源。

2. 财政外多元化资金来源不足

财政投入以外的资金来源包括市场渠道和社会渠道。首先是市场渠道的资金来源，市场渠道的资金来源大体可分为三个方面：一是旅游业直接收入，二是特许经营相关收入，三是碳汇交易等其他收入。

（1）旅游业直接收入方面，东北虎豹国家公园、三江源国家公园、海南热带雨林国家公园三个国家公园的地理位置较偏僻，尤其是位于青海省南部的三江源国家公园，具有显著区位劣势，并远离消费市场。同时，国家公园对于生态保护以及“不搞大开发大旅游”的严格要求同样限制了旅游业的发展，也导致了其相关旅游基础设施、游乐设施等建设较为落后，因此即便有消费者希望前往游玩，也往往会因路途遥远、交通成本高和游览体验差而放弃前往，制约了三江源国家公园旅游市场的拓展和旅游业直接收入的增加。

（2）特许经营相关收入，当前国家公园范围内特许经营活动无法有效而广泛地开展，社会资本投入明显不足，国家公园所获得的特许经营费等收入也较低，究其根本，制度层面的原因是主要的，制度的不完善导致国家公园管理机构、地方政府、社会资本各方都难以下定决心大力进行特许经营项目建设。[1]具体而言，一方面，现行与特许经营有关的法律法规大都为各国家公园管理机构所制定，整体呈现层级不高、权责不清的特点，缺乏上位法律依据，这导致目前各地对开展特许经营项目均持较为谨慎的态度，国家公园管理机构不敢更加深入地对特许经营机制进行探索。另一方面，目前特许经营相关法律条文大都为原则性规定，对于特许经营活动开展所需要明确的经营范围和经营准

---

〔1〕 参见臧振华、张多、王楠等：《中国首批国家公园体制试点的经验与成效、问题与建议》，载《生态学报》2020 年第 24 期。

入等具体事项的规定不清晰，对于特许经营相关运营监督和惩罚机制的规定不完善，信息公开制度亦不完善，因此即便市场资金有较强的投入意愿，囿于国家公园特许经营方面相关法律法规和政策制度不完善不稳定，市场资金缺乏稳定预期，对于是否投入特许经营项目犹豫不决。

（3）其他收入方面，主要是碳汇交易方面，碳汇交易指的是将碳排放权作为一种资产在市场上进行交换，排放超标的企业可以进行购买，进而达成排放指标，同时使碳排放权的出售者获得经济利益，它是使“绿水青山”变成“金山银山”的直接手段。

目前，出于多方面的原因，我国国家公园碳汇交易制度并不完善，碳汇交易未能有效开展。原因主要有二：一是我国现行国家公园立法不完善。完善的国家公园法律体系是碳汇交易顺利实施的重要保障，但目前，我国国家公园法律体系整体立法层级较低且立法总量较少，无法满足现阶段实际需求，无法对碳汇交易的实施起到充分的保障作用。二是国家公园碳汇价值实现相关制度不完善，阻碍了碳汇价值的充分实现，这主要表现在以下两点：

其一，草地碳汇未受到应有重视，草地碳储量是仅次于林业碳储量的，但对于草地碳汇，我国尚未形成一个草地碳汇交易市场。此外，碳汇金融制度仍有待完善，当前我国已经开展了碳汇银行等绿色金融举措，通过赋予自然保护地碳汇以财产属性，允许其信贷、担保、融资等市场行为，以充分实现碳汇价值，但我国碳汇金融制度目前较为初级，仍可继续完善。

其二，社会捐赠方面的资金投入，目前国家公园接受的社会捐赠规模虽有所突破但总体仍然较少，制度层面的原因仍是主要的，我国国家公园捐赠相关法律制度并不完善，虽然《个人所得税法》和《企业所得税法》都规定了针对参与社会公益捐赠者的税收减免优惠政策，但《公益事业捐赠法》规定，只有向政府认定的公益性组织捐赠才能被视为公益捐赠，进而可使捐赠者享有税收优惠，而国家公园相关运营管理机构的公益组织性质尚未明确，不利于社会资金对参与国家公园的捐赠形成激励。

此外，我国尚未建立统一专门的捐助资金募集机构或组织，同样不利于提高资金的募集效率。总体而言，当前我国国家公园社会捐助资金并未形成对财政投入的有效补充，社会捐助的潜力仍有待进一步激活和挖掘。

（三）国家公园生态补偿标准较低

生态补偿是基于受损者为了实现生态保护的目标而放弃一定发展机会或进行生态环境保护性投入的一种补偿，是保障受损者利益的重要手段。生态补偿的义务主体是政府以及在国家公园的核心区域以外进行建设的企业等营利性组织，权利主体则是在国家公园建设过程中投入资金、为环境保护放弃发展机会的政府、企业或者个人。

生态补偿支出是国家公园多元化资金保障制度的重要支出内容。《国家公园法（草案）》（征求意见稿）第50条第1款规定了国家公园内森林、草原、湿地等领域的补偿标准。当前的生态补偿标准主要由各地依照具体情况确定，但总体而言，我国国家公园生态补偿存在标准较低，生态补偿不足的问题，各地生态补偿标准相较于许多受损失者的实际损失明显较低，例如，普达措国家公园在开展生态补偿的过程中，采用了分级分类确定补偿数额的方法，划分了一、二、三类区，其中二类区直接现金生态补偿的补偿内容为“户均1000元/年+人均1000元/年”的补偿金，三类区直接现金生态补偿的补偿内容为“户均600元/年+人均600元/年”的补偿金，以及给予数个村民小组均分的村容环境整治费，但分摊到户仅有1000余元，普达措国家公园生态补偿总体而言标准较低，难以补偿实际损失；[1]再如，钱江源国家公园的对新纳入公益林的林地的补偿，虽然补偿金标准在过去几年中一直处于增长状态，但补偿金额仍远低于其作为经济林时的经济效益。

导致生态补偿标准较低的原因主要有二：一是生态补偿资金来源不足，囿于资金缺乏，无法给出更高的补偿标准，对资金来源不足的问题在上一部分中已有较为详细的描述；二是制定补偿标准时的不完全考

---

〔1〕 参见张一群、孙俊明、唐跃军等：《普达措国家公园社区生态补偿调查研究》，载《林业经济问题》2012年第4期。

虑，在制定补偿标准时，不仅需要考虑各地间自然环境、经济基础及经济结构的差异性，还需要将生态系统的服务功能价值纳入考量范围，进而确定合理的标准，此外，在考虑生态系统服务功能价值时，也存在由于许多影响生态系统服务功能价值的因素难以确定，因而无法做到对生态服务的功能和价值进行精确评估的情形。资金不足和制定标准时的考量不足，两个原因的共同作用导致了当前各地生态补偿标准较低的后果，使受偿主体的损失无法得到完全补偿。

第三节　国家公园多元化资金保障制度借鉴

一、南非国家公园多元化资金保障制度

南非国家公园的历史最远可以上溯至1898年萨比保护区的建立，截至2021年，南非国家公园管理局一共管理着20个国家公园，其总面积约41,100平方千米。南非国家公园的资金来源同样可被划分为三个部分：财政渠道、市场渠道和社会渠道，但在资金来源方面，南非国家公园资金保障制度建立了一个以市场渠道资金来源为主的资金保障机制，这与大部分西方发达国家不同，因此本部分主要就该内容进行阐述。2000年开始，南非国家公园管理局开展了国家公园商业化战略，从此之后，管理局只负责提供国家公园范围内旅游和娱乐项目的基础设施并进行监管，管理局进而得以将主要精力集中在保护国家公园生物多样性这一根本问题上。[1]随着商业化进程的开展，南非国家公园在市场渠道获得的资金收入自2019年以来占比均超过了国家公园资金收入总额的70%，具有较强的南非特色，以市场来源为主的国家公园多元化资金保障机制逐步形成，国家公园对财政资金的依赖也日渐减少。

南非国家公园拥有丰富的自然资源和人文景观，国家公园管理机构

---

〔1〕 参见黄富杰、余吉安、马晓静：《南非国家公园资金保障机制及其对中国的启示》，载《中国园林》2022年第6期。

则利用市场化的经营手段充分发挥了其功能并获取了高额收益。具体而言，市场经营中的资金来源又可以分为三个大项。

第一，旅游产业是南非国家公园创收的支柱性产业，大部分市场活动都围绕着旅游业开展，国家公园内道路、住宿、加油站等设施齐全，在为游客提供服务的同时也使国家公园管理局成了南非全国最大的旅游产品提供商。旅游产业的收入具体包括门票、游乐、食宿服务等，2019/2020年度，国家公园管理局的旅游创收达18.85亿南非兰特，较上一年增长6.5%，其中住宿收入占据了总收入的较大份额，总共设有一万张以上的床位，住宿收入达到了旅游总收入的40%以上。门票和公园年票通卡同样是重要的收入来源，2019/2020年度，门票和年票通卡的销售额达到了1亿南非兰特。[1] 此外，国家公园管理局还会向游客收取行驶费以及其他一些较低额度的费用。

第二，特许经营业务是国家公园管理局的一项重要业务活动，该业务主要通过采用公私伙伴关系（PPP）模式展开。经过多年的发展，南非国家公园内特许经营项目已经超过50个，包含旅馆、商店、餐馆、索道等多种形式，商户需要与国家公园管理局订立特许经营合同，缴纳一定的特许经营费用，同时商户也可租用或者免费使用公园内的相关设施或者在规定区域内自行进行设施建设并使用。

第三，管理局还会通过出售动植物，收取罚款、课程收费、手续费、电影拍摄许可费用等获得收入。

二、美国国家公园多元化资金保障制度

美国国家公园资金保障制度同样建立了以财政投入为主的多元化资金保障机制，以2019年为例，2019年美国国家公园的资金来源方面，财政渠道占比75.47%，其他渠道占比24.53%，财政投入在美国国家公园资金来源中占主要地位，但近年来美国政府正在持续削减政府公共财政支出，国家公园财政预算同样也受到了缩减，因此近几年市场

---

[1] 参见南非国家公园2020年年度报告，https：//www.sanparks.org/assets/docs/general/annual－report－2020.pdf。

渠道和社会渠道的资金来源在美国国家公园资金来源体系中变得更为重要。

在市场渠道的资金来源中，门票收入相对较为固定。美国拥有完备的特许经营制度，保障了特许经营活动的开展，具有借鉴意义，因此本部分主要对美国特许经营制度进行介绍。

当前，美国国家公园特许经营已经形成了完善的法律、规章和政策体系〔1〕：（1）美国国会于1998年颁布的《特许经营管理改进法》；（2）美国《联邦法规》第36.51部分对特许经营作出的行政规定；（3）国家公园管理局在2006年颁布的《管理政策》中对第10章特许经营相关政策的明确。相关制度规定在美国国家公园范围内允许通过包括特许经营在内的三种经营形式开展商业活动，三种形式覆盖了国家公园范围内的全部旅游产品和商业服务。

美国相关法律规定了特许经营活动的范围以及监管机构，经营范围包括第三方在国家公园内开展的餐饮、住宿、零售等大规模经营项目和商业活动，相关监督管理工作则由内政部国家公园管理局负责。2017年，美国国家公园共与相对人签订575份特许经营合同，国家公园内共有480多个特许经营方，575份合同中的60份合同所带来的特许经营收入占到了总营收的85%，另外430余份合同的单个合同特许经营收入均小于50万美元〔2〕。2017年，美国国家公园共吸引游客331万人次，特许经营项目为国家公园创造了约10亿美元的经济收入。游客在周边社区范围内消费约182亿美元，同时，特许经营项目还带动了30.6万个工作岗位、119亿美元的劳动收入和358亿美元的国内生产总值。

社会捐赠在美国国家公园资金来源中占比较大，以2019年为例，财政渠道资金之外其他渠道资金来源占比为24.53%，细分为市场渠道和社会渠道资金来源可以看出，二者几乎处于“均势”，市场渠道资金来源占比为13.35%，社会渠道资金来源占比为11.18%，这得益于美

---

〔1〕 参见刘翔宇、谢屹、杨桂红：《美国国家公园特许经营制度分析与启示》，载《世界林业研究》2018年第5期。

〔2〕 参见美国国家公园管理局网，https：//www. nps. gov/aboutus/doingbusinesswithus. htm。

国完善的、与社会捐赠相关的制度体系。[1]其一，美国立法对社会捐赠的激励作出了明确，例如，《美国国内税收法典》规定了纳税人慈善捐赠的税前扣除制度，并且针对募捐对象的性质（慈善组织或私人基金会）确定了相应的扣除比例，捐赠者只需提供受捐赠慈善机构开具的捐赠确认书即可获得税收优惠；其二，相关立法授权设立了专门的社会捐赠募集和管理组织，例如美国国家公园基金会，美国国家公园基金会是美国内政部国家公园管理局设立的私募机构，也是美国全境唯一一个以支持国家公园管理局为目的的全国性非营利慈善机构，1970 年它由美国国会特许设立，专门负责国家公园相关的捐赠活动，由内政部长担任该基金会的董事会主席，国家公园管理局局长担任基金会财务主管，同时，基金会也负责对国家公园获取的社会捐赠资金的管理工作。

三、国外国家公园多元化资金保障制度对我国的启示

本节主要对从南非和美国的国家公园多元化资金保障制度中有关市场渠道和社会渠道的资金来源的部分进行了介绍，我们可以从中获得以下经验：

（一）注重国家公园旅游配套设施建设，增加旅游业资金收入

旅游配套设施是旅游业的必要供给条件，游客在游览景观的同时对相关配套服务也存在需求，旅游配套设施的发达程度与旅游业收入总体上呈正相关的关系，便利的旅游配套设施及相关服务也构成了国家公园对游客吸引力的重要组成部分，南非国家公园内拥有较为完善的道路、住宿、加油站等旅游配套设施，其中，各种住宿床位更是高达一万张以上，这为南非国家公园带来了稳定的客源和收入。

（二）完善的特许经营相关制度，能够吸引市场资金投入

美国针对国家公园特许经营活动，已经在各个层级上形成了完善的法律、规章和政策体系，明确了国家公园特许经营的经营范围、经营形式等事项，稳定了市场预期，有效地吸引了社会资金的投入。南非采用

---

〔1〕 参见陈朋、张朝枝：《国家公园社会捐赠：国际实践与启示》，载《北京林业大学学报（社会科学版）》2021 年第 2 期。

PPP模式开展特许经营活动，以竞争性方式选择社会资本，促进社会资本投入国家公园建设，减轻财政压力的同时提供多样化服务。

（三）完善的社会捐赠相关制度，会充分开发社会捐赠潜力

美国国家公园社会捐赠收入占比较高，这得益于美国完善的相关制度及其建立的激励机制，因此从美国的实践中，我们可以总结出几点经验：提高国家公园社会渠道捐赠资金收入，首先，需要以法律形式对国家公园接受社会捐赠的内容、资金管理办法等事项进行明确规定；其次，需要建立激励机制，通过税收或其他政策激励捐赠行为；最后，国家公园社会捐赠资金需要由专门机构或组织进行募集，在提高资金募集使用效率的同时，还可提高募捐机构的社会公信力，利于更好地吸引社会捐赠。

第四节 完善我国国家公园多元化资金保障制度的对策

一、明确划分国家公园财政事权和支出责任

首先，为解决央地共管模式事权划分不清的问题，要采取对国家公园财政事权的相关规定进一步细化的方法，出台更为详细的事权划分规则，明确国家公园生态保护和自然资源管理、生态保护监督等事项的管理办法，以明确的财政事权划分为基础划分支出责任。以长期眼光来看，随着条件的成熟，应当放弃中央与地方共同管理的模式而将所有国家公园改为中央直管模式，由中央承担相应的财政事权和支出责任。

其次，针对省级以下事权划分不清的问题，可以在细化的国家公园中央和地方财政事权和支出责任划分相关规定出台之后，进一步对省级以下财政事权和支出责任分配方案进行完善。

最后，针对横向事权划分不清的问题，要着重规范政府部门之间的横向事权与支出责任划分，一项财政事权应当由一个牵头部门负责，对部门间分工进行理顺，此外，还需充分发挥国家公园工作协调机制的作用，协调部门间事权和支出责任划分的矛盾，最终解决跨部门财政事权

划分不清晰、重复交叉的问题。

二、建立多元化资金投入机制

（一）针对财政投入不足的问题

在中央层面，要建立统一的国家公园专项财政资金用于保障国家公园建设的推进。除此之外，还要统筹整合包括中央基建投资在内的各级财政资金，按照事权与支出责任相匹配的原则，加大转移支付力度，从而保障国家公园的运营管理。而在转移支付中，对开发程度较低的国家公园应当加大转移支付力度；对开发程度较高的国家公园，则应当在保证其正常运营的前提下适当缩减支付规模。

在地方层面，要依托国家公园自然资源和人文景观丰富的条件，大力发展相关产业，发展地方经济，增强地方财政基础。同样按照事权与支出责任相匹配的原则，保障对于国家公园的财政资金投入。

（二）针对市场渠道资金来源不足的问题

1. 针对区位劣势地区国家公园旅游业直接收入较低的问题

可以借鉴前文中提到的南非经验，自南非国家公园管理机构开展商业化战略以来，市场资金逐步成为南非国家公园的主要资金来源。当然，由于《国家公园法（草案）》（征求意见稿）中已对建立以财政投入为基础的国家公园多元化资金保障机制进行明确，我国不可照搬照抄南非做法，这既不符合我国既定的国家公园资金保障制度方针，也不符合我国以生态保护为主的国家公园建设目标。但我们依然可以在南非国家公园的商业化开发状况中获得有益经验，特别在是商业化的基础，旅游配套设施的建设方面借鉴南非做法。我国可以加大对旅游配套设施建设的投入，以便利的配套服务和优美的自然风光吸引游客前来，如此也可将大部分国家公园地处偏僻的区位劣势转化为可以让游客体验原生态旅游、贴近自然感受自然的市场优势，进而达到增加国家公园旅游直接收入的目的。

但上述工作均应当在开展国家公园分级分区管理的基础上，在保障国家公园生态保护工作有序开展以及与自然资源可持续利用原则不相违背的前提下进行，保证旅游业的发展符合国家公园保护生态环境的根本目的，此外，我国还可借鉴南非出售国家公园年票通卡的做法，在全国范围内售卖国家公园年票通卡，获取更高的门票收入。

2. 针对特许经营活动无法有效开展、社会资本投入不足的问题

我国可从以下几个方面着手：其一，可借鉴美国做法，针对国家公园特许经营活动，形成了完善的法律、规章和政策体系，完善特许经营相关法律制度，尽快出台一部效力层级较高的特许经营相关上位法，着力解决特许经营相关规定权责不清、过于原则化的规定，明确特许经营范围和准入标准，建立特许经营运营监督和惩罚机制，建立公众参与度与信息公开制度，为地方探索建立信心，为社会资本投入建立稳定预期。

其二，我国还可学习南非做法，探索引入 PPP 模式开展特许经营活动，由国家公园管理机构以竞争性方式选择社会资本，管理机构与具有相关经验的社会资本通过协商订立特许经营合同，明确相关权利义务关系，借助社会资金的投入开展生态保护、旅游开发等活动，国家公园管理机构则可依据 PPP 项目的不同属性向社会资金收取一定的特许经营费用或者依据各项活动的绩效评价结果向其支付相应对价，保证其收益，从而形成互利共赢的局面，既减轻了财政压力保证了社会的资本收益，还在国家公园内为游客提供了多样化的服务。

3. 针对碳汇交易制度不完善的问题

首先，要对国家公园法律体系进行完善，国家公园法律体系当前存在立法层级较低的问题。

完善国家公园法律体系应当从推动专项法规和地方性法规的制定着手。专项法律方面，应尽快推动“国家公园法”出台为碳汇交易顺利实现提供上位法保障；地方性法规方面，各省要根据上级立法并结合本省实际，出台碳汇交易相关地方性法规，为国家公园碳汇交易的实现提供具体的操作指南，完善国家公园法律体系为碳汇交易的进行提供了充分的法治保障，对碳汇价值的顺利实现有着重要意义。[1]

---

〔1〕 参见白洋、王晓涵：《我国自然保护地碳汇功能实现路径及其法律制度之完善》，载《知与行》2021 年第 6 期。

其次，要完善国家公园碳汇价值实现相关制度，促进国家公园碳汇价值的充分实现。针对草地碳汇未受到应有重视的问题，我国要完善相关制度，探索建立草地碳汇交易市场，充分实现草地碳汇价值。针对碳汇金融制度尚不完善的问题，可以考虑从以下几个方面进行完善：第一，赋予碳汇权的融资担保功能，将其纳入可以出质的法律范围，允许将其作为质物进行融资担保；第二，引入保险制度，自然保护地碳汇项目在运行过程中存在风险，如自然灾害等不可抗力因素的出现将造成难以恢复的损失，因此需要引入保险制度，以转移碳汇能力减弱的风险。[1]

（三）针对捐赠渠道资金来源较少的问题

笔者认为美国的实践十分具有借鉴意义，基于从中得到的经验，我国可以从以下三个方面着手，完善相关制度，促进社会捐赠：第一，出台专门法律法规，明确国家公园接受社会捐赠的内容、资金管理办法等事项；第二，立法完善捐赠激励机制，完善税收优惠政策，明确对国家公园进行捐赠的公益性质；第三，立法授权设立全国范围内的专门社会捐赠募集组织，如国家公园基金会，负责捐赠资金的募集与管理工作。从而做到深挖社会捐赠潜力，募集更多社会资金用于国家公园建设。

三、提高生态补偿标准

提高生态补偿标准，要针对问题原因，从两个方面着手：

1. 加快建立多元化资金投入机制

生态补偿标准与资金投入具有密切关系，应当加快建立多元化资金投入机制，获取更多可用于生态补偿的资金，具体而言，对于普达措国家公园、武夷山国家公园等开发程度较高的国家公园，可以继续充分发挥市场来源资金在其资金保障体系中的重要作用，以适当减轻财政支付压力；而对于三江源国家公园等开发程度较低的国家公园，则需要加大财政支付力度，以使其获得充足的资金进行生态补偿。

---

〔1〕 参见白洋、胡锋：《我国海洋蓝碳交易机制及其制度创新研究》，载《科技管理研究》2021 年第 3 期。

2. 各地确定生态补偿标准时要进行全面考虑

各地在确定生态补偿标准时，不仅要考虑被补偿对象所损失的直接经济利益和发展机会，还要考量补偿客体的生态环境价值，要对国家公园内生态补偿客体相关生态系统所具有的水土保持、水源涵养、气候调节、生物多样性保护等生态服务价值进行综合考量和评估。

此外，由于生态环境具有不断变化的特性，生态环境变化导致制定生态补偿标准时考虑的因素也发生了变化，因此我们要建立弹性动态和定时更新的生态补偿标准，要定期对生态补偿标准进行重新确定，以确保被补偿主体获得公平合理的补偿。

第十二章　国家公园生态补偿制度

第一节　国家公园生态补偿制度概述

一、国家公园生态补偿的概念

国家公园生态补偿制度是针对环境保护行为的正外部性而采取的激励措施，即环境保护行为人在实施环境保护措施时产生的成本由自己承担，而其行为产生的利益却惠及全社会。长此以往，如果其成本得不到弥补，就会使环境保护行为人怠于以损失自身利益的方式实施环境保护措施，从而使环境恶化。因此需要对其进行生态补偿，以弥补损失，起到激励作用。在国家公园建设过程中往往需要对原住居民采取易地搬迁或限制其土地使用的措施，以达到国家公园内生物多样性保护和自然生态环境保存的目的。无论是易地搬迁还是限制土地使用，都使原住居民自身利益受到了损害，也增加了全社会的利益。如果不对原住居民利益进行弥补则会使其丧失积极性，不配合国家公园建设的一系列措施，进而成为国家公园建设的阻碍，增加国家公园建设的难度。

二、国家公园生态补偿的价值

对原住居民进行生态补偿是环境正义的体现。所谓环境正义是指在环境保护法律关系中主体权利义务相统一的状态。环境正义一方面表现为“谁污染谁治理”的环境法基本原则，另一方面表现为“承担特殊环境保护义务的主体得益”原则，前者对应普遍环境保护义务，后者对应特殊环境保护义务。[1]在国家公园建设过程中，国家公园范围内的原住居民作出的环境减损行为并不是因为其违反了普遍环境保护义务，而是由于政策法律或合同的安排，其承担了高于普遍环境保护义务的特殊环境保护义务，基于环境正义的要求，应对其实施更高水平的环境保护措施的行为进行补偿。国家公园生态补偿是生态系统服务的需求方为了鼓励生态系统服务的供给方进行生态损害减轻行为而对其进行的经济补偿。

除此之外，在国家公园建设过程中对原住居民进行生态补偿还具有秩序价值。国家公园一般位于偏远且经济不发达的地区，国家公园内的原住居民“靠山吃山，靠水吃水”，国家公园范围内的环境要素是其基本的生活和生产资料。但为保护国家公园内生物多样性和自然生态环境往往会对原住居民进行易地搬迁或限制土地等自然资源的使用权，这可能会使原住居民丧失原本的生产生活资料，如果不对其进行生态补偿可能会激化社会矛盾，不利于社会秩序的维持。

第二节 国家公园生态补偿制度现状及问题

一、国家公园生态补偿制度的现状

（一）立法现状

在中央层面，我国目前并没有针对生态补偿的专门性立法，《环境

---

〔1〕 参见辛帅：《论生态补偿制度的二元性》，载《江西社会科学》2020 年第 2 期。

保护法》第31条[1]和《水污染防治法》第8条[2]仅对建立生态补偿制度做了宣示性规定。生态补偿领域的规范性文件层级较低，集中于部门规章层次，其特点为针对专门事项或特定环境要素作出生态补偿有关规定，如2018年财政部发布的《关于建立健全长江经济带生态补偿与保护长效机制的指导意见》和2020年财政部联合生态环境部、水利部、国家林业和草原局发布的《支持引导黄河全流域建立横向生态补偿机制试点实施方案》。在中央政策领域，党的十八届三中全会通过的《中共中央关于全面深化改革若干重大问题的决定》提出要坚持谁受益、谁补偿原则，完善对重点生态功能区的生态补偿机制，推动地区间建立横向生态补偿制度。在地方层面，各级政府也根据当地的实际情况对生态补偿作出了相应规定，如2018年《江西省流域生态补偿办法》、2017年浙江省《关于建立省内流域上下游横向生态保护补偿机制的实施意见》等。

由此可见，我国关于生态补偿的规定分散且效力层级较低。虽然我国自2010年就启动了《生态补偿条例》的起草工作，但碍于各种因素该条例仍未出台，难以指导下位法的制定和生态补偿在现实中的具体实施。国家公园作为新兴环境保护产物，我国并未对国家公园生态补偿措施作出有针对性的安排，在对国家公园进行生态补偿时，一般参考相应环境要素（森林、耕地、野生动物、湿地、草原等）的生态补偿规则实施。由于目前我国建立的国家公园以森林为主，因此在进行生态补偿时也多参考森林补偿标准，依据《中央财政林业补助资金管理办法》（已废止）实施。[3]

（二）实施现状

我国目前对国家公园建设进行补偿的模式有两种：一是通过政府

---

[1] 参见《环境保护法》第31条规定：国家建立、健全生态保护补偿制度。国家加大对生态保护地区的财政转移支付力度。有关地方人民政府应当落实生态保护补偿资金，确保其用于生态保护补偿。国家指导受益地区和生态保护地区人民政府通过协商或者按照市场规则进行生态保护补偿。

[2] 参见《水污染防治法》第8条规定：国家通过财政转移支付等方式，建立健全对位于饮用水水源保护区区域和江河、湖泊、水库上游地区的水环境生态保护补偿机制。

[3] 参见刘瑾茹：《我国国家公园生态补偿法律制度之立法完善》，中国法学会环境资源法学研究会2019年年会论文。

专项资金进行补偿，二是对当地居民进行“造血式补偿”。前者如三江源国家公园实行的牧民生产性补贴政策，该政策根据人工草场面积实施牧草良种补贴，并对牧民为改良草场和畜牧品种而购买的柴油、化肥、饲料等生产性资料进行补贴，补贴资金源于财政拨款。通过政府专项资金进行补偿保证了资金来源的稳定性，但同时加大了财政的负担，政府通过单方面的评估进行补贴也难以体现生态环境的价值，容易造成补贴标准低的问题。目前其他国家在政府资金之外还吸引了私人资本加入国家公园生态补偿过程，拓宽了资金来源渠道。“造血式补偿”是指在金钱补偿之外，通过提供就业岗位、进行技术培训等方式对原住居民进行补偿。国家公园的建设在一定程度上改变了原住居民的生活和生产方式，丧失原本生活和生产方式的原住居民失去了经济来源，为了对原住居民进行补偿并激发他们保护生态公园的积极性，通过对原住居民进行技术培训、提供就业机会而进行的造血式补偿就成为一种合理的补偿方式。如在普达措公园中，允许当地居民在景点周围开办旅馆和商店，以增加原住居民的收益，弥补原住居民的经济损失。总之，政府专项资金补偿“授之以鱼”，造血式补偿“授之以渔”。

二、国家公园生态补偿制度存在的问题

我国国家公园起步较晚，生态补偿主体以政府为主，没有建立起通过私人主体进行生态补偿的市场机制；在以政府为主的补偿机制中，中央与地方财权和事权的分配不当，加剧了国家公园生态补偿主体的不合理性。虽然我国已经存在类似于普达措国家公园“造血式补偿”方式的有益探索，但金钱补偿仍是主要方式，且现存的“造血式补偿”方式所惠及的范围有限，难以满足原住居民的普遍需求。除此之外，生态补偿标准偏低也是国家公园生态补偿制度中存在的重要问题。

（一）国家公园生态补偿主体不合理

生态补偿主体不合理主要表现在两个方面：一方面，生态补偿主体单一；另一方面，中央与地方的财权与事权的分配不当。我国国家公园建设起步较晚，并没有形成美国式生态补偿的市场机制。在我国，政府

是建立国家公园的主导者和责任人，是生态系统服务的购买者，因此也理应是进行生态补偿的主体。[1]在政府为唯一的生态补偿主体的情况下，要想达到弥补国家公园内原住居民实施生态损害减轻行为的成本、减少消除环境保护的正外部性、维护环境正义和社会秩序的目的，需要配套相应完备的自然环境资产化制度，对自然资源的价值进行合理评估，但这不可能也不必要。因为仅通过行政手段的自然资源定价必定是不真实的，自然资源的价值只有在市场中通过供求关系才能体现出来。单一主体的生态补偿模式过于僵化，提高了行政运行成本，忽略了国家公园内原住居民的主体性，难以充分凸显自然生态环境的价值。

《生态文明体制改革总体方案》中提出要分清全民所有中央政府直接行使所有权和全民所有地方政府行使所有权的资源清单和空间范围，中央政府对部分国家公园直接行使所有权。在中央政府直接行使所有权的国家公园建设中，理应由中央政府解决原住居民承担特殊环境保护义务的外部性问题，直接承担对原住居民的生态补偿。但在国家公园建设的实际运行过程仅有部分国家公园对中央政府和地方政府的权责进行了分配，如《三江源国家公园总体规划》中规定三江源国家公园自然资源所有权由中央政府直接行使，试点期间委托青海省政府代行，三江源国家管理局为青海省政府派出机构，承担三江源国家公园试点区以及青海省三江源国家级自然保护区范围内各类国有自然资源资产所有者管理职责。中央政府和地方政府权责划分不清晰会导致生态补偿的主体不明确、用于生态补偿的资金来源不确定等问题。即使在部分国家公园对中央政府和地方政府作出权责划分的情况下，也会因为地方政府具有区位优势和信息优势而将生态补偿的责任加于地方政府之上，因此地方政府在原财政收入不变的情况下增加了对国家公园生态补偿的财政支出，而国家公园大多处于中西部地区，地方财政本身就不富裕，使地方政府承担生态补偿的责任会加大地方的财政负担，影响当地经济发展。

（二）国家公园生态补偿方式单一

《国家公园管理暂行办法》提出建立分区管控制度，核心保护区原

---

〔1〕 参见曾炜、曾姣玉：《中美农地生态补偿机制比较研究》，载《湖南警察学院学报》2019年第4期。

则上禁止人为活动，一般控制区禁止开发性、生产性建设活动。[1]以上两类不同的国家公园建设方式也应该对应不同的生态补偿方式。因此，国家公园建设中的生态补偿在两类情况下发生，一是土地所有权转移下的生态补偿，二是限制土地利用情形下的生态补偿。[2]除征收的方式外，土地所有权转移还包括置换和赎买。《国家公园管理暂行办法》第19条也规定“探索通过赎买、置换等方式将集体所有商品林或其他集体资产转为全民所有自然资源资产，实现统一保护”。征收、置换和赎买三种方式的协商性逐渐加强，行政性逐渐减弱。征收是政府作出的单方行政行为，虽然效率高，但无法体现民众的意志，容易引发民众的不满，激化社会矛盾。使原住居民在置换后的土地进行生活和生产活动，一方面可通过土地位置的调整实现集约化利用，另一方面也改变了原住居民的生活习惯，甚至会增加其生活和生产成本。赎买方式虽然协商性更强，但面临着合意困境与协商成本的问题。限制土地利用的方式有征用、相邻关系和租赁。征用同样存在难以体现民众意志的困境。相邻关系适用范围狭窄，仅在两块土地相邻的情形下起到最低限度的限制作用，难以广泛适用于国家公园建设。租赁方式虽然极具市场性，但稳定性和效率低，无法及时地保护公共利益。[3]

不同的国家公园建设方式对原住居民所造成的利益损害不同，因此相应采取的生态补偿方式也应该不同。但现实中，生态补偿大多以金钱方式作出，以三江源国家公园为例，国家发改委每年批复6000万元资金用于其建设，这种政府专项资金补偿模式难以有针对性地满足原住居民的需求。一时性、一次性的单纯金钱补偿换来的却是原住居民原先生存环境的丧失，这样的补偿方式不仅保障不了原住居民的物质生活，还满足不了其精神需求。

（三）国家公园生态补偿标准不合理

我国国家公园在生态补偿标准方面存在补偿标准的参考规范缺失和

---

〔1〕 参见《国家公园管理暂行办法》第16、17、18条。

〔2〕 参见冯令泽南：《自然保护地役权制度构建——以国家公园对集体土地权利限制的需求为视角》，载《河北法学》2022年第8期。

〔3〕 参见冯令泽南：《自然保护地役权制度构建——以国家公园对集体土地权利限制的需求为视角》，载《河北法学》2022年第8期。

补偿标准低两个问题。我国目前未建立起专门针对国家公园的生态补偿标准，在国家公园建设中进行生态补偿时依据的是各环境要素的生态补偿标准，这些标准设定机械僵化，一方面难以体现地域差别，另一方面以物置物的方式也难以弥补原住居民的利益。事实上即使是同一种环境要素，由于不同地域的经济发展水平不同，生活和生产成本不同，其所获得的生态补偿也应不同，但现行的环境补偿标准仅针对不同环境要素作出差别性规定，并没有考虑区域差异。单纯以物置物的方式进行补偿没有考虑所置换物市场价值的差异。如武夷山原住居民主要以茶叶为生，在武夷山国家公园的建设中为了对武夷山一定范围内的土地进行保护，避免原住居民无节制地开发自然资源所造成的生态环境的破坏而禁止原住居民在武夷山上的茶叶种植活动，同时使用以山下耕地置换山上茶园的方式对原住居民进行生态补偿。但同等面积的山上茶园和山下耕地的经济价值并不相同，看似公平的补偿实际上并未充分弥补原住居民的损失。目前我国针对环境要素设置补偿标准的方法不能完全满足国家公园体系内的生态补偿需求，虽然其中也对不同品质的环境要素做了区分，但分类仍略显粗糙。

第三节　国外国家公园生态补偿制度借鉴

一、美国的国家公园生态补偿制度

国家公园的建设最早从美国发端，自1872年黄石国家公园发展至今，美国已经形成了完备的国家公园制度体系，在国家公园生态补偿方面也积累了很多成熟的经验。美国国家公园核心立法为《国家公园管理局组织法》，联邦层面的管理机构为国家公园管理局。美国用于国家公园生态补偿的资金源于国会拨款、国家公园基金会募集和国家公园日常运营收入三个方面。其中，国会拨款是最为主要的资金来源渠道，款项需要国会进行审批，拨款数额确定的依据是相关机构对国家公园下一年支出情况的评估和预算。国家公园基金会的性质为非营利组织，其主要职责为宣传国家公园生态保护的重要作用、募集社会资金用于支持国家公园的建设和维护。国家公园的主要目的在于保护生物多样性和自然生态环境，但其也有一定的文教意义，因此可使国家公园对外开放，在不影响生态环境保护的前提下吸引民众参观，这就使国家公园可在日常运营中通过门票售卖、餐饮住宿销售等获得收入。

1. 生态补偿主体方面

相较于我国单一的政府主体补偿，美国建立了市场化生态补偿机制，市场主体的参与可以有效改变政府生态补偿资金不足、补偿额度过低及行政运行成本高的问题。以湿地银行为例，开发商在项目实施过程中若对湿地造成破坏，则其必须向第三方机构交付一笔费用，这笔费用将被第三方机构用来新建一片新的湿地或者修复受损的湿地，以新湿地或修复后的湿地替代受损湿地。第三方机构对新建湿地或修复后的湿地负永久性保护的责任。[1]

2. 补偿标准方面

美国依托先进的科技手段，运用成本收益法、随机评估法、综合测定法等多种方法，结合地域差别和交易成本确定补偿标准。[2]尤其在引入市场机制后，标准的确立很大程度上由补偿主体和补偿对象经过博弈后确定，这就避免了政府仅依据单一因素统一划定补偿标准。在确定生态补偿标准后政府也会采用竞标机制确定特定事件中的具体补偿数额，具有更大的灵活性。

二、加拿大的国家公园生态补偿制度

加拿大 1885 年建立的班夫国家公园是世界上第二个国家公园。1911 年加拿大颁布了《自治领森林保护地和公园法》，该法提出建立领土管理局，这是世界上第一个专门的国家公园管理机构。[3]该机构的职权包括：支配国家公园获得的所有收入、雇佣职员、管理国家公园、缔

---

〔1〕 参见邵琛霞：《美国湿地占用付费补偿制度及其启示》，载《河北法学》2015 年第 3 期。

〔2〕 参见曾炜、曾姣玉：《中美农地生态补偿机制比较研究》，载《湖南警察学院学报》2019 年第 4 期。

〔3〕 参见陈星：《国家公园比较法研究——以美国、法国、加拿大为例》，中国法学会环境资源法学研究会 2019 年年会论文。

结合同和处理不动产等。1930 年加拿大颁布《国家公园法》，在今后将近一百年时间里，加拿大关于国家公园的法律法规日益完善，据统计有《国家公园通用法规》《国家公园建筑物法规》《国家公园税和下水道法规》《国家公园管理局法》等。[1]因此，加拿大国家公园在生态补偿方面的经验也值得我们借鉴。

加拿大国家公园的资金来源包括国家财政拨款、旅游收入以及租金和特许经营费等其他收入。由于旅游收入、租金和特许经营使用费等其他收入难以弥补国家公园的职工工资和福利、日常修护费用和生态补偿等费用支出，因此加拿大国家公园的运转仍高度依靠联邦政府资助。[2]

国家公园与原住居民的关系问题一直是生态补偿的重点关注领域。如何使原住居民得到妥善安排，弥补其在国家公园建设中受到损害的利益，如何利用多元化的生态补偿方式使国家公园与原住居民和谐共生是各国在国家公园建设中面临的共同难题，加拿大在这方面进行了有益的探索。加拿大国家公园制度建立初期，管理者对原住居民持排斥态度，具体如 1887 年加拿大颁布并实施的《落基山脉公园法》中规定在落基山公园界定范围内任何人不得使用或占用公园的任何部分。强制驱逐措施使原国家公园内的原住居民背井离乡，不仅丧失了其习以为常的生活和生产方式，更丧失了多年来在这片土地上的精神信仰。丧失生活物质基础的原住居民常常被生计所迫进入国家公园进行偷猎，导致国家公园管理的难度增大。

随着国家公园数量的不断增多，国家公园管理成本和难度也逐渐提高，1930 年加拿大颁布的《国家公园法》规定“行政长官可以委任公园内居民行使治安法官的一切权力”，1929 年的《自然资源转让法》也规定国家公园边界内的原住居民有权在未被占用的国有土地和任何其他土地上狩猎、诱捕猎物。由此，原住居民能够参与国家公园管理并在一定范围内享有经济权利。第二次世界大战后生活水平的提高使人们逐渐

---

〔1〕 参见陈叙图、金筱霆、苏杨：《法国国家公园体制改革的动因、经验及启示》，载《环境保护》2017 年第 19 期。

〔2〕 参见张颖：《加拿大国家公园管理模式及对中国的启示》，载《世界农业》2018 年第 4 期。

转向对精神富足的追求，国家公园优美的自然景观成为游客们放松身心的佳境。游客对国家公园原住居民自然本真生活的探求也是他们旅游的目的之一，鉴于此，很多原住居民被邀请返回到国家公园里，通过跳舞等各种民俗活动吸引游客。[1] 如班夫国家公园利用原住居民的传统节日——印第安人日来吸引游客、发展旅游业。过去严格排斥原住居民的做法不复存在。

20 世纪 70 年代加拿大对国家公园内的原住居民采取了更加包容的政策。1972 年加拿大公园管理局采取国家公园保留地的新型管理模式，该模式允许原住居民就其土地诉求与政府协商。原住居民的利益逐渐获得重视，联邦政府也开启了一系列增加原住居民参与度、对原住居民受损利益进行生态补偿的项目，如公园管理局直接招聘原住居民，吸纳原住居民参与国家公园建设，这一方面能解决原住居民的生计问题，另一方面也能激发原住居民保护原来生活环境的热情，从而在国家公园建设的工作中发挥作用。目前，加拿大政府已经将与原住居民的协同发展列为未来加拿大百年国家公园建设的 4 个核心工作任务之一，加拿大国家公园和原住居民的关系日益紧密。[2]

三、国外国家公园生态补偿制度对我国的启示

与我国的国家公园生态补偿模式相比，美国市场化的生态补偿机制有以下优点：一方面，用于生态补偿费用的标准客观合理，该标准通过恢复项目规划框架和生态修复技术手段估算成本获取，不同项目的费用不同，兼顾了标准的稳定性和灵活性。另一方面，生态补偿过程透明，我国政府既负责在建设国家公园的过程中给予生态补偿，又负责对补偿的结果进行监督，而美国的市场机制通过引入第三方，并对第三方的补偿行为进行监督而达到有效运转。因此，我国可以借鉴美国市场化生态补偿机制的经验，再依据我国的实际情况，通过规则的设立有条件地允

---

〔1〕 See Hamilton G., *The Shady Past of Parks Canada*: *Forced out Indigenous People are Forging a Comeback*, The National Post (2017).

〔2〕 参见陈莉、Wu Wanli、Wang Guangyu:《加拿大国家公园与原住居民互动演变历程和经验启示》，载《世界林业研究》2021 年第 6 期。

许市场主体加入国家公园的生态补偿机制中。

加拿大国家公园建设中对原住居民态度转变的过程也是加拿大式生态补偿机制从不足到完善的过程。原住居民所从事的经济生产活动虽然可能对原始生态环境造成损害，但其自然本真的生活习俗有时也能促进生态环境的更新。妥善处理好对原住居民的生态补偿不仅能够保障国家公园建设的顺利进行，还能在建设中获得民众认同感，提高民众的环保意识。加拿大多元化的生态补偿机制在使原住居民获得金钱补偿时也为其创造了新的就业机会，不仅授之以鱼，而且授之以渔。因此在补偿形式多元化及正确处理与原住居民的关系问题上，我国可以借鉴加拿大的经验。

第四节　完善我国国家公园生态补偿制度的对策

一、引入市场化机制

1. 引入市场主体

针对我国国家公园生态补偿主体单一的问题，可以借鉴美国引入市场主体的做法。市场化的生态补偿机制有利于推动和激励社会资金投入生态环境保护事业，对生态系统服务具有购买意愿的社会主体可以通过这种交易机制获得保质保量的生态产品和生态服务。生态系统服务的提供者也可以据此获得高于仅依靠政府财政转移支付补偿的收入，从而增强从事生态环境保护的积极性，国家和社会则可以由此获得改善和提升的环境质量中受益。[1]

保护环境的行为具有正外部性，通过市场交易方式使外部性得以内化不失为一种值得借鉴的方法。生态系统服务付费是国际上通行的、市场化的生态系统服务提供与购买支付义务。我国目前在探索试点的排污权交易制度就是通过市场方式使污染者对生态服务进行付费，这是在环

---

〔1〕 参见舒旻：《论生态补偿资金的来源与构成》，载《南京工业大学学报（社会科学版）》2015 年第 1 期。

境污染领域由环境污染行为引发的生态补偿，而在国家公园建设中发生最广泛的是由原住居民的环境损害减损行为而引发的生态补偿。这二者在本质上是一样的，只是在具体实施过程中标准确定方式和补偿方式有差别。因此，我国在排污权交易制度中的经验可用于国家公园生态补偿制度市场机制的构建。

2. 建立水基金信托

2014 年，大自然保护协会（The Nature Conservancy，TNC）在浙江省杭州市余杭区青山村开展水源地保护项目时采用水基金信托的形式对当地居民进行生态补偿。[1]20 世纪 80 年代，毛竹加工产业开始发展，为了获得更高的收入，增加毛竹的产量，青山村村民开始在承包山或自留山上大规模种植竹子，并在种植过程中使用大量的化肥和除草剂，竹子种植区域位于龙坞水库周边，于是这一行为造成了水库的水源污染，同时也为居民饮用水质量埋下了安全隐患。为了保护当地水源、对村民使用化肥和农药的行为进行管控，大自然保护协会组建了水基金信托，引导村民参与水源保护，并确保其能通过分红的形式获得利益补偿。农户将其享有承包经营权的林地以财产信托的方式交由基金管理，同时获得一定的信托份额，每年可依据信托份额参与利润分红。村民还可以作为委托人代表加入顾问委员会，与其他顾问委员会成员（企业投资者、受托人代表等）享有平等的表决权，从而参与作出基金的重大决策。2015 年水基金出资 10 万元成立了名为“水酷”的企业，该企业的经营范围包括生态农产品、手工艺品、生态体验等，所获收入的一部分反馈到基金中，用于分红。“水酷”还对青山村村民进行相关的职业培训，使其担任项目讲解、民宿服务的工作，为其提供了新的就业机会。水基金的组建和运行不仅改善了龙坞水库的水源污染问题，同时还通过年末分红和在新建产业中创造就业机会等多元化形式保障了青山村村民的利益。

市场价格由供求关系决定，但类似建立国家公园的环境保护行为所

---

〔1〕 参见王宇飞、靳彤、张海江：《探索市场化多元化生态补偿机制——浙江青山村的实践与启示》，载《中国国土资源经济》2020 年第 4 期。

注重的是远期收益，因此其供给和需求难以在即期表现出来，这就意味着单纯靠市场机制可能不能体现出原住居民所作出环境损害减轻行为在市场上的价值，而环境损害减轻行为的价值在一定程度上反映了生态补偿的数额，也即在市场机制不完善的情况下，原住居民所获得的生态补偿的类型和多少也是不合理的。因此，环境领域的市场机制也需要行政力量的引导，有时甚至需要政府提供指导价格。

二、明确中央与地方权责划分

2016年国务院《关于推进中央与地方财政事权和支出责任划分改革的指导意见》提出要根据体现基本公共服务范围的原则和激励地方政府主动作为的原则，对中央与地方的财权与事权进行划分，并逐步将全国性战略性自然资源使用和保护等基本公共服务确定或上划为中央的财政事权。国家公园建设是对整个国家生态环境保护都有利的一项全国性工程，且具有全国性和战略性意义，因此应将国家公园生态补偿的财权和事权分配给中央。但考虑由于地方政府存在信息优势，将国家公园的管理权适当授予地方政府能够激发地方政府因地制宜地对国家公园进行更有效管理，所以应允许中央政府在一定情形下可授权地方政府管理国家公园。

在原则上国家公园财权事权分配给中央，中央可授权地方政府进行管理的模式下，应对中央政府的授权条件进行严格规定。在授权时也应综合考虑地方政府的财政收支情况和管理信息优势。避免给地方财政造成过大压力，使其在经济发展和环境保护中都顾此失彼。确保授权后地方政府对国家公园的管理能够达到预期效果。

三、构建多元化国家公园生态补偿机制

借鉴加拿大国家公园建设的经验，在对原住居民进行生态补偿时补偿标准低的单一化金钱补偿难以满足原住居民的物质需求和精神需求，因此应引入多元化补偿方式，合理处理国家公园和原住居民之间的关系。在金钱补偿之外，还可以开展实物补偿、技术补偿和政策补偿等多元化的补偿方式。实物补偿是指通过实物的发放对原住居民进行补偿。

丧失原本生产资料的原住居民往往缺乏其他生存技能，为了保障其物质生活，可以对其进行技术培训，使其尽快适应新生活。政策补偿则一般可以通过设立优先权的方式进行，建立利益回馈机制，在法律中规定原住居民能够优先享有国家公园内资源利用、旅游发展、生态保护所带来的利益。[1]

1987 年世界环境与发展委员会指出，原住居民社区是大量传统知识和经验的宝库，原住居民具有复杂生态系统可持续管理的传统技能。[2] 如钱江源国家公园内的原住居民的生态保护意识较强，将当地的林地与宗族命运相联系，认为某片区域内的林地是“风水林”。[3] 在这种信仰的驱使下，适当吸纳原住居民作为国家公园内的员工，使其承担国家公园内护林保护工作，一方面可以通过解决就业的方式对原住居民所损失的利益进行补偿，另一方面这种补偿方式也能激发原住居民对国家公园内环境保护的积极性，原住居民在本地丰富的生态保护经验能为国家公园的管理有所裨益。因此应承认传统知识的价值，尊重原住居民的贡献，赞同原住居民可以在自然资源管理方面实行自治。[4]

四、设置合理的国家公园生态补偿标准

首先，生态补偿标准应当根据社会经济发展水平及时进行调整，并依据不同区域的生态保护成本与生态系统服务功能确定差异性标准。国家公园所处地区不同，原住居民的生活成本不同，若对国家公园划定统一的补偿标准则难以满足原住居民的生活和生产需求。国家公园所保护的生态要素不同，其所创造的生态价值也不同，只有对国家公园生态补偿标准进行细化，才能体现其生态价值，与市场机制相协调。

---

〔1〕 参见鲁冰清：《论共生理论视域下国家公园与原住居民共建共享机制的实现》，载《南京工业大学学报（社会科学版）》2022 年第 2 期。

〔2〕 See Imperatives S., *Report of the World Commission on Environment and Development: Our Common Future*, Brundtland: World Commission on Environment and Development (1987).

〔3〕 参见冯令泽南：《自然保护地役权制度构建——以国家公园对集体土地权利限制的需求为视角》，载《河北法学》2022 年第 8 期。

〔4〕 See Notzke C., *Aboriginal Peoples and Natural Resources in Canada*, Concord: Captus Press (1994).

其次，补偿标准的测算应科学合理，避免机械的、只停留在表面上的“公平补偿”。鉴于国家公园生态补偿专门立法不能一蹴而就，可根据现有其他领域的生态补偿标准，在其基础上根据国家公园的特殊生态价值设置一定权重进行补偿。

最后，分阶段逐步提高生态补偿数额，使原住居民的利益得到合理补偿。第一阶段可为直接成本补偿阶段，第二阶段为直接成本与机会成本补偿阶段，第三阶段再加入对国家公园生态服务价值的补偿。分阶段补偿一方面可以缓解资金压力，另一方面也可对逐渐加强对原住居民的利益保护。

后　记

本书由王文革教授主持编写，历经多次讨论反复修改才得以成稿。

上海财经大学王超怡协助统稿，上海闵行区七宝第三中学王晨撰写第一章并协助部分统稿工作，香港恒生大学陈耿钊、西北政法大学杜丽荣协助部分统稿工作，杨倩等分别撰写了第二章至第十二章内容。

本书得以出版，感谢国内外各位同人的关心和支持，感谢付出辛勤劳动的冯雨春分社长、张颖责任编辑。

本书得以出版，感谢中天成土地房地产（资产）有限公司丁永锋先生提供的出版支持，感谢赵俊、林欧及中央财政支持项目提供的出版支持。

本书研究不深入及疏漏之处，敬请批评指正。

后记